Música.
Velhos Temas,
Novas Leituras

Música.
Velhos Temas,
Novas Leituras

Incluindo: Vozes Negras Femininas

Sérgio Bittencourt-Sampaio

*m*auad X

Copyright © by
Sérgio Bittencourt-Sampaio, 2012

Direitos desta edição reservados à
MAUAD Editora Ltda.
Rua Joaquim Silva, 98, 5º andar
Lapa — Rio de Janeiro — RJ — CEP: 20241-110
Tel.: (21) 3479.7422 — Fax: (21) 3479.7400
www.mauad.com.br

Projeto Gráfico:
Núcleo de Arte/Mauad Editora

Revisão:
Bárbara Mauad

CIP-BRASIL. CATALOGAÇÃO-NA-FONTE
SINDICATO NACIONAL DOS EDITORES DE LIVROS, RJ.

B547m

    Bittencourt-Sampaio, Sérgio

      Música : velhos temas, novas leituras / Sérgio Bittencourt-Sampaio. - Rio de Janeiro : Mauad X, 2012.

      288p. : 15,5 x 23 cm

      Inclui bibliografia e índice

      ISBN 978-85-7478-401-4

      1. Música - Brasil - História. 2. Música - Séc. XIX - História e crítica. I. Título.

12-2153.   CDD: 780.981
                                    CDU: 78(81)

Sumário

NOTA PRELIMINAR 7

VOZES NEGRAS FEMININAS 9

ASPECTOS "INSÓLITOS" DA MÚSICA
NA CORTE DURANTE O SEGUNDO REINADO 31

O VISCONDE DE TAUNAY E A MÚSICA 71

A *CARMEN* DE BIZET E SEU CONTEXTO SOCIAL ... 89

CHOPIN E BELLINI EM PARIS:
DUAS PÁTRIAS, UMA ÚNICA SENSIBILIDADE 123

ASPECTOS RELIGIOSOS E TRANSCENDENTES
NA MÚSICA DE FRANZ LISZT PARA PIANO 151

CONTRIBUIÇÕES JUDAICAS, LUTERANAS E FEÉRICAS
NA MÚSICA DE FELIX MENDELSSOHN PARA PIANO
(Com particular ênfase nas *Canções sem Palavras*) ... 179

A MULHER COMPOSITORA:
UMA EXPRESSÃO SILENCIADA? 199

O SILÊNCIO NA MÚSICA 221

SOM E COR: REALIDADE OU FANTASIA? 243

NOTA PRELIMINAR

Este livro reúne artigos sobre música publicados nos seguintes periódicos nacionais e estrangeiros entre os anos 1999-2008: *Trieb, Revista da Academia Nacional de Música, Revista do Instituto Histórico e Geográfico Brasileiro, Revista Española de Musicoteràpia* (Barcelona) e *Revista Internacional Latinoamericana de Musicoterapia* (Argentina). Ainda foi incluído um comentário sobre vozes negras femininas, extraído da obra do próprio autor *Negras Líricas: Duas Intérpretes Negras Brasileiras na Música de Concerto* (séc. XVIII-XX), Ed. 7Letras (2010), com acréscimos.

A maior parte dos textos está relacionada com compositores e obras do século XIX, seja no Brasil, seja no exterior, envolvendo não só a parte relativa à música como também as respectivas relações com a sociedade de seu tempo. Tal condição resultou da necessidade de revisão, à luz dos conhecimentos atuais, das biografias dos músicos, das influências por eles exercidas e considerações a respeito de suas obras, levando à revisão de informações, muitas vezes imprecisas e mantidas durante muitas décadas. Daí, o título do livro: *Música. Velhos Temas, Novas Leituras*.

Em função do tempo decorrido entre as publicações originais e a atual, tornou-se imperioso submeter os textos a uma complementação, incluindo comentários ainda não mencionados nos trabalhos anteriores. Ademais, a determinação de espaços para publicação nos periódicos limitava a ampliação de alguns tópicos, que, no presente livro, se encontram revisados e de maneira ampliada.

Os topônimos, antropônimos, nomes de instituições e obras foram adaptados à grafia atual, de acordo com o Decreto Legislativo n. 54 de 1995. O mesmo princípio foi aplicado às citações provenientes de outras fontes, com o fim de se padronizar o texto e evitar ocasionais falhas de impressão constantes nos originais. Apenas se manteve a forma *Jornal do Commercio* por ainda estar sendo utilizada no título do próprio periódico.

VOZES NEGRAS FEMININAS
(Com especial ênfase no setor lírico)

Um tópico que tem despertado a atenção de críticos, literatos, musicistas e público em geral, em diferentes épocas e países, é a característica particular da sonoridade e da inflexão da fala ou do canto de pessoas negras, atribuída geralmente a fatores étnicos.

No entanto, a presença habitual e o reconhecimento de cantoras negras no cenário lírico foi uma condição relativamente recente. Só tomou vulto nos Estados Unidos da América nas seis últimas décadas, quando pontificaram nos teatros e recitais nomes como Betty Allen, Denyce Graves, Grace Bumbry, Jessye Norman, Katleen Battle, Leona Mitchell, Leontyne Price, Martina Arroyo, Mattiwilda Dobbs, Shirley Verret, entre outras. A consagração dessas artistas representou uma conquista importante no meio musical ao vencerem preconceitos e se imporem pelo empenho, pela persistência e pelos dotes artísticos.

Antes da década de 1950, a inclusão de negros na música erudita representava verdadeiro tabu, preservado pelos libretistas, compositores, diretores de teatro e empresários, uma vez que o mundo ainda mantinha a ideologia racista, resquício do regime escravocrata nos séculos precedentes. Uma das cantoras negras norte-americanas a abordar a ópera com grande sucesso foi Anne Brown, em *Porgy and Bess* de Gershwin (1935). Em virtude do enredo e do ambiente no qual decorre a ação, além do cunho *jazzístico* da partitura, a presença negra se tornou imperiosa. Apesar do êxito, Mrs. Brown ficou limitada a essa obra. Com a rápida e extensa repercussão do seu trabalho, foram-lhe oferecidas grandes quantias, mas sempre para o mesmo papel. Tendo por objetivo a ampla carreira de recitalista, ela passou a recusar várias propostas para atuar na ópera que lhe trouxe tanto reconhecimento, a fim de realizar seu desígnio, ou seja, explorar novo repertório.

Em 1943, Taubman, no capítulo *The Negro in Music*, lançou um protesto contra os empecilhos encontrados pelos musicistas de cor para conquistarem projeção na área erudita. No caso, dentre as poucas cantoras com carreiras desenvolvidas em recitais, nenhuma tivera oportunidade de se apresentar nos renomados palcos líricos dos Estados Unidos (por exemplo, no Metropolitan Opera House). Ainda vigorava rígida interdição a qualquer negro, homem ou mulher, de atuar em teatros grandiosos perante um público extremamente seleto. Só lhes eram facultadas participações em companhias de menor porte, acessíveis aos espectadores com poder aquisitivo mais reduzido. Na falta de condições melhores, os artistas aceitavam as oportunidades que surgiam, sem implicar exigências especiais. Tal aconteceu com Caterina Jarboro. Em recintos não muito vultosos, ela interpretou *Aída* (Verdi) várias vezes e, segundo Taubman, de maneira esplêndida. Porém o legítimo pioneirismo coube ao contralto Marian Anderson ao persistir, apesar das dificuldades impostas pelo preconceito. Com a ajuda e o estímulo de amigos, chegou ao Metropolitan no papel de Ulrica, a cigana feiticeira em *Um Baile de Máscaras* (Verdi), na temporada de 1955. Estava, portanto, aberto o caminho para as gerações seguintes de cantoras negras alcançarem fama no cenário lírico mundial.

Por outro lado, os libretos das óperas correntes quase não fornecem oportunidades para intérpretes negros sobressaírem. Versam sobre temas políticos, mitológicos, históricos, cenas da vida aldeã ou intrigas da sociedade, na maior parte, situados no Velho Mundo. São raros os personagens de primeira linha concebidos originalmente para negros ou que permitem uma adaptação a eles em função do enredo. No primeiro caso, podemos citar Porgy, Bess, Otelo; no segundo, Abigaile, Aída, Amneris, Dalila, Íris, Leila, Selika, Nelusco e poucos outros. Os papéis secundários lhes propiciam maior campo de atuação como escravos, pajens, serventes, guerreiros e mouros, para citarmos os mais comuns. A fim de resolver a questão dos protagonistas que deveriam encarnar figuras de pele escura, os diretores, em geral, convidavam cantores brancos com o corpo tingido de escuro.

Em certos casos, houve necessidade de mudanças radicais no entrecho, com o intuito de afastar qualquer possibilidade da inclusão de negros nos papéis principais. Um exemplo dessa situação encontramos em *O Escravo* de Carlos Gomes. O enredo concebido pelo visconde de Taunay estava bem de acordo com a realidade brasileira da segunda metade do século XIX, quando o movimento abolicionista adquiria grandes proporções no panorama do Império. O tema, atualíssimo, permitia ao autor veicular mensagens libertárias por intermédio da grande música. O papel principal caberia a um negro de conduta exemplar e bom caráter, e a ação estaria situada nos primórdios dos 1800. No entanto, seria imprudente colocar no palco um personagem negro no papel principal, mesmo representado por homem branco com o corpo tingido. O recurso em nada afastaria a proposta original de enaltecer o escravo. Naquele tempo, no Brasil, a ópera era considerada o gênero musical mais elaborado e mais apreciado, sobretudo pela elite, incluindo a aristocracia. Portanto, não caberia dar o papel principal a um elemento que, na ocasião,

> [...] representava a última camada social, aquela que só poderia oferecer o trabalho e para isso era até compelido. *Numa sociedade escravocrata, honrar o negro, valorizar o negro, teria representado uma heresia.* (Sodré, 1969, p. 269; grifo nosso)

Cônscio da situação, Gomes, temeroso de alguma reação negativa da crítica e da elite, quer em nosso país, quer na Itália, resolveu transpor a figura do escravo para um índio e retroceder o assunto para o distante século XVI, contando com a colaboração do poeta italiano Rodolfo Paravicini. Como era previsível, a alteração causou intenso desagrado a Taunay, o qual, julgando-se profundamente desconsiderado, chegou a publicar nota de protesto na imprensa.

Outra ópera, *A Africana* (Meyerbeer), contém uma situação ambígua em relação à natureza da personagem principal. Ao contrário do que o título sugere, a protagonista (Selika) e seu companheiro (Nelusco) não são nativos da África. Os dois foram aprisionados por Vasco da Gama no Mar das Tormentas e reduzidos a escravos. Na realidade, a primeira é princesa indiana. No decurso da ação, não faltam alusões a Brama, Visnu e Xiva, o que denota a origem da personagem-título, longe de ser negra africana.

CARACTERÍSTICAS DE SONORIDADE

No século XX, ensaístas, críticos e musicólogos, aí incluídos Andrade Muricy, Léa Vinocur Freitag, Paul Zumthor, Howard Taubman, Rosalyn M. Story e Wayne Koestenbaum, entre outros, não ficaram alheios ao atributo vocal aqui abordado. O último relembrou as numerosas referências ao tão decantado "som negroide" do contralto norte-americano Marian Anderson. O crítico e musicólogo Andrade Muricy assim se expressou a respeito do entusiasmo por ela despertado quando esteve em nosso país (junho de 1936 e julho de 1938), justificando a etnia como fator primordial para tamanho sucesso, certamente relacionado com a sonoridade:

Também a cantora Marian Anderson tem público certo e grande entre nós, e é bem sabido que a singularidade de ser negra é que lhe garante aquela fidelidade. (Muricy, s.d., p. 318)

O mais renomado dos seus admiradores brasileiros – Villa-Lobos – dedicou-lhe uma das mais expressivas composições, o *Poema de Itabira*, com letra de Carlos Drummond de Andrade, para voz e orquestra.

Na literatura de ficção, a magia do timbre[1] de indivíduos negros não passou despercebida a vários escritores brasileiros em diversos tempos, incluindo romances, novelas, contos e poemas. Um deles, Manuel Antônio de Almeida, chegou a dirigir a Imperial Academia de Música e Ópera Nacional. Além de periodista e romancista, muito sensível ao apelo do som, considerou a voz "tudo o que Deus criou de mais perfeito, devia ser a sua última criação, porque nela tudo se resume" (Almeida, 1991, p. 22).

Com tal apreço pelos dotes vocais, era natural que o escritor desse especial atenção ao referido tópico. Ao mencionar Vidinha, graciosa mulata de dezoito a vinte anos, em *Memórias de um Sargento de Milícias*, ressaltou a "voz de moça aflautada e lânguida", "cuja fala era um pouco descansada, doce e afinada" (Almeida, 1978, p. 133), constituindo atrativo irresistível quando associada à música e, por vezes, a uma risada prolongada e sonora.

Em certo momento da narrativa, a encantadora jovem interpretou duas modinhas de amor. A primeira, *Se os Meus Suspiros Pudessem*, esteve muito em voga nos tempos da Colônia e do Império, cujos versos iniciais estão aqui reproduzidos:

> Se os meus suspiros pudessem
> Aos teus ouvidos chegar,
> Verias que uma paixão
> Tem poder de assassinar.

O enorme fascínio emanado da mestiça encontrou resposta imediata e certeira no simpático e despreocupado Leonardo, protagonista do romance, que, "depois disso, nunca mais tirou os olhos de cima da cantora" (Almeida, 1978, p. 133, 134).

Em outra passagem, Vidinha voltou a cantar, com a graça que lhe era peculiar, uma melodia bem de acordo com os sentimentos que agitavam Leonardo:

> Duros ferros me prenderam
> No momento de te ver,

>Agora quero quebrá-los,
>É tarde, não pode ser.

Com efeito, as palavras reproduziam de maneira fiel e absoluta o estado emocional em que o rapaz se encontrava. Ao ouvir a música, ficou completamente transtornado. Antes de soarem as últimas notas, atormentado pela paixão repentina, refletia como pudera ter sentido inclinação por outra moça, branca, sem graça e esquisita, mas, de acordo com as normas, era a pessoa que lhe convinha para casamento. De imediato, vivenciou intenso conflito entre o arroubo apaixonado, instigado pelo imenso poder sedutor da mulata e da voz, por um lado, e a conveniência social, por outro.

Outra personagem mulata que desperta a atenção na literatura brasileira é Rita Baiana em *O Cortiço* de Aluísio Azevedo. Afeita ao canto e à dança de maneira irresistível, a ponto de abandonar todas as tarefas para se divertir nos pagodes, gerava comentários entre as colegas lavadeiras. Quanto à voz, o romancista maranhense descreveu como "doce, quebrada, harmoniosa, arrogante, meiga e suplicante" (Azevedo, 1994, p. 73).

Em 1939, foi publicado pela primeira vez o romance *A Mulher Obscura*, do poeta e ficcionista alagoano Jorge de Lima, no qual uma personagem tem lugar definido: Irina, esposa do juiz Crispiniano Rodrigues de Oliveira. Embora não descrita exatamente com características de mulata, nela ainda estavam preservados traços de etnias diferentes, incluindo "longínquos avós, trazidos à terra pelos traficantes portugueses", ou, em outras palavras, negros africanos. Vestígios da ancestralidade se encontravam na voz, a qual, no dizer do eu-narrador, era

>[...] quente e morosa, como os seus olhos. Naqueles olhos e naquela voz, eu encontrava muito da natureza brasileira. Na ligeira afetação com que fazia ressurgir, por momentos, a palavra sagrada de seus antepassados havia muitas coisas ocultas [...].
>
>A voz parecia vir coberta de noites emandingadas e era de tal forma rica, possuía um timbre e um mistério fisiológicos tão grandes, que faria sucesso, no canto e na declamação, falando coros espirituais ou orações de ritos extintos no coração de alguma ilha sagrada, subvertida pelo mar. (Lima, 1959, p. 93)

Jorge Amado, em *Gabriela, Cravo e Canela*, citou a voz da mulata protagonista como "cariciosa, mas definitiva" (Amado, 2001, p. 78). Mais adiante, ao descrever o primeiro encontro entre Gabriela e o árabe Nacif, que resultaria em matrimônio, voltou a se referir à fala da jovem, agora qualificada com os adjetivos "arrastada e quente" (idem, p. 116).

Mais recentemente, Guilherme Figueiredo, no romance *Maria da Praia*, fez menção à qualidade sonora da jovem negra, personagem-título da obra. Ao ouvir uma canção interpretada pelo jornalista Celso Trajano no apartamento do engenheiro Mário (que a acolheu e forneceu subsídios para uma educação elaborada), ela, atenta à letra, retomou o apelo de *esperança* em tom sobremodo expressivo:

> Sua voz tinha um ressoar no céu da boca, um tom úmido e quente na garganta, uma respiração de desalento, um ar de improviso triste como só as negras e mulatas têm. (Figueiredo, 1994, p. 49)

Não só no Brasil esse atributo especial tem sido observado e admirado desde tempos anteriores. No Rio de Janeiro, o periódico *Marmota Fluminense*, no 1º de outubro de 1852, publicou matéria relativa a uma cantora negra designada como "Malibran Preta" em alusão à célebre diva franco-espanhola do século XIX. Tratava-se da cubana Maria Martinez, cantora de câmara da rainha da Espanha. Para despertar o interesse da população, a imagem dela, dedilhando um violão, apareceu estampada na primeira página (fato raro no jornal), acompanhada dos dizeres em destaque: "Chamamos a atenção dos leitores para o seguinte artigo que extraímos do 'Cosmorama Pittoresco', jornal de Milão publicado em 4 de maio de 1852". De acordo com a notícia, Maria Martinez causava furor nos ouvintes, a ponto de cativar homens do saber e da elite:

> [...] literatos, homens de ciência e política, senadores, ministros e embaixadores abrem as suas salas à preta virtuosa que não tem cópia nem modelo!

No texto, transparece, ao mesmo tempo, encantamento e surpresa:

> Mas donde vem este engenho único no seu gênero? – De que país chega a nós, europeus, esta negra, que tem dois braços de Juno? Se excetuas a cor, é uma graça, uma dignidade, um brio incomparável!

Não só a aparência colocou o redator em êxtase. Os dotes artísticos reunidos em uma só pessoa mereceram grau idêntico de enaltecimento:

> Quem a educou? – onde aprendeu a modular essa voz magnífica? – A que ensino foi ela buscar essa mímica expressiva, essas maneiras gentis, essa desenvoltura sempre decente, essa paixão sempre contida, essa mescla extraordinária de ingenuidade e de malícia, de selvageria primitiva, e de refinada civilização?

Rubem Braga fez uma curiosa comparação da interpretação de Bidu Sayão com o cantar de mulatas. Na verdade, o brasileirismo presente na interpretação de canções de autores nacionais e até folclóricas, pela insigne soprano, possuía um acento típico inconfundível. Embora tivesse formação musical baseada nos padrões europeus, a cargo da professora romena Elena Theodorini (Rio de Janeiro) e do célebre tenor polonês Jean de Reszké (França), Bidu teve íntimo contato com a nossa música folclórica e popular ao participar do *Coral Brasileiro*, fundado por Eduardo Souto. Entre os componentes do conjunto, estava, além de Nascimento Silva, Zaíra de Oliveira, a qual, a princípio, se dedicou à arte lírica, porém, mais tarde, casou-se com o compositor Donga e passou a se dedicar à música popular. Tal fase da vida permitiu a Bidu adotar modos brasileiros de interpretação, em que predomina o cunho dengoso e simples que justificou a declaração do cronista. No caso, a opinião se referia às inflexões das frases musicais e das palavras, não ao timbre:

> Há uma ternura nas vozes das mulatas que não se encontra nas outras. Essa ternura, essa voz de mestiçagem, esse gosto de voz de mulata eu sinto nos cantos de Bidu. (Braga, 1961, p. 114)

Ao longo do livro *And so I Sing* de Rosalyn M. Story, encontramos uma gama de termos relacionados com a voz de cantoras líricas negras: velada, nebulosa, rouca, aveludada, quente, melíflua, atraente, emocionante, entre outras. Os adjetivos se repetem em vários autores ao abordarem o assunto, tanto nos Estados Unidos quanto em outros países, na tentativa de descreverem um som especial tido como característico de pessoas de etnia africana. O pesquisador Francis Bebey, citado por Edgar Willems (1981), em observações realizadas em habitantes da África, anotou os seguintes tipos vocais: claro, abafado, jocoso, risonho, suave, delicado, penetrante. Ainda podemos acrescentar outros predicados a cantoras negras: firmeza aliada à flexibilidade, meiguice, dengo, tom por vezes velado, além de certo calor especial (Bittencourt-Sampaio, 2010, p. 20).

Tais designações numerosas e variadas vêm complementar a deficiência da classificação acadêmica das vozes, baseada em um padrão lírico. Distante das tradicionais soprano, contralto, tenor, baixo e os registros intermediários, todos com suas subdivisões, as metáforas acima possuem cunho subjetivo importante, igualmente verdadeiro, representando a impressão de diferentes qualidades de voz percebidas pelos ouvintes. Tal linguagem constitui recurso amplamente utilizado por leigos, críticos e até músicos.

Não obstante ter sido atribuída a fator étnico, a condição não deve ser tomada de forma estrita. As características citadas não são exclusivas de intérpretes negras, embora se destaquem no citado grupo. Por seu turno, nem todas as cantoras negras apresentam os mencionados requisitos.

Para explicar a origem da tão apreciada condição, estudiosos de várias áreas do conhecimento, incluindo cantores, musicólogos, antropólogos, fisiologistas, foniatras, elaboraram diversas teorias. Para tanto, o pesquisador Milton Metfessel (1928), por meio de aparelhos, obteve um gráfico reproduzido no livro *The Psychology of Music* de James Mursell (1937), assinalando a extrema flexibilidade vocal de um cantor negro durante a interpretação de determinado trecho em semitons. O impresso revelou pequenas oscilações ascendentes e descendentes, além de inflexões súbitas, capazes de conferir cunho especial à sonoridade. Na opinião de Mursell, as alterações assim percebidas não são acidentais, tampouco meios para embelezar a música, mas o resultado da maneira de o cantor negro sentir a frase melódica no todo. Os negros conscientizariam a melodia por inteiro, sem se preocuparem com artifícios ou ornamentos para cada nota. Trata-se de um modo de levar em consideração a totalidade do contorno melódico, fenômeno observado também na música folclórica. Esse item poderia justificar, em parte, a tendência praticamente espontânea dos intérpretes negros para a música popular, em que a frase melódica soa de maneira natural, sem exigências de recursos técnicos ou rigor de interpretação. Hoje, admite-se que essa questão não seja tão simples. Seria, antes, o resultado da conjunção de fatores de diversas naturezas, altamente variáveis: étnicos, anatômicos, fisiológicos, sociais, regionais, psicológicos, educacionais. A etnomusicologia ainda requer maior número de estudos para chegar a uma conclusão definitiva, e os dados obtidos por meio de registros gráficos em alguns cantores negros não devem ser generalizados a todo o grupo.

Um tópico interessante é o fato de as referências à voz de intérpretes com ascendência africana, muitas vezes, virem acompanhadas de descrições de aspectos físicos das cantoras, máxime quando se trata de alguma na flor da juventude. No caso, o timbre parece fazer parte de um contexto mais amplo, envolvendo sensualidade. O fato de a beleza vocal constituir atrativo da mulher é conhecido desde a Antiguidade. Ovídio dizia ser "sortilégio ter uma voz melodiosa", preconizando que as jovens deveriam aprender canto, posto que "por falta de beleza muitas mulheres usavam sua voz como meio de sedução". O importante não era propriamente o gênero musical, senão a sonoridade e as nuanças do cantar. Consoante o poeta latino, para despertar sentimentos e seduzir serviam "tanto as árias ouvidas nos teatros de mármore como os cantos do Nilo com seu ritmo" (Ovídio, 2001, p. 98), ou, em outras palavras, desde melodias elaboradas com intuito artístico até as mais simples, desprovidas de qualquer pretensão especial.

Na nossa literatura de ficção, não faltam exemplos da associação som/corpo. Na descrição de Vidinha, constam "peito alteado, cintura fina e pés pequeninos [...] os lábios grossos e úmidos, os dentes alvíssimos" (Almeida, 1978, p. 133), além de "uma risada prolongada e sonora, e com um certo caído de cabeça para trás, talvez gracioso se não tivesse muito de afetado" (idem). O último detalhe, na verdade um pequeno movimento, sugere sensualidade, não desprovida de certo grau de malícia e irreverência.

Ao mencionar o recurso vocal de Rita Baiana, "feita toda de pecado, toda de paraíso, com muito de serpente e muito de mulher" (Azevedo, 1994, p. 72), Aluísio Azevedo o fez no contexto da dança do chorado.[2] Em lugar de se fixar em particularidades anatômicas, o autor se concentrou na exacerbada voluptuosidade dos meneios:

> [...] só aquele demônio, tinha o mágico segredo daqueles movimentos de cobra amaldiçoada, aqueles requebros que não podiam ser sem o cheiro que a mulata soltava de si [...]. (Idem, p. 73)

Jorge de Lima, na obra citada anteriormente, de modo mais realista e explícito, relacionou a qualidade vocal de Irina com os dotes físicos, atribuindo a ambos uma origem ancestral comum:

> Possivelmente esta voz compósita, fruto de repetidos caldeamentos, tinha culminado sua sedução nela como dote sexual, tão excitante quanto a opulência das coxas, que igualmente havia herdado dos seus trigueiros antepassados. (Lima, 1959, p. 93)

No caso de Gabriela, a fala acariciante é um complemento perfeito à sexualidade implícita no corpo da personagem: "tanta graça e formosura, corpo tão quente, braços de carinho, perfume de cravo a tontear?..."(Amado, 2001, p. 164). "Um calor possuía, queimando na pele, queimando por dentro, um fogaréu" (idem, p. 186).

Fora do domínio da ficção, as observações a respeito de detalhes físicos de cantoras eruditas e populares negras também estiveram presentes em vários tipos de publicações, como matérias na imprensa e prospectos sobre música. No setor lírico, em relação à já mencionada Maria Martinez, "preta virtuosa que não tem cópia nem modelo" e "esta negra, que tem dois braços de Juno [...] é uma graça, uma dignidade, um brio incomparável". Uma legítima Vênus negra.

Na década final do século XIX, quando a soprano norte-americana Sissieretta Jones iniciou suas apresentações em público, o periódico *Chicago Tribune* descreveu-a como dotada de qualidade peculiar, melancólica, que nenhuma técnica vocal seria capaz de modificar. Mesmo se alguém quisesse fazê-lo, não o conseguiria, pois, consoante a publicação, tratava-se de uma propriedade inerente à etnia. Além dos amplos recursos musicais, o público se mostrou surpreso diante das características anatômicas da cantora, descritas nos impressos com detalhes, por vezes, inoportunos.

As declarações acima sugerem que a voz da mulher negra parece fazer parte de um contexto amplo, incluindo personalidade, cor da pele, comportamento, sonoridade e interpretação, a que não falta certo grau de voluptuosidade. Atenta a tantas referências relacionando tez, timbre e sensualidade, a professora e socióloga Léa Vinocur Freitag concluiu:

> De fato, o colorido da pele da mulata tem uma conotação sensual inacessível à branca; talvez esse colorido se estenda à voz, que não deixa de ser um chamamento ao amor. (Freitag, 1985, p. 89)

Não se adaptaria a citação acima exatamente à descrição de Vidinha em *Memórias de um Sargento de Milícias*, por exemplo?

O CANTAR DAS ESCRAVAS

Alguns viajantes estrangeiros, ao visitarem o Brasil em séculos passados, referiram-se ao tom da conversa dos escravos como um som gutural. Certamente, tratava-se de dialetos originais, empregados pelos cativos.

Outra informação nos foi transmitida pelo afinador e primeiro importador de pianos alemães no Brasil (século XIX) Cristiano Carlos João Wehrs. Ao se recordar da infância, relembrou que "o modo de falar dos pretos era muito cantado, uma mistura de sons africanos e portugueses" (Wehrs, 1980, p. 47).

Podemos encontrar uma justificativa para tal condição no fato de muitas das línguas africanas serem tonais, como é o caso do ioruba. Nele, existem sons agudos, graves e médios (estes correspondendo à fala normal), às vezes, na mesma palavra. No caso, fala e melodia se tornam extremamente próximas. Além disso, as numerosas e variadas inflexões dadas às palavras constituem um recurso adicional, permitindo modificar o significado de cada termo. Aliás, no continente africano, há estreita relação entre sons da fala e da música, obedecendo à estrutura dos respectivos idiomas e dialetos. Em função dessa correspondência, nas melodias predominam intervalos de quartas, quintas e oitavas, provenientes da própria linguagem oral. Vale lembrar ainda, em certas regiões, a presença de tambores pequenos, cujos sons se aproximam da voz humana (tambores falantes), além de outros, volumosos, destinados à transmissão de mensagens a distância. O som instrumental e o ritmo adquirem contexto de linguagem falada.

Ruth Finnegan (2008) observou que, em canções de migrantes sul-africanos, em grupos urbanos iorubas, em certos poemas da Somália,

> [...] a arte encontra-se não exatamente – ou com certeza não exclusivamente – na frágil reprodução unilinear numa página escrita, mas nas modulações e artes da(s) voz(es) em performance. De fato, alguns propõem a "voz" como símbolo e realização-chave da arte da grande diáspora africana. (Finnegan, 2008, p. 22)

Talvez seja possível admitir que a originalidade da interpretação musical encontrada nas cantoras de etnia africana advenha dessa origem ancestral. Entre os fatores capazes de contribuir para a flexibilidade da fala e do canto, no caso, estão: liberdade de expressão, naturalidade, espontaneidade e criatividade. Em conjunto, eles favorecem a improvisação, recurso muito empregado na música popular. Daí, a maior participação de cantoras negras nesse setor, ao qual não são exigidos os princípios rígidos aplicados à interpretação da música erudita. As denguices por elas exibidas destoam do modelo acadêmico, no qual expressão, técnica vocal e fidelidade ao estilo sempre foram condições de esmero e qualidade.

Além do fator étnico, uma condição histórica contribuiu para justificar a grande atuação de negros na música popular. Como estavam associados à escravidão, as músicas trazidas pelos africanos ficavam limitadas às senzalas, aos terreiros, na forma de cantos de trabalho (vissungos) e batuques, e às ruas, nos sons dos carregadores, das lavadeiras, aguadeiras e vendedeiras, tendo como temas habituais o banzo, o trabalho, as mercadorias e a escravidão. Barreiras imensas e intransponíveis as separavam das modinhas, lundus e árias que se ouviam nos saraus.

Quanto às vendedeiras, o príncipe Maximiliano de Habsburgo, ao passar pelas ruas da Bahia (1860), deparou-se com negras dotadas de timbres de contralto, os quais, por serem tão graves, poderiam ser confundidos com vozes masculinas.

Um fato curioso foi vivenciado pelo alemão Schlichthorst, que aqui esteve entre 1824 e 1826, e participou como oficial do Exército Imperial. Certa feita, desfrutava a bela paisagem da agreste praia de Copacabana, quando dele se aproximou uma "negrinha mimosa", na flor da idade, tocando marimba e vendendo doces.

Atraído pela presença da moça, cujo encanto não deixou de perceber, o alemão comprou um pedaço de doce com o intuito de agradá-la. Não satisfeito, manifestou o desejo de vê-la dançar. De imediato, ela atendeu ao pedido e começou uma canção com a seguinte letra, altamente sugestiva das intenções a que se propunha:

> Na Terra não existe Céu,
> Mas se nas areias piso,
> Desta praia carioca,
> Penso estar no Paraíso!
>
> Na Terra não existe Céu,
> Mas se numa loja piso
> E compro metros de fita,
> Penso estar no Paraíso!

A música se referia à realidade da vida no cativeiro, envolvendo rudeza do dia a dia, dificuldades em geral, preconceitos e agruras da escravidão (Na Terra não existe Céu), que poderiam ser atenuados momentaneamente por meio de pequenas recompensas. Não resta dúvida de que as palavras continham uma clara alusão à vontade de conseguir algum dinheiro a mais. Compreendendo a insinuação, Schlichthorst deu-lhe alguns vinténs. Assim, ela se mostrou satisfeita.

Gilberto Freire (1997) chegou a lamentar a falta de registro musical dos pregões afro-brasileiros, quando ecoavam, ao longo das vielas, as vozes das quituteiras, oferecendo doces, bolos, refrescos, mingaus, frutas. De longe, já se ouviam os seus cantos se aproximando,

> [...] meio tristonhos, as últimas vogais se arrastando moles, sem ânimo, no silêncio dos meios-dias ou dos fins da tarde: "Geleia! É de araçááá!", "Sorvete! É de maracujááá!". (Freyre, 1997, p. 84)

No caso, estaria a entonação das palavras na dependência da linha melódica ou, pelo contrário, a música derivaria da inflexão das sílabas

Vendedora de Café Torrado. Aquarela de J.B.Debret – Coleção Museus Raymundo Ottoni de Castro Maia

prolongadas?[3] Melodias e palavras fundiam-se em uma unidade perfeita e indissolúvel. Estaríamos diante de um remanescente dos idiomas tonais africanos?

No interior das casas-grandes, o que dizer da "voz melíflua das mucamas ao ninar o senhorzinho ou embalar na rede a sinhazinha casadoira ou dar-lhe cafuné" (Melo, 1988, p. 103), tudo acompanhado de cantos repetidos e amolengados? Perfeita conjunção de som e contato físico, proporcionando prazer, indolência e relaxamento.

A respeito das atividades servis acompanhadas de música, uma situação atraiu a atenção da preceptora inglesa Maria Graham, no começo da década de 1820, em visita ao engenho da filha da baronesa de Campos (Mata da Paciência, Rio de Janeiro). A pedido da proprietária, as escravas, enquanto forneciam cana aos convivas, entoavam desde melodias africanas, com letras adaptadas ao contexto do serviço, até hinos à Virgem Maria. "Cantaram, então, com tom e ritmo regular com algumas vozes doces, a saudação angélica e outras canções" (Graham, 1990, p. 338).

Outro fato insólito foi constatado pelo naturalista francês Auguste de Saint-Hilaire (1822). Na Fazenda da Cachoeirinha, a dona da casa, antes de partir, enclausurou as cativas. Elas, que haviam passado o dia a cantar, deram de relatar as aventuras amorosas umas às outras, lançando acusações mútuas ao serem deslocadas para um recinto fechado. Após esse primeiro momento, retomaram suas melodias.

Ainda vale acrescentar o relato do memorialista Pedro Nava acerca da maneira como sua avó controlava as tarefas confiadas às escravas por meio das músicas que elas entoavam. Atenta às inflexões das canções, a senhora impedia conjuração de preto e seguia o andamento do trabalho. Entre as músicas, estava *Gondoleiro do Amor* (com versos de Castro Alves) servindo de canto de trabalho.

De quando em vez, escravas dotadas de boas qualidades vocais eram alugadas para apresentações em salões aristocráticos por pessoas que mantinham estreito contato com a nobreza. Era a oportunidade de demonstrarem pendor para arte em ambientes aos quais normalmente não teriam acesso. No dizer do professor Antônio Carlos dos Santos, naqueles momentos em que as negras se exibiam, não faltava sensualidade relacionada com canto:

> A sua sensualidade não era expressa fisicamente, porque ela cantava e encantava com sua riqueza timbrística que saía da sua voz. Eram mulheres – emblemáticas, sublimadas e míticas*, capazes de despertar desejos. Eram mulheres que se impunham tanto pelo talento quanto pela sensualidade, mulheres de espetáculo, estrelas dos teatros, dos salões, das capelas e das casas-grandes. (Santos, 2004, p. 345)

Em tais ocasiões, entretanto, não tinham os nomes divulgados, e as quantias auferidas cabiam aos seus proprietários. Tratava-se de um espaço transitório, onde a aprovação ficava restrita ao momento. Em uma recepção social ou um evento importante, durante o sistema patriarcal vigente, quem cuidaria de lhes registrar os nomes, mesmo diante de um visível talento?

Mas nem por isso, em certas ocasiões, passava despercebido o dom das cativas para música. Frei Caetano Brandão, em missão no Pará (século XVIII), teve oportunidade de ouvir um admirável duo formado por negrinhas durante ofícios divinos na fazenda dos padres mercedários (Salles, 2005) e, em outra ocasião, na casa do mestre de campo João de Morais Bittencourt, durante a execução do *Bendito Sejais*: "uma mulata de cinquenta anos sobressaía incomparavelmente", acompanhada ao som de bandolim (Brandão, 1991).

---

* PERROT, Michelle. *Mulheres públicas*. São Paulo: Fundação Editora da Unesp, 1998.

O professor italiano de Geografia, Física e Matemática – Adriano Balbi – referiu-se a duas negras se destacando pela expressão e beleza vocal na missa apresentada a D. João e toda a corte na Igreja de Santo Inácio de Loiola (Santa Cruz). Apesar do elogio, Balbi lamentou não ter sido possível mencionar os respectivos nomes.

Apenas alguns raros registros da identidade dessas cantoras figuram não nos relatos de viajantes ou pessoas da elite, e sim em documentos pertencentes a confrarias e instituições de cunho religioso. Recentemente, em relação à Fazenda de Santa Cruz, o pesquisador Benedito Freitas (1978) e o professor Antônio Carlos dos Santos (2004) vieram trazer alguma contribuição nesse sentido. O primeiro esclareceu que, no evento solene ao qual Balbi se referiu, estiveram presentes três cantoras em vez de duas: Maria da Exaltação, Sebastiana e Matildes. Antônio Carlos dos Santos encontrou, em uma lista datada de 1860, cinco nomes de negras dedicadas à música vocal: as sopranos Leonor Joaquina, Inácia Francisca e Maria da Conceição, além dos contraltos Maria Josefa e Bona Luísa.

SUCESSO E PRECONCEITO

No âmbito artístico, a situação se apresentava de maneira diferente. O acesso aos palcos era restrito. Artistas e músicos, no Brasil Colonial, eram mulatos, pois a classe numerosa de comerciantes e outros profissionais liberais, sem falar nos mais abastados e na elite, mantinha restrições no que dizia respeito às carreiras relacionadas com a arte. Para qualquer negro se destacar no setor musical não lhe bastava algum talento: era necessário demonstrar qualidades a ponto de ser considerado excelente.

Foi o que aconteceu com Joaquina Maria da Conceição Lapa, mais conhecida como *Lapinha*. Notável artista mulata, no Rio de Janeiro, conseguiu imenso sucesso no final do Vice-Reinado e após a chegada da Família Real. Também em Portugal obteve notável êxito em todas as apresentações. Além de cantora, era excelente atriz dramática, conquistando fama e reconhecimento em uma época na qual ainda era bloqueada a presença feminina no tablado. Foi a primeira mulher a se apresentar no Teatro de S. Carlos (Lisboa) e a primeira musicista e atriz brasileira a colher aplausos fora das nossas fronteiras. Com o apoio de D. Maria I e de D. João VI, exibiu sua arte com brilhantismo nas mais solenes comemorações da realeza no Rio de Janeiro (Bittencourt-Sampaio, 2010).

No final do século XIX, a cantora erudita Camila Maria da Conceição, provavelmente filha de escravos, cursou de maneira brilhante o Instituto Nacional de Música, sendo mais de uma vez aprovada com a nota máxima e até *com distinção*. Chegou a se tornar professora catedrática da mesma instituição e exibiu-se em eventos solenes, como por ocasião da vinda de uma comissão uruguaia para condecorar os veteranos da Guerra do Paraguai, contando com a presença de altas patentes do Brasil, Argentina e Uruguai (1894). Atuou na estreia de peças líricas de Alberto Nepomuceno e Delgado de Carvalho. Sempre pronta a auxiliar os necessitados, fundou duas entidades em prol da música: A Academia Brasileira de Música (1925/1926), que não deve ser confundida com a atual (criada em 1945), e a Casa do Músico, instituição beneficente para auxiliar profissionais da área, quando carentes.

Não obstante o sucesso, tais cantoras nacionais e estrangeiras tiveram que enfrentar comentários depreciativos em relação à cor. A Lapinha, de imediato, conquistou o público lisboeta em janeiro de 1795. O religioso sueco Carl Israel Ruders, referindo-se a ela, ressaltou a "figura imponente, boa voz e muito sentimento dramático". No entanto, na mesma anotação, extremamente sucinta, abordou em primeiro lugar a etnia: "É natural do Brasil e filha de uma mulata, por cujo motivo tem a pele bastante escura", complementando: "este inconveniente, porém, remedeia-se com cosméticos" (Ruders, 2002, p. 93, 94). Naquele tempo, a tez negra era tida como "defeito de cor". Portanto, deveria ser corrigida por meios artificiais, em geral pomadas, pó de arroz ou talco.

De Maria Martinez, comentou a imprensa milanesa: "Se excetuas a cor, é uma graça, uma dignidade, um brio incomparável". Novamente, uma ressalva a empanar a completa admiração do público.

Camila da Conceição também não ficou isenta de depreciação, no caso, ainda mais acerba e divulgada na imprensa. O temível crítico Oscar Guanabarino, em *O País* (16 de outubro de 1898), ao noticiar a estreia da ópera *Ártemis* de Alberto Nepomuceno não omitiu a

> [...] precaução da empresa em não anunciar que a Sra. Camila da Conceição tomaria parte ativa na execução do episódio lírico, porque se tal se desse era contar certinho com 150 espectadores de menos.

A atuação da cantora se resumiu em uma voz ao lado do palco. No entanto, merecidamente, no mesmo dia do comentário acima, recebeu elogios no *Jornal do Commercio* pela "arte refinada do seu canto e com as inflexões mágicas da sua voz".

Camila Maria da Conceição – Acervo: Biblioteca Alberto Nepomuceno, Escola de Música da Universidade Federal do Rio de Janeiro.

Mais um acontecimento de teor segregatício ocorreu com a brasileira Zaíra de Oliveira. Obteve medalha de ouro em concurso no Instituto Nacional de Música e prêmio de viagem à Europa, mas esta não se efetivou, acredita-se, em função de rejeição por motivos racistas (1921).

Até Marian Anderson sofreu discriminação. Quando se apresentou em Ostende (Bélgica, 1935), ainda desconhecida no meio musical europeu, o público, reduzido, compareceu à récita demonstrando pouco interesse, mas logo foi tomado de entusiasmo diante dos excepcionais dotes vocais exibidos. O tenor italiano Giacomo Lauri-Volpi nos legou um testemunho da situação:

> Quem era aquela pele negra que ousava apresentar-se a uma reunião de gente civilizada para cantar os seus *Spirituals Songs*? Mas, de um golpe, ao primeiro som da voz bíblica, amálgama das três de contralto, meio-soprano e soprano – fusão inimaginável e invisível – aqueles indiferentes espectadores se sobressaltaram – percorridos por uma torrente de sonoridade. Quem jamais ouvira uma voz semelhante? (Lauri-Volpi, 1956, p. 268)

A primeira frase é bastante reveladora do preconceito imperante no meio musical do Velho Continente em relação ao intérprete negro. Os termos são incisivos quanto à desqualificação da intérprete sob vários aspectos, envolvendo etnia (pele negra), conduta, tida como arrogante (ousava), nível elevado do público (gente civilizada), ressaltando a distância entre ela e os ouvintes, além do descrédito em relação ao repertório de origem negra (Spirituals songs).

Outra prevenção, mantida por alguns melômanos e musicistas conservadores, diz respeito à participação dessas cantoras no gênero lírico. Muito apreciadas por ouvintes e críticos musicais, elas não têm estado isentas de opiniões negativas da parte de alguns aficionados por ópera, embora tal julgamento não represente a maioria. A título de exemplo, o professor de canto e austero crítico musical da *Gazeta de Notícias*, no Rio de Janeiro, Pedro Lopes Moreira, não obstante elogiar a interpretação da *Ave-Maria* de Schubert por Marian Anderson como meio-soprano, depreciou a exploração de três registros vocais, por ela exibida em outras peças. Julgou que os graves eram "forçados e desagradavelmente guturais, próprios de gente de voz inculta ou dos *negros 'yankees' sem cultura*" (Moreira, 1945, p. 134; grifo nosso), e acrescentou a recomendação de Lemaire: "de que há cantores que admiramos, mas que não devemos imitar" (idem).

Acerca do mesmo tópico, vale lembrar o ocorrido com a soprano norte-americana Cynthia Clarey na Alemanha. Por ocasião de sua atuação em *Os Contos de Hoffmann* (Offenbach), na Ópera de Berlim, a imprensa enalteceu o excelente desempenho, porém um redator considerou a voz "demasiadamente negroide" para o estilo de ópera francesa. Em ambos os casos, é importante levar em consideração não somente a apreciação técnica como também a questão de gosto pessoal do crítico, tal como ocorre com todos os ouvintes.

NOTAS

|1| A rigor, o termo *timbre*, quando se trata de voz, adquire contexto amplo, um tanto impreciso e subjetivo, diferente daquele fixado pela Acústica para instrumentos. Neste último caso, é avaliado por meio de parâmetros físicos dos harmônicos produzidos, resultantes da construção, da forma e do material empregado em cada instrumento. Já, no setor vocal, envolve um conjunto de fatores de diversas naturezas, altamente variáveis e subjetivos: anatômicos, fisiológicos, sociais, regionais, psicológicos, étnicos, educacionais, etc.

O linguista W. Abercrombie preferiu a expressão *qualidade vocal* em substituição a *timbre*.

Em relação à etnia negra, Wayne Koestenbaum empregou o termo *som negroide*. No entanto, essa denominação, assim como *timbre negroide*, não consta nas classificações acadêmicas das vozes, mas é uma característica reconhecida por cantores, professores de música, críticos, escritores, antropólogos e público em geral. Atualmente, a etnomusicologia busca explicar a origem dessa sonoridade peculiar, mas, para isso, ainda se faz necessária uma comprovação de cunho científico.

"O uso da noção de timbre por leigos se aproxima mais da ideia de qualidade vocal do que propriamente da definição acústica de timbre, muito especializada" (Travassos, 2008, p. 113).

|2| A *Enciclopédia da Música Brasileira Erudita, Folclórica, Popular* (1977) nos fornece a seguinte definição de *chorado* (p. 192):

> Dança da marujada, observada em Bragança PA, durante as festividades de São Benedito. Não passa de um lundu-chorado, tipo de lundu que teve grande voga no século XIX, chegando aos salões.[...] O chorado foi observado no vale do Rio Doce, no Espírito Santo.

|3| Questão idêntica foi formulada por Carlos Sandroni em seu ensaio sobre o xangô do Recife. Indagou ele: "O que o povo de santo canta são propriamente palavras , ou são antes sons vocalizados?". (Sandroni, 2008, p. 74)

Ao mesmo tempo, mencionou a existência de duas correntes para justificar a situação. Uma, representada pelos "africanistas", aí incluídos Pierre Verger e Juana Elbein dos Santos, admitia serem os cantos afro-brasileiros constituídos apenas de palavras em ioruba. No caso, as divergências passíveis de ocorrer entre a letra e a língua original seriam erros a serem corrigidos.

Por seu turno, segundo os "sincretistas", como Roger Bastide e M. Herskovits, o que é cantado corresponde a sons vocalizados. Quanto às palavras, seriam uma mistura de termos africanos (ioruba, fon, outros do grupo banto), além de português.

BIBLIOGRAFIA

ALMEIDA, Manuel Antônio de. *Memórias de um sargento de milícias*. Rio de Janeiro: Livros Técnicos e Científicos, 1978.

_____. *Obra dispersa*. Introdução, seleção e notas de Bernardo de Mendonça. Rio de Janeiro: Graphia, 1991.

AMADO, Jorge. *Gabriela, cravo e canela*. Crônica de uma cidade do interior. Rio de Janeiro/São Paulo: Record, 2001.

AZEVEDO, Aluísio. *O cortiço*. São Paulo: Ática, 1994.

BALBI, Adrien. *Essai statistique sur le royaume de Portugal et d'Algarve, comparé aux autres états de l'Europe et suivi d'un coup d'oeil sur l'état actuel des sciences, des lettres et des beaux-arts parmi les portugais des deux hemisphères*. Paris: Rey et Gravier, 1822.

BITTENCOURT-SAMPAIO, Sérgio. *Negras líricas*. Duas intérpretes negras brasileiras na música de concerto (séc. XVIII-XX). Rio de Janeiro: 7Letras, 2010.

BRAGA, Rubem. *O conde e o passarinho*. Morro do isolamento. Rio de Janeiro: Editora do Autor, 1961.

BRANDÃO, D. Fr. Caetano. *Diário das visitas pastorais no Pará*. Porto: Instituto de Investigação Científica, Centro de História da Universidade do Porto, 1991.

ENCICLOPÉDIA da música brasileira erudita, folclórica, popular. São Paulo: Art Editora, 1977.

FIGUEIREDO, Guilherme. *Maria da Praia*. Rio de Janeiro: Civilização Brasileira, 1994.

FINNEGAN, Ruth. O que vem primeiro: o texto, a música ou a performance? Trad. Fernanda Teixeira de Medeiros. In: MATOS, Cláudia Neiva de; TRAVASSOS, Elizabeth; MEDEIROS, Fernanda Teixeira de. (Orgs.) *Palavra cantada*. Ensaios sobre poesia, música e voz. Rio de Janeiro: 7Letras, 2008.

FREITAG, Léa Vinocur. *Momentos de música brasileira*. São Paulo: Nobel, 1985.

FREITAS, Benedicto. *Santa Cruz*. Fazenda jesuítica, real, imperial. V. 2. Vice-Reis e Reinado (1760-1821). Rio de Janeiro: Asa Artes Gráficas, 1987.

FREYRE, Gilberto. *Açúcar*. Uma sociologia do doce, com receitas de bolos e doces do Nordeste do Brasil. São Paulo: Companhia das Letras, 1997.

GRAHAM, Maria. *Diário de uma viagem ao Brasil*. Trad. A.J.L. Belo Horizonte: Itatiaia; São Paulo: Editora da Universidade de São Paulo, 1990.

HABSBURGO, Maximiliano de. *Bahia 1860*. Esboços de viagem. Trad. Antonieta da Silva Carvalho e Carmen Silva Medeiros. Rio de Janeiro: Tempo Brasileiro; Bahia: Fundação Cultural do Estado da Bahia, 1982.

KOESTENBAUM, Wayne. *The queen's throat*. Opera, homosexuality and the mistery of desire. New York: Da Capo, 2001.

LAURI-VOLPI, Giacomo. *Vozes paralelas*. Trad. Jotagê. São Paulo: Ricordi, 1956.

LIMA, Jorge de. *A mulher obscura*. Rio de Janeiro: Agir, 1959.

LOPES, Nei. *Enciclopédia brasileira da diáspora africana*. São Paulo: Selo Negro, 2011.

MELO, Floro de Araújo. *Estudos sobre o negro brasileiro*. S.i l., s.i.e., 1988.

MOREIRA, Pedro Lopes. *A ciência do canto ou como produzir corretamente a voz cantada*. São Paulo/Rio de Janeiro: Irmãos Vitale, 1945.

MURICY, Andrade. *Caminho de música*. 2ª Série. Curitiba/São Paulo/Rio de Janeiro: Guaíra, s.d.

MURSELL, James L. *The psychology of music*. New York: W. W. Norton, 1937.

NAVA, Pedro. *Balão cativo*. Memórias/2. Rio de Janeiro: José Olympio, 1977.

OVÍDIO. *A arte de amar*. Trad. Dúnia Marinho da Silva. Porto Alegre: L&PM, 2001.

RUDERS, Carl Israel. *Viagem em Portugal (1798-1802)*. V. 1. Trad. António Feijó. Lisboa: Biblioteca Nacional, 2002.

SAINT-HILAIRE, Auguste de. *Segunda viagem do Rio de Janeiro a Minas Gerais e a São*

Paulo. 1822. Trad. Vivaldi Moreira. Belo Horizonte: Itatiaia; São Paulo: Ed. da Universidade de São Paulo, 1974.

SALLES, Vicente. *O negro no Pará sob o regime da escravidão*. Belém: Instituto de Artes do Pará, 2005.

SANDRONI, Carlos. Transformações da palavra cantada no xangô do Recife. In: MATOS, Cláudia Neiva de; TRAVASSOS, Elizabeth; MEDEIROS, Fernanda Teixeira de. (Orgs.) *Palavra cantada*. Ensaios sobre poesia, música e voz. Rio de Janeiro: 7Letras, 2008.

SANTOS, Antônio Carlos dos. O timbre feminino e negro da música antiga brasileira (séc. XIX). *Anais do V Encontro de Musicologia Histórica* (2002), p. 342-352. Juiz de Fora: Centro Cultural Pró-Música, 2004.

SCHLICHTHORST, C. *O Rio de Janeiro como é*. (1824-1826). Uma vez e nunca mais. Trad. Emmy Dodt e Gustavo Barroso. Brasília: Senado Federal, 2000.

SODRÉ, Nelson Werneck. *História da literatura brasileira*. Seus fundamentos econômicos. Rio de Janeiro: Civilização Brasileira, 1969.

STORY, Rosalyn M. *And so I sing*. African-American divas of opera and concert. New York: Warner Books, 1990.

TAUBMAN, Howard. *Music on my beat*. New-York: Simon & Schuster, 1943.

TRAVASSOS, Elizabeth. Um objeto fugidio: voz e "musicologias". In: MATOS, Cláudia Neiva de; TRAVASSOS, Elizabeth; MEDEIROS, Fernanda Teixeira de. (Orgs.) *Palavra cantada*. Ensaios sobre poesia, música e voz. Rio de Janeiro: 7Letras, 2008.

WEHRS, C. Carlos J. *O Rio antigo – pitoresco e musical*. Memórias e diário. Trad. e notas Carlos Wehrs. Rio de Janeiro: Ortibral – Organização Tipográfica Brasileira, 1980.

WILLEMS, Edgar. *El valor humano de la educación musical*. Trad. Maria Teresa Brutocao e Nicolás Luis Fabiani. Barcelona/Buenos Aires: Paidos, 1981.

ZUMTHOR, Paul. A permanência da voz. Correio da Unesco, n. 10, outubro 1985. A palavra e a escrita. In: VALENTE, Heloísa de Araújo Duarte. *Os cantos da voz*: entre o ruído e o silêncio. São Paulo: Annablume, 1999.

ASPECTOS "INSÓLITOS" DA MÚSICA NA CORTE DURANTE O SEGUNDO REINADO

A escassez de obras vultosas de compositores brasileiros durante o Segundo Reinado nos transmite falsa impressão de inatividade musical naquele tempo. No entanto, depoimentos registrados em diários, cartas, romances, novelas e matérias em periódicos nos levam a conclusão oposta. A época ficou assinalada como uma das mais profícuas e exuberantes em realizações do nosso passado musical, como Mário de Andrade bem situou: " [...] o Segundo Império foi talvez o período de maior brilho exterior da vida musical brasileira" (Andrade, 1980b, p. 168), uma vez que, "nesta cidade, durante o período acima indicado, e mesmo até poucos anos depois da Guerra do Paraguai, tudo era folguedo, contentamento, prazer" (Morais Filho, 1982, p. 23).

Se, por um lado, poucos trabalhos perduraram na memória musical brasileira, por outro, a produção foi intensa e constante, e, certamente, em uma retrospectiva da vida artística no Brasil, não se encontra paixão tão entusiástica pela música quanto no tempo de D.Pedro II. Essa arte foi transformada em verdadeiro material de consumo de primeira ordem pela audição, pelo estudo individual, pela aquisição de partituras e de instrumentos, e ainda pela grande quantidade de eventos realizados.

Com efeito, a música desfrutava de legítima primazia sobre as outras artes, ao inverso do que ocorre hoje. Pouca importância era conferida à pintura e à escultura, ínfima mesmo, quando comparada à desmedida atenção voltada à arte dos sons. Não faltam referências atestando tal prestígio em crônicas, romances, memórias e teatro de Joaquim Manuel de Macedo, José de Alencar, visconde de Taunay, Machado de Assis, e, sobretudo, nos importantes folhetins de Martins Pena e França Júnior.

A respeito, o último, em *O País*, em texto dirigido à cidade do Rio de Janeiro, denunciou e reprovou o extremo enaltecimento da música em detrimento das demais artes:

> Como explicar, porém, esse adiantamento musical de V. Excia. em face do atraso vergonhoso, em que se acha em relação à pintura e às artes

plásticas? Por que V. Excia. não olha para um quadro, para uma estátua, para um edifício de linhas corretas com o mesmo entusiasmo com que ouve um trecho de música?

Anuncia-se uma exposição de quadros, V. Excia. lá não aparece.

Se lhe mostram um belo mármore, não acha uma frase, um ponto de admiração para saudá-lo.

O teatro, onde V. Excia. extasia-se aplaudindo os grandes *maestros*, é uma prova eloquente do que acabo de dizer. V. Excia. não vê que aquilo não está na altura de sua civilização? Vê, mas não se importa; e ouve ali os *Huguenotes* e a *Africana**, tão bem como ouve em casa o piano dedilhar Schumann ou Chopin, em face de ignóbeis oleografias ou hediondas gravuras.

Por que V. Excia, como toda a gente civilizada, não há de conciliar a música com a pintura e a arquitetura? (França Junior, 1926, p. 463-464)

Os compositores tiravam proveito dos acontecimentos políticos e sociais; cada notícia de grande repercussão servia de motivo para uma composição. Os autores não se limitavam a incluir nomes de personagens relevantes ou de feitos e ocorrências dignos de nota nas dedicatórias das obras, mas também o faziam nos títulos. Como exemplo, podemos citar a quadrilha original do clarinetista Antônio Luís de Moura, *O Incêndio do Teatro S. Pedro de Alcântara*, em memória do terrível sinistro ocorrido em agosto de 1851, formada dos seguintes números: *O Espetáculo, O Incêndio, Lamentações, Projeto de Reedificação e Inauguração*, verdadeira sequência programática desde a etapa que precedeu a tragédia até a reconstrução e a reativação do prédio.

ÓPERA

> Quem quiser escrever a história do canto entre nós, há de ter diante dos olhos os efeitos políticos desta arte. Sem isso, fará uma crônica, não uma história.
>
> (Machado de Assis, 1946, p. 145)

A ópera, máxime a italiana, representou o gênero musical erudito por excelência em nosso meio, nas décadas de 1840 a 1870, suplantando muito

---

* Óperas de Giacomo Meyerbeer.

qualquer outra manifestação artística. Os espetáculos líricos significavam para a classe abastada bem mais do que simples prazer estético: eram verdadeiros acontecimentos sociais. Cada encenação provocava respostas imediatas do público e constituía assunto de primeira ordem nos comentários do dia seguinte. De maneira ideal, refletia o apogeu e a cultura do Segundo Reinado, ao encontro das palavras de Kurt Pahlen (s.d., p. 322): "a ópera é mais do que uma forma musical, é a imagem de brilhantes épocas sociais".

O interesse exagerado pelo gênero acarretou o protesto de Joaquim Manuel de Macedo (1848) contra a poderosa e ampla penetração do canto lírico em todos os ambientes:

> O gosto estragado da época, que se faz excessivo em tudo, o é também na música, e como tal deu ao canto italiano um triunfo, uma palma universal, lançou para fora de nossas salas todos os cantos pátrios, como desterrou das igrejas os hinos sagrados. Rossini, Bellini, Donizetti e Auber, têm entre nós, um tríplice trono, no teatro, nas salas, e na igreja. (Macedo, 1964, p. 160)

Essa preferência superava qualquer contingência social ou política. A seguinte matéria, divulgada no *Jornal do Commercio* (1854), noticiou o imenso entusiasmo pela música, que chegou a superar a atenção voltada aos importantíssimos acontecimentos da Guerra do Prata:

> Para o nosso público uma ária de bravura de Verdi vale mais do que a nota circular do sr. Limpo de Abreu expondo tão habilmente a situação da república do Uruguai e a política brasileira. [...] Vale mais que a recepção triunfal do nosso ministro em Montevidéu, do que todos processos que se intentarem a Rosas, do que todas as intrigas de política interna e externa. (Renault, 1978, p. 84)

O Brasil ainda não dispunha de artistas líricos com formação técnica esmerada à altura do repertório apresentado. Surgiu, então, a necessidade de se contratarem cantores vindos do exterior, que, por sua vez, colheram triunfos na Corte: as sopranos Augusta Candiani, Anna de La Grange e Clara (Chiara) Delmastro; os contraltos Annetta Casaloni e Rosina Stoltz; os tenores Enrico Tamberlick e Raphael Mirate (Mirati).

Augusta Candiani chegou ao Rio de Janeiro no final de 1843 e, logo, foi consagrada na estreia da *Norma* de Bellini no Brasil (janeiro do ano seguinte), no Teatro S. Pedro de Alcântara[1].

Machado de Assis não ficou alheio aos encantos da notável intérprete:

> A Candiani não cantava, punha o céu na boca e a boca no mundo. Quando ela suspirava a *Norma* era de pôr a gente fora de si. (Siqueira, 1980, p. 32)

Em agosto do mesmo ano, ela conquistou outro estrondoso sucesso em *Anna Bolena* de Donizetti. Desde logo, passou a integrar o elenco do Teatro Lírico Italiano até 1852. Ainda apareceu em *Os Mártires* de Donizetti (1853), mas, a seguir, entrou em fase de declínio.

Dentre as suas memoráveis apresentações, uma ficou registrada pelo ineditismo. Em espetáculo único no mundo, interpretou *Casta Diva* no alto do Corcovado, de madrugada, acompanhada pela Orquestra do Teatro perante numerosa assistência. Pode-se imaginar o extraordinário encanto daquele momento, reunindo a sublime melodia de Bellini, o silêncio da noite e a deslumbrante beleza do panorama, tendo ao fundo a Baía do Rio de Janeiro (atual Baía de Guanabara), que se descortinava do alto da montanha[2].

Como prova da extrema veneração da parte dos admiradores, deu-se o nome *candiani* a uma qualidade de jasmim oriundo do Pará, ainda novidade na Corte. É fácil se imaginar o arrebatamento do público, chegando às raias do êxtase, quando a homenageada surgiu no palco com a citada flor no peito pela primeira vez.

Em março de 1844, em decorrência do nascimento de uma filha, no Rio de Janeiro, ela foi substituída eventualmente pela Delmastro na ópera *Belisario* de Donizetti. Os aficionados de ópera se dividiram em dois grupos: os ardorosos admiradores da Candiani, por um lado, e os exaltados defensores da Delmastro, por outro. As acirradas divergências foram tão constantes, que Macedo dedicou um capítulo inteiro de *O Moço Loiro* ao assunto, além de fazer alusão a ambas as artistas em *Memórias da Rua do Ouvidor*.

Em *O Moço Loiro*, encontra-se um fervoroso e poético elogio à Delmastro:

> A Delmastro é doce e bela, melodiosa e engraçada: sua voz subjuga, arrebata, amortece, vivifica, encanta, enfeitiça, derrota, fere e mata quem a ouve!... sua voz cai no coração, e de lá toma parte no sangue da vida! (Macedo, 2002, p. 15)

Não obstante o enorme êxito conquistado na cena lírica, a Delmastro partiu para uma atividade diferente: organizou um baile à fantasia no Teatro S. Januário (21 de fevereiro de 1846), com isso trazendo à Corte costumes do Velho Mundo. A realização, de natureza bem diversa de sua consagrada atuação, foi tão bem-sucedida, que despertou o entusiasmo do público. As danças se prolongaram até as três horas da madrugada e, caso não houvesse ordem para finalizar a festa, ao certo se estenderia por mais tempo. Anteriormente, foram realizados outros bailes de máscaras na cidade, porém esse foi o primeiro ocupando um teatro, cujo palco serviu de salão de dança. A partir de então, a reverenciada prima-dona abandonou a ópera para se dedicar ao empresariado de artistas populares.

Em 1853, outra *diva* estreou no Rio de Janeiro: o notável contralto espanhol Rosina Stoltz. Coincidindo com o afastamento da Candiani, a Stoltz, embora com registro vocal diferente, mas com excepcional extensão, passou a ser o novo ídolo do público.

No final de récita de *La Favorita*, recebeu uma coroa das mãos da Candiani em meio a calorosas aclamações do público e chuva de pétalas de rosas. Outra suntuosa coroa lhe foi ofertada pela marquesa de Abrantes. Esculpida pelo joalheiro da Família Imperial, Carlos Valais, dela pendiam quatro fitas de seda e ouro, nas quais estavam bordados os nomes das pessoas ilustres que subscreveram o troféu, destacando-se a marquesa de Monte Alegre, a marquesa de Maceió e a condessa de Iguaçu[3].

De volta à Europa, Rosina Stoltz enviou a D. Pedro dois livros de sua autoria: *Dictées Spirites de Marie Antoinette Transmises par la Baronne de Restschendorf* e *Six Mémoires pour le Chant avec Accompagnement de Piano, Paroles et Musique* (1870).

O entusiasmo dos melômanos era incontrolável e exacerbado. O romancista francês Gustave Aimard, visitando o Rio em 1881, observou que, quando os brasileiros gostavam de algum cantor ou cantora, eram capazes de fazer loucuras, como aconteceu por ocasião do embarque de uma *diva* para a França. "Sua partida tomou ares de luto público" (Taunay, 1947, p. 150).

A veneração às prima-donas estendeu-se àquelas de renome internacional que nunca estiveram no Brasil, porém se transformaram em mitos da cena lírica. Foi o caso de Maria Malibran, falecida prematuramente aos vinte e oito anos de idade, em Paris. Embora distante, como evidência de extrema idealização, chegou a inspirar um poema de Álvares de Azevedo e um texto de José de Alencar.

A permanência dos artistas aqui nem sempre se acompanhou de final feliz, evoluindo às vezes para desfechos trágicos. Tal aconteceu com Amélie (Isabelle) Mège, cantora da *Companhia Lírica Francesa*. Esposa do professor de música Émile Mège, foi por ele assassinada com dois tiros de revólver no crânio, à queima-roupa, enquanto se arrumava diante do espelho (1847).

Motivo: ciúme das relações suspeitas da esposa com o cirurgião mineiro Antônio José Peixoto.

Não bastando o crime *per se*, a população ficou ainda mais perplexa com o cunho macabro de relatos que se seguiram. Depois de alguns dias, o médico, ainda apaixonado, lançou mão de documentos falsos, conseguiu exumar o corpo da amada, levou os restos mortais para o escritório, limpou cuidadosamente os ossos com cal e potassa, remontou o esqueleto e o manteve em sua vitrine no recinto de trabalho. Decorrido algum tempo, descoberto o expediente inusitado, levou a sinistra recordação para Paris e sepultou-a no Père Lachaise.

O destino do marido pianista? A despeito de carregar para sempre o estigma do assassinato, foi inocentado e continuou a tocar quadrilhas e polcas, animando festas nos salões. Até mesmo, segundo Toussaint-Samson, o infortúnio aumentara-lhe a fama e se tornou mais requisitado que antes. Por fim, retornou à França.

Outro incidente ocorreu com o barítono português Celestino, cuja estreia no Rio de Janeiro se deu em *O Trovador* (1863). Estando em sua casa, à janela, foi atingido na cabeça por uma garrafa atirada da rua, provocando graves ferimentos que culminaram com a morte do artista.

Ainda uma cantora se entregou ao vício. Irene Manzoni, natural de Montenegro, com carreira estabelecida na Europa, foi trazida para o nosso meio pelo português Sousa Bastos, autor de publicações e peças teatrais de vários gêneros. No entanto, seu comportamento causou inúmeros dissabores ao empresário. "Ela muito pouco valia, mas cantava bem em certos dias e o público do Rio de Janeiro dava a isso muito valor" (Bastos, 1898, p. 239). Quando se viu bem-requisitada no meio artístico, começou a beber conhaque e vinho do Porto de maneira descontrolada, a qualquer hora do dia e da noite, a ponto de o público chamá-la *Marie Brizard* em alusão à célebre marca de conhaque. Como era previsível, o abuso do álcool acabou afetando o juízo e a voz da artista. Desse modo, não mais conseguiu atuar no palco e passou a trabalhar como costureira. Sempre em busca de algum agente externo, capaz de proporcionar-lhe algum prazer vicioso, reduziu a quantidade de bebidas alcoólicas, mas substituiu o antigo hábito pelo uso indiscriminado de rapé.

Os tenores também receberam tributos, porém com menos euforia que as cantoras líricas. O mais famoso, Enrico Tamberlick, chegou ao Rio em 1856, quando sua carreira já incluía apresentações em Madri, Barcelona, Nápoles, Lisboa, Londres e São Petersburgo. Outro tenor, o italiano Raphael Mirate (Mirati), aqui se apresentando pela primeira vez em 1859, conseguiu notável prestígio e admiração do público em geral.

Os excertos líricos eram repetidos à exaustão e de maneiras as mais diversas nos saraus e encontros da elite. Martins Pena, em *O Diletante*, forneceu-nos uma cena sugestiva da situação. Uma jovem da sociedade, Josefina, se recusa a atender ao pedido paterno para interpretar *Casta Diva*, por julgar enfadonha a ária de Bellini, ao contrário do pai, que a considerava sublime. A filha retruca:

> Será sublimíssima, mas como há algum tempo que eu a tenho ouvido todos os dias cantada, guinchada, miada, assobiada e estropiada por essas ruas e casas, já não a posso suportar. Todos cantam a *Casta Diva*, é epidimia (sic)! (Pena, 2007, p. 351)

Era bastante comum o aproveitamento de trechos favoritos de óperas em modinhas, danças e canções populares. A título de ilustração, devemos lembrar a *Varsoviana*, baseada na *Canção da Cigana* de *O Trovador*, dedicada a Arsène Charton (1855)[4]; duas peças ligeiras em homenagem a Tamberlick, de autoria de Furtado Coelho (uma valsa e o xote para piano denominado *Adeus a Tamberlick*); a polca *Mirate*, com motivos do *Rigoletto*, além de muitas outras adaptações[5].

Diante dessa contingência, José de Alencar, habituado à extensa vulgarização da música lírica e prevendo a transformação que as melodias sofreriam ao caírem no agrado do povo, propôs, com boa dose de ironia, a repetição de *Il Trovatore* umas cinquenta vezes

> [...] para que os moleques da rua aprendessem a assobiar de princípio a fim toda esta sublime composição de Verdi, a qual daqui a alguns meses *aparecerá correta e aumentada numa porção de valsas, contradanças e modinhas*. (Alencar, s.d., p. 84; grifo nosso)

Com efeito, as modinhas não ficaram isentas da tendência em voga. Os temas mais conhecidos de óperas eram cantados com letras em português e transformados em modinhas. Ao encontro dessa afirmativa, Mário de Andrade (1980b) citou a coletânea *As Delícias da Traviata*, dedicada à então famosa soprano Anna de La Grange. O volume continha versos de diversos autores, adaptados aos mais significativos motivos da ópera de Verdi.

Até a Igreja Católica não permaneceu incólume a tamanho modismo. Era comum a inclusão de peças profanas nos rituais. Não faltam relatos a respeito do fato, como, por exemplo, o da baronesa de Langsdorff, que presenciou, em missa realizada na Igreja de São José, a execução de danças muito apreciadas nos salões. Nos momentos mais dignos de reverência do culto, elas davam lugar a uma marcha fúnebre (!), hora de contrição e reflexão, porém logo retornavam as danças triviais.

Matéria divulgada no *Correio Mercantil* do 1º. de junho de 1854 destacou a impossibilidade de os fiéis se concentrarem nos salmos cristãos enquanto ouviam motivos de *O Cavalo de Bronze* de Auber ou de *O Elixir de Amor* de Donizetti.

O polêmico conde de Gobineau, escritor e escultor, que chefiou a legação da França no Brasil (1869-1870), mostrou-se surpreso ao encontrar nas igrejas, no Rio de Janeiro, durante as missas, valsas e polcas, e, no momento de elevação, uma cavatina italiana (Raeders, 1996). Até mesmo a missa de Sexta-Feira Santa (março de 1869) não ficou isenta daquela tendência em voga.

Outra declaração veio do visconde de Taunay. Certa feita, ouviu, em uma ato religioso, uma banal e monótona *berceuse* executada por hábil e bem-intencionado professor precisamente no momento da elevação da hóstia (Bevilacqua, 1946).

O hábito se estendeu por todo o século XIX. O comentário publicado em A *Gazeta de Notícias* (16 de outubro de 1895) é esclarecedor:

> Os fiéis que acompanham as nossas festas religiosas sabem, com efeito, que durante as cerimônias são executados trechos profanos, aberturas de óperas, como *O Guarani*, por exemplo, cavatinas e árias em que apenas se mudou a letra e que, pouco a pouco, o repertório sacro, entretanto tão vasto e que conta inúmeras obras-primas dos representantes mais puros da arte musical, tem sido substituído por um repertório lírico-dramático que destoa completamente da seriedade e devoção das cerimônias religiosas.
>
> E dizemos pouco a pouco porque o mal vem de muito longe. Há, com efeito, bastante tempo que nos contaram, entre outras cousas, que era costume cantar nas igrejas o *Kirie eleison* com a música do *Allegro* da abertura da "Semiramis"[*], o que produzia um efeito que estava longe de ser religioso. (Bevilacqua, 1946, p. 333)

Alguns excertos líricos chegaram a ser incorporados aos campanários. Trechos de operetas de Offenbach soavam nos sinos da Igreja da Lapa dos Mercadores (Mascates) após reforma do imóvel no século XIX. A respeito do fato, Machado de Assis redigiu uma carta aberta, dirigida ao bispo capelão-mor do Rio de Janeiro, D. Pedro Maria de Lacerda (1877), na qual não falta-

---

[*] Ópera de Rossini.

vam críticas permeadas de imensa ironia. No texto, há referências a operetas e paródias (*Barbe-Bleue, La Belle Helène* e *Orphée aux Enfers* de Offenbach, além de *La Fille de Madame Angot* de Lecocq) bem como ao Alcazar ou *Théâtre Lyrique Français*[6], casa de espetáculos no Rio de Janeiro, antes, uma espécie de café-concerto do que teatro, em cujo ambiente o respeito não era preservado:

> E não pense *Vossa Excelência Reverendíssima* que eram lá músicas enfadonhas, austeras, graves, religiosas. Não, senhor. Eram os melhores pedaços do *Barbe Bleu*, da *Bela Helena*, do *Orfeu nos Infernos*; uma contrafação de Offenbach, uma transcrição do Cassino. Estar-se à missa ou nas cadeiras do Alcazar salvo o respeito devido à missa, era a mesma coisa. O sineiro – perdão, o maestro – dava um cunho jovial ao sacrifício do Gólgota, ladeava a hóstia com a *complainte** do famoso polígamo *Barba Azul*.
>
> Verdi, Bellini e outros maestros sérios tinham também entrada nos sinos da Lapa. Creio ter ouvido a *Norma* e o *Trovador*. Talvez os vizinhos ouçam hoje a *Aída* e o *Fausto*. Não sei se entre Offenbach e Gounod teve Lecocq algumas semanas de reinado. *A Filha de Madame Angot* alegrando a casa da filha de Sant'Ana e São Joaquim, confesse *Vossa Excelência* que tem um ar extremamente moderno. (Assis, 2009, p. 129,130)

Apesar das numerosas críticas, o costume foi mantido durante anos nas torres das igrejas, como atestou o autor de *Dom Casmurro* nos primeiros anos da República, surpreso de ouvir uma despretensiosa valsa reproduzida no campanário da Igreja de São José[7], em uma Quarta-Feira Santa, verdadeiro acinte aos princípios religiosos da população:

> Eram onze horas da manhã, mais ou menos, ia atravessando a rua da Misericórdia, quando ouvi tocar uma valsa a dois tempos[8]. Graciosa valsa; o instrumento é que não me parecia piano, e desde criança ouvi sempre dizer que em tal dia não se canta nem toca. Em pouco atinei que eram os sinos da Igreja de São José. (Assis, 1959, p. 144)

O publicista e político francês Charles Ribeyrolles, visitando o Brasil em meados do século XIX, resumiu de maneira objetiva, em uma frase, a situação da música nos ofícios religiosos da Corte: "O *vaudeville*** penetrou nos templos" (Ribeyrolles, 1980, v. 1, p. 211).

---

* Lamento.
** Peça de teatro, de caráter ligeiro, contendo, no enredo, intrigas e confusões além de ação movimentada.

Na verdade, o hábito não se restringia ao Rio de Janeiro. O negociante francês Louis-François de Tollenare, percorrendo Pernambuco e Bahia (1817), interessado no comércio de algodão, igualmente constatou a execução de música mundana nos ofícios religiosos[9].

Por conseguinte, surgiram queixas, em vários segmentos da população, contra o uso indiscriminado de música profana em local sagrado, verdadeiro desrespeito às tradições religiosas, sem que nenhuma providência fosse tomada para evitar o abuso. Nos grandes festejos da Igreja, os nomes dos solistas a se apresentarem com peças no gênero lírico italiano eram divulgados previamente.

A Capela Imperial realizava todas as sextas-feiras apresentações de música, às quais compareciam moças de classe. Elas iam mais com a intenção de tomar sorvetes e cremes gelados (novidade na época) e se encontrarem com rapazes do que para apreciar os concertos.

Além das igrejas, cerimônias militares faziam uso de temas líricos. Na partida da expedição para Mato Grosso (1865), da qual fazia parte o visconde de Taunay, a banda do Corpo de Polícia da Corte tocou os trechos mais comoventes de *La Traviata* diante do destacamento militar, dos familiares, da população e das autoridades, aí incluídos D. Pedro II, conde d'Eu e duque de Saxe, causando profunda comoção em todos os presentes.

Novo gênero de diversão foi introduzido no Rio de Janeiro pelo holandês Andre Gravenstein: a série de concertos à Musard[10]. Seguindo o modelo proposto pelo compositor francês de danças, passou a distrair o público fluminense com apresentações, constando de doze trombones e quatorze pequenos trompetes em paródias de árias célebres de óperas. Os primeiros executavam as melodias enquanto os trompetes faziam um arranjo com sons excêntricos, resultando em espetáculo burlesco, mas do agrado do público, como forma de diversão. Era a extrema popularização da ópera.

A abrangência do gênero lírico não parou aí. Estendeu-se à moda. Da mesma forma que, mais tarde, o cinema e, atualmente, as novelas de televisão passaram a impor padrões de vestimentas, penteados e adornos, os costureiros se inspiravam em personagens da ópera, copiando os trajes por eles utilizados, às vezes reproduzindo figuras históricas relevantes. Não faltavam homens elegantes com trajes à Puritano, Trovador, Prussiano; no setor feminino, vestidos à Traviata, Lucrécia Borgia, Imperatriz dos Franceses, Rainha Vitória, dentre muitas outras caracterizações em voga.

LIVRARIA DE B. X. PINTO DE SOUSA

RUA DOS CIGANOS

PEÇAS LYRICAS TRADUZIDAS EM PORTUGUEZ.

(Vão marcadas com * as que levão em frente da traducção o original italiano.)

* Anna La Prie	1$500	* Macbeth	1$500
* Belisario	1$500	* Marilia de Itamaracá	2$000
Betly	$080	* Marino Faliero	1$500
Bianca e Falliero	$160	Mosqueteiros da Rainha	$160
* Bondelmonte	2$000	Naufragio feliz	$240
Cabana suissa	$160	Pelagio	$320
* Contrabandiére, ou Giovanna de Edimburgo	1$500	* Poliuto ou os martyres	
* Dom Pascoal	1$500	* Puritanos	1$500
Ernani	$320	— Outra traducção	$500
Estrella (a) e o marinheiro	$160	Remorso	$160
* Fidanzata corsa ou a noiva promettida	2$000	* Rigoletto (o rei se diverte)	1$500
Gisella ou as Welis	$160	Roberto Dèvereux	$240
* Horacios [os] e Curiacios	1$600	* Roberto do Diabo	1$500
João cruel	$320	* Salteadores	1$600
		* Templario	2$000

Relação das peças líricas traduzidas em português à venda no estabelecimento de Pinto de Sousa, situado na Rua dos Ciganos (atual Rua da Constituição). Meados do século XIX. (Acervo do Autor)

Quanto às orquestras, ao que parece, a afinação não era primorosa. Manuel Antônio de Almeida chegou a dirigir mensagem aos responsáveis pelas representações no Teatro Lírico, solicitando mais cuidado nesse particular, além de pedir a redução do tempo dos entreatos, extremamente longos em função das prolongadas trocas de cenários (1856).

Para distrair os espectadores durante os intervalos, eram apresentados números musicais sem qualquer relação com as próprias óperas. Por mais estranho que isso nos pareça hoje, tratava-se de uma condição bem-aceita pelo público. Como exemplo, temos a récita de *Il Trovatore* (27 de novembro de 1856), em benefício do baixo profundo Agostinho Susini, com a participação de Tamberlick. Entre os dois primeiros atos, foi intercalada uma curiosa *Cena Histórica*, música do maestro Gioacchino Giannini com letra de Araújo Porto-Alegre, destinada ao tenor e ao baixo. O enredo versava sobre a luta entre portugueses e holandeses em Pernambuco, tendo como cenário um acampamento, onde o chefe (Tamberlick) entoava o *Hino Nacional* para incentivar os guerreiros ao combate contra os invasores, enquanto o personagem João Fernandes Vieira (Susini) entrava em cena conduzindo a bandeira brasileira. Tudo isso entre dois atos da ópera de Verdi, que, a seguir, prosseguiu normalmente! O êxito do episódio nacionalista foi tão formidável que justificou nova encenação com o nome de *Véspera dos Guararapes*.

Situações similares se repetiam amiúde. Aos 29 de setembro de 1857, entre dois atos de *I Puritani* de Bellini, Artur Napoleão interpretou ao piano uma *Barcarola* de Thalberg sobre tema de *O Elixir de Amor* de Donizetti. De outra feita, uma récita de *Linda de Chamounix* (Donizetti) teve como complemento grande bailado, de mérito duvidoso, a cargo das quatro Irmãs Rousset. Assim também, em 2 de fevereiro de 1844, no Teatro S. Pedro de Alcântara, foi incluído um balé entre o primeiro e o segundo ato da *Norma*[11].

Para a encenação de óperas estrangeiras no Rio de Janeiro, foram necessárias adaptações das partituras, incluindo cortes e arranjos, destinadas à pequena orquestra local e ao número reduzido de cantores. As condições precárias de cenários e intérpretes, em geral, não permitiam a execução de nenhuma obra grandiosa ou até de óperas na íntegra. Em função da falta de recursos humanos, da impossibilidade de montagem de cenários exuberantes e da ausência de maquinaria para movimentar os quadros nas diversas cenas, teve mau êxito a representação de *Roberto, o Diabo* de Meyerbeer (1854), não obstante o comparecimento de D. Pedro II. O projeto era por demais arrojado para o nosso teatro: fazer representar uma *grand opéra* tal como foi concebida na França. Para obter sucesso, exigia não só cantores e orquestras excelentes, mas coros com muitos integrantes, além de cenários magníficos. Enfim, um espetáculo imponente. Em nosso meio, o tenor rouco Gentil (Gentile), a constante desafinação na orquestra e nas vozes, a decoração modesta, tudo só poderia terminar em fracasso. Por isso, tornou-se mais conveniente e habitual a reunião, em uma única récita, de trechos de obras diferentes, apresentadas com menos recursos técnicos, tanto musicais quanto de cenários, como, por exemplo, reunindo o primeiro ato de *La*

Cenerentola (Rossini), o terceiro ato da *Norma* (Bellini) e o segundo ato da *La Fille du Régiment* (Donizetti) no mesmo espetáculo (Magaldi, 2004 *apud* Costa-Lima Neto, 2008). Para aumentar as orquestras, que, após 1840, passaram a exigir maior número instrumentistas, foram empregados negros livres dotados de conhecimento musical.

A partir da criação da Imperial Academia de Música e Ópera Nacional, idealizada pelo espanhol José Amat, as óperas passaram a ser cantadas em português, tal como ocorreu com *A Noite de São João* de Elias Álvares Lobo, e as primeiras óperas de Carlos Gomes (*A Noite do Castelo* e *Joana de Flandres*). Dramas líricos italianos (*Norma, La Traviata, Il Trovatore*) foram logo traduzidos. Em 1858, a obra-prima de Bellini apareceu em versão efetuada pelo Dr. Luís Vicente de Simoni; em 1862, o público assistiu à *La Traviata* apresentada com o título *A Transviada*[12].

Entretanto, no decurso de alguns anos, a vinda de cantores estrangeiros, em particular, italianos e franceses, dificultava a nova medida, pois se tornou impossível conseguir pronúncia nítida em português. Na verdade, os intérpretes só dispunham do tempo de viagem do país de origem até o Brasil para aprender suas partes. Como era previsível, o resultado era decepcionante, com dizeres ininteligíveis e grotescos nas vozes dos artistas. No público, os homens riam a valer enquanto as mulheres ficavam ruborizadas. Uma representação da ópera *O Vagabundo* ou *A Infidelidade, Sedução e Vaidade Punidas* de Henrique Alves de Mesquita (1863) contou com elenco diversificado e, ao mesmo tempo, incomum: o polonês Miller, o espanhol Padilla, a francesa Dejean e italianos. Não precisamos de muitos detalhes para imaginar como deve ter soado de forma insólita, incompreensível e ridícula o nosso idioma nessa mistura de sotaques. A condição bizarra, em vigor naquele tempo, mereceu, na *Revista Popular*, comentário irônico de Joaquim Manuel de Macedo, no qual o periodista abordou uma condecoração recebida por Carlos Gomes. A crítica foi concebida em forma de diálogo entre o compositor e sua batuta. Em certo trecho, ela diz que

> [...] na Ópera, ainda mal chamada nacional, canta-se em português espanholado, afrancesado, alemãosado, estrangeirado enfim, e menos em português do Brasil, e está por isso tremendo de medo: porque às duas por três confundir-se-ão todas aquelas línguas em *ados* e ficará a Ópera Nacional transformada em torre de Babel. (Strzoda, 2010, p. 660)

Os teatros impunham certas normas de comportamento ao público. Anteriormente à estreia de Rosina Stoltz (1856), as pessoas acomodadas nos camarotes não deveriam aplaudir os cantores. Desde então, as palmas foram liberadas para toda a assistência. Cabe lembrar que, até 1862, os assentos na plateia destinavam-se exclusivamente ao público masculino, passando depois a ser ocupados também por mulheres. Somente em meados do século XIX, adotou-se o sistema de numerar as cadeiras. Antes, os lugares eram demarcados por lenços, luvas ou outros tipos de reserva colocados nos respectivos assentos. Havia ainda mais um costume interessante e perigoso: nos dias de espetáculos, colocavam-se folhas de mangueira nas ruas dos respectivos teatros, assim como nos arredores, antigo hábito remanescente dos indígenas brasileiros. Como resultado, não faltavam pessoas que escorregassem nesses "tapetes de folhas": os acidentes eram habituais.

A subvenção dos eventos provinha de loterias do Império, porém, muitas vezes, os valores arrecadados eram insuficientes para cobrir todas as despesas que, em geral, ultrapassavam as receitas. Em 1855, partiram para o Velho Mundo duas pessoas encarregadas de contratar quatro destaques principais para ópera: "Levam ordem de oferecer honorários dignos das melhores reputações europeias" (Alencar, s.d., p. 152). Os cantores de primeira linha, sempre estrangeiros, percebiam quantias elevadas. Foi o caso de Rosina Stoltz, a quem, em 1852, coube remuneração quatro vezes superior à de um ministro de Estado. Aqueles que não desempenhavam papéis de destaque percebiam importâncias módicas e, não raro, buscavam outras fontes de recursos, como vender mercadorias de fácil consumo (roupas, frutas e outros artigos) a fim de pagar a viagem de retorno ao país de origem.

Os subsídios provenientes de loterias não eram suficientes para cobrir os gastos com as apresentações. Para compensar tamanhas dificuldades econômicas, existiam récitas beneficentes, sobretudo em prol dos artistas de grande projeção; entre eles, a Casaloni, a Charton, o barítono Ferranti, o cantor Bouché, o baixo profundo Agostinho Susini e o maestro Giannini.

Todos os fatos expostos demonstram a importância e o valor das encenações operísticas na sociedade. O musicólogo e crítico Andrade Muricy ressaltou com muita propriedade o papel das temporadas como elemento primordial para reunir a elite em uma sociedade, na qual grandes festas ou reuniões suntuosas, propiciadas pelos soberanos e nobres, não eram frequentes:

> O "lírico" (a "temporada", de hoje) realizava o milagre de galvanizar a vida de elegância e de urbanidade. Qualquer daquelas inaugurações de temporada, na presença dos imperadores, dos príncipes, dos parlamentares e titulares, representava o máximo esplendor a que já chegara a civilização brasileira, no que se refere à vida em sociedade. (Muricy, s.d., p. 311)

Acresce a isso o fato de que quem possuísse camarote no Teatro Lírico (1870), ao custo de cinquenta mil réis por noite, denotava requinte e posses. Era mais um meio de exibição, no seio da sociedade, de riqueza e prestígio do que de gosto musical.

Nos teatros, nas igrejas, nos salões, nas cerimônias, nas modinhas, nas canções populares, no comércio de partituras para canto, piano, bandas e outros instrumentos isolados, nenhum gênero atingira, como a ópera, tamanho alcance e tanta difusão na Corte.

De maneira curiosa, em meados do século, o meio cênico francês incluiu temática brasileira no teatro e na ópera. A rigor, tal escolha fazia parte de um processo de busca do exótico, não se limitando ao nosso país ou à América, mas incluindo a Ásia e a África, como em *A Africana* de Meyerbeer e *Os Pescadores de Pérolas* de Bizet. Com enredos situados no Brasil, passaram a existir *Paraguassu (Chronique Brésilienne)*, poema lírico de Jose O'Kelly (francês de origem irlandesa) e Junius C. de Villeneuve, e *La Perle du Brésil (Grand Opéra en Trois Actes)*, libreto de J. Gabriel e Sylvain Saint-Étienne, música de Félicien David[13].

Por volta de 1870, empresários estrangeiros, empenhados na melhoria da qualidade da música trazida ao público, tentaram impor outro tipo de repertório, baseado em obras sinfônicas, opondo-se ao tão desgastado gênero lírico. O meritório esforço para mudança no repertório e, por conseguinte, no gosto do público, não conseguiu demover de imediato a excessiva e radicada preferência dos melômanos pela ópera. Ainda permaneceu a primazia das prima-donas, sobretudo com o apoio dos diletantes.

As novas agremiações eram frutos de iniciativas particulares (só se tornaram oficiais com o advento da República), verdadeiros núcleos que promoviam recitais e concertos, chegando alguns a manter orquestras próprias. Tinham como intuito principal a divulgação de obras clássicas e sinfônicas, ainda pouco difundidas no Brasil[14].

As principais entidades foram o Clube Mozart, fundado pelo violinista John J. White, e o Clube Beethoven, organizado por Roberto J. Kinsman Benjamin. No primeiro, pontificavam Artur Napoleão, Vincenzo Cernicchiaro e Paul Faulhaber; no segundo, Artur Napoleão, Leopoldo Miguéz e Alberto Nepomuceno.

No início, o Clube Beethoven ocupava um imóvel no Catete, porém, em função do desenvolvimento de suas atividades e da repercussão obtida, surgiu a necessidade de um espaço mais amplo. Passou, então, a se estabelecer na Glória. Uma cláusula existente desde a fundação preconizava que, no local, a frequência estaria restrita a homens, mas o aumento do interesse do público levou à construção de um anexo, no jardim, para ambos os sexos, pois continuava a interdição ao ingresso de mulheres no prédio da sede.

Essas agremiações desempenharam papel fundamental na mudança do gosto musical vigente, impondo obras sinfônicas e de câmara, neutralizando, em parte, o intenso entusiasmo pela ópera. Tal alteração resultou em movimento artístico que tomaria vulto nos primórdios da República, tendo por base repertório instrumental ao lado da tradição do canto lírico.

DILETANTES

> Há no Rio de Janeiro mais *dilettanti* que bicos de gás.
> (França Júnior, 1926, p. 209)

Uma classe numerosa de ativistas da música, no Segundo Reinado, era formada pelos diletantes. Com efeito, esse tipo de entusiastas pela ópera existia em décadas anteriores. No tempo de D. Pedro II, aumentou sobremodo, resultado do grande afluxo de cantores líricos que passaram a se apresentar no Rio de Janeiro. Admite-se que tal condição tenha resultado de a imperatriz Teresa Cristina ser italiana e incrementar o contato com a música de seu país.

Baptista Siqueira assim caracterizou o perfil individual do diletante:

> Era ele, a um tempo, admirador, amante do *bel canto*, aficionado da música dramática e, indiretamente, apologista do comércio da música impressa desse estilo teatral.
>
> A sociedade carioca, pode-se dizer sem receio de errar: foi influenciada fortemente pelos diletantes, a ponto de apoiar desatinos que a crítica coeva não deixava de profligar. (Siqueira, 1980, p. 263)

José de Alencar, acerbo no comentário sobre a referida condição de amantes da música, ressaltou que a adoração voltada às prima-donas era de tal modo exacerbada e incontida, a ponto de suplantar qualquer eventual falha na interpretação musical:

> Cumpre-me, porém, notar que, quando falamos em *diletante*, não compreendemos o homem apaixonado de música, que prefere ouvir uma cantora, sem por isso doestar a outra. *Diletante* é um sujeito que não

tem nenhuma destas condições, que *vê a cantora, mas não ouve a música que ela canta; que grita bravo justamente quando a prima-dona desafina, e dá palmas quando todos estão atentos para ouvir uma bela nota.* (Alencar, s.d., p. 83; grifos finais nossos)

Ao encontro da opinião acima, Joaquim Manuel de Macedo, em *O Moço Loiro*, mencionou o desmedido sectarismo dos diletantes, cujo julgamento, bem mais influenciado pela paixão que pelo censo crítico, se antecipava à audição dos números musicais no confronto entre a Candiani e a Delmastro:

> Alguns diletantes da capital, depois talvez de haver muito parafusado, tinham descoberto um meio novo de demonstrar o seu amor pelas inspirações de *Euterpe*, e a sua paixão pelas duas – primas-donas: era sem mais nem menos isto: para aplaudir ou patear não é necessário ouvir; de modo que batia-se com as mãos e com os pés, ao que ainda não se tinha ouvido; aplaudia-se, pateava-se, apenas alguma das pobres cantarinas chegava ao meio de suas peças; não se esperava pelo fim... aplaudia-se, e pateava-se o futuro: era uma assembleia de profetas; uma assembleia que adivinhava se seria bem ou mal executado, o que restava para sê-lo. (Macedo, 2002, p. 17-18)

Diante de tantos depoimentos depreciativos, somos levados a desmerecer a atuação dos diletantes em função de não serem profissionais da música e emitirem julgamentos, apoiados mais em excessivos entusiasmos do que em apreciações pertinentes.

Como forma de desmedido devotamento às cantoras, por eles idolatradas, organizavam carreatas, conduzindo-as pelas ruas em meio a flores e aplausos no final dos espetáculos. Como exemplo, Arsène Charton, após uma récita, foi acompanhada a pé por mais de quatrocentos diletantes, entre os quais estavam pessoas de gabarito. Igualmente, Machado de Assis, jovem, tomado de intensa veneração pela Candiani, participou de belo cortejo, seguindo-a por longo trecho.

Vale ressaltar o papel importante que os diletantes desempenharam ao ativarem, de maneira surpreendente, o movimento musical da cidade mediante a aquisição de partituras, instrumentos, lançando opiniões (mesmo descabidas), estimulando discussões, exigindo grande número de récitas, quer depreciando, quer enaltecendo os intérpretes. Em síntese, por meio do entusiasmo desenfreado, contribuíam de maneira primordial para a sobrevivência e a propagação da música na Corte. Além disso, movimentavam o comércio de trajes finos, joias, flores, cartões e muitos outros artigos, tudo com intuito de comparecer às récitas de maneira ostensiva. José de Alencar, atento à intensa contribuição por eles conferida à vida cultural e ao comércio da cidade, registrou: "O *diletante* é o homem que mais concorre para a utilidade pública" (Alencar, s.d., p. 83).

A música muito deveu a essa classe de entusiastas pelas manifestações constantes e pelas reações despertadas no público e na imprensa:

> Deve fazer refletir o fato de as épocas mais gloriosas da história da música serem aquelas em que era elevado o número de amadores: nas casas senhoriais renascentistas, como nas cortes setecentistas, como nos salões do século XIX. (Allorto, 1993, p. 22)

Ademais, deve-se ter em conta a existência de musicistas dotados de excelente aptidão para a arte, os quais, não obstante exercerem outras profissões ou atividades alheias ao meio musical, produziram obras, algumas bastante significativas para a posteridade. Nesse grupo podemos incluir, no Velho Mundo, Lutero, reformador religioso; Gesualdo, príncipe de Venosa; Benedetto Marcello, advogado e com outros cargos estranhos à música; Borodin, respeitado químico e professor; Franz Berwald, ortopedista; Cesar Cui, conceituado engenheiro militar; Rimsky-Korsakoff, oficial da Marinha russa. No Brasil, tivemos D. Pedro I, imperador; Brasílio Itiberê, diplomata.

VIRTUOSES

> O *piano* matou a *viola*; o *romance* estrangeiro matou a *modinha*,
> como o *alcáçar**(sic) sacrificou o *teatro nacional*.
> (Sílvio Romero, 1977, p. 255)

Em seguida à ópera, o grande atrativo para os amantes da música eram os virtuoses, em especial, os pianistas. O público, ávido de exibicionismo, admirava neles não tanto a qualidade do repertório, porém a habilidade técnica e os efeitos sonoros inéditos obtidos no instrumento.

A primeira récita que causou furor foi a do pianista Sigismond Thalberg em julho de 1855. Sem dúvida, tratava-se de um artista de mérito incontestável, que se vangloriava de ter desafiado Liszt. Apesar do sucesso, permaneceu na cidade por pouco tempo, em virtude das moléstias endêmicas que

---

* *Alcazar* ou *Théâtre Lyrique Français*.

causaram a morte de muitas pessoas, como a do clarinetista alemão J.B. Klier, em abril daquele ano. Eis a razão do abrupto regresso do pianista à Europa e o inesperado leilão de seus pertences que, em princípio, pareciam destinados a longa permanência em nosso país. Suas apresentações, embora pouco numerosas, deixaram influências positivas no ensino do piano, sobretudo no que dizia respeito à maior atenção dada ao aprimoramento da técnica e ao dedilhado.

Em 1857, aqui chegou Artur Napoleão. Com apenas quatorze anos, conseguiu encantar o público e consagrar-se como pianista, apesar da pouca idade.

Três anos mais tarde, destacou-se o pianista polonês Emili Wroblewski (Wroblenski). Nas suas récitas, incluiu *Le Feu Follet* de Prudent, peça muito solicitada na época, cuja partitura era vendida na Rua do Ouvidor, além das próprias composições, como *A Tempestade* (sinfonia no gênero da *Pastoral* de Beethoven) e *Grande Fantasia sobre Motivos de La Favorita*. Ainda de sua autoria constaram: *Grande Concerto-Sinfonia*, dividido em quatro partes, dedicado ao rei Guilherme III dos Países Baixos; *Grande Valsa*, oferecida à princesa Matilde, e a valsa espanhola intitulada *Carlos Terceiro*.

Ambicioso e de caráter duvidoso, Wroblewski veio ao Brasil com a intenção de receber a comenda da Imperial Ordem da Rosa. Em função dos méritos artísticos, D. Pedro II conferiu-lhe o título de pianista da Imperial Câmara, o que não o satisfez. Decepcionado, de volta ao Velho Mundo, forjou um adendo ao documento subscrito pelo imperador, acrescentando a tão ambicionada condecoração nacional que, na realidade, não lhe foi outorgada. Descoberta a fraude pela polícia parisiense, D. Pedro, tomando ciência do caso, excluiu-o de todas as honrarias anteriormente concedidas. Poucos anos mais tarde, foi fuzilado no Campo de Sartori por razões políticas.

Novo artista voltou a encantar o meio musical em 1869: o pianista norte-americano Louis Moreau Gottschalk, um dos primeiros a interpretar obras de Chopin no Brasil (Bauab, 1960).

Excêntrico, exilou-se voluntariamente em Guadalupe (1857-1858), ao lado de um negro idoso, junto à cratera de vulcão extinto. Retirado dessa reclusão pelo empresário Strakosh, empreendeu uma turnê com inúmeras récitas nos Estados Unidos (1862). A seguir, percorreu as Antilhas, repúblicas do Pacífico e do Prata, terminando no Brasil, em 1869.

Sua carreira e personalidade apresentavam muitos pontos em comum com a da fase exibicionista de Liszt. Dotado de extraordinário talento, aprazia-lhe explorar virtuosidade e novos efeitos ao piano, em grandiosas apresentações de êxito estrondoso. Despertava inúmeras paixões, envolvendo-se em casos amorosos, tanto com damas da sociedade quanto com dançarinas de musicais. Admiradoras se precipitavam sobre o piano para apanhar as luvas do músico, reduzidas a tiras guardadas cuidadosamente como lembranças. Em New Orleans, quando praticava no seu instrumento, no segundo andar de uma loja, as admiradoras aglomeravam-se nas escadas para ouvi-lo e aproximar-se dele na saída, tocando-lhe o corpo que, a elas, parecia mágico.

A encenação fazia parte de seus espetáculos. Aparecia diante do público com luvas brancas, retirando-as dos dedos, lentamente, enquanto acenava com a cabeça para os amigos situados na plateia. Certa feita, chegou ao teatro e fez menção de não tocar, causando enorme suspense. "Empurrado" para o palco, executou o programa de maneira maravilhosa. Tamanha exibição, não só no teclado, mas em âmbito pessoal, serviu para torná-lo figura popular. Como prova, em São Paulo, apareceu em um cartaz circense o anúncio do acrobata cognominado "Gottschalk do Trapézio" (Freitag, 1985).

Não bastando as extravagantes apresentações como pianista, Gottschalk idealizou verdadeiros concertos-monstro com trinta e um pianos, seiscentos e cinquenta componentes de bandas e orquestras, além de mais de cem percussionistas e peças de artilharia. Com tamanha massa orquestral e efeitos extraordinários, o sucesso era inevitável. No dizer do pesquisador Francisco Curt Lange (1970), mediante tais concertos e carisma pessoal no palco, impressionando autoridades e população em geral, Gottschalk representou figura ímpar na América Latina, por conseguir revolucionar o ambiente musical da época. Após uma dessas ruidosas apresentações, ele faleceu no Rio de Janeiro, provavelmente vítima de cólera.

Um detalhe digno de atenção nas audições de piano daquele tempo era a relativa ausência de obras de Beethoven, Mozart, Haydn, Liszt, Schumann e tantos outros gênios atualmente reverenciados em todos os continentes. As composições vultosas dos grandes mestres eram, por assim dizer, ainda ignoradas em nossos salões e teatros[15]. O repertório era quase sempre formado de fantasias, paráfrases e variações sobre temas de óperas, além de peças de caráter ao gosto do público, predominando noturnos, barcarolas, galopes, valsas de bravura e polcas, além de formas livres. Posto que isso também aconteça no exterior, não poderíamos esperar o contrário no Brasil, onde a sociedade copiava os modelos europeus. Ao inverso, óperas famosas de Verdi, Meyerbeer, Bellini, Donizetti, Rossini, apenas para citarmos os compositores mais significativos, eram aqui representadas e recebidas com entusiasmo, poucos anos depois da estreia mundial, reafirmando a preferência dos nossos melômanos pelo gênero lírico.

Outra figura que despertou interesse no cenário musical da Corte foi o professor Comingio Gagliano, que se intitulava inventor de um novo instrumento: a *caixa de cristal*. O ator e empresário Furtado Coelho trocou esse nome para *copofone* e apareceu em muitas apresentações públicas ao lado de Gagliano, executando peças no insólito instrumento.

Estimulado pela atenção geral voltada ao curioso invento, surgiu outro *copofonista* – Mauro Bellido –, que mereceu aplausos calorosos com o *Noturno* de Goria e a polca *As Margens do Paraíba* no Teatro São Pedro de Alcântara (11 de abril de 1867).

Não só os cantores líricos e os pianistas eram dados a extravagâncias. Em menor grau, outros instrumentistas também desfrutavam de exibicionismo. Foi o caso de Augusto Luís Moeses (Moeser), que aqui esteve em 1848, autor de uma *Introdução, Tema, Variações e Final* para a quarta corda. Antes de apresentar a obra, ele retirava três cordas do instrumento, diante do público, fazendo prova de que toda a peça se restringia àquela restante.

MÚSICA DOMÉSTICA

> Nós descansamos da ópera no baile, e do baile na ópera.
> (Machado de Assis, 1946, p. 144)

A sociedade brasileira, no século XIX, estava praticamente carente de diversões, em particular à noite. Nas classes abastadas, só existiam duas opções: ir ao teatro (aí incluídos os recitais e as óperas) ou organizar e frequentar saraus, complementados por bailes (pretextos mais comuns para reuniões sociais). Entretanto, os saraus não envolviam apenas apresentações musicais ou artísticas, como erroneamente poderíamos crer. Na verdade, a música correspondia apenas a uma parte dos acontecimentos e dos interesses dos participantes. Os eventos estendiam-se até alta madrugada e, não raro, terminavam em bailes prolongados até as duas ou três horas da manhã. No mesmo ambiente, encontravam-se pessoas da sociedade e da nobreza, cujos interesses eram os mais diversos: discussões acerca de política e projetos, intrigas, novos relacionamentos, arranjos de casamentos e diversões, entre as quais não poderia faltar o jogo.

Joaquim Manuel de Macedo, em *O Moço Loiro* e *A Moreninha*, legou-nos depoimentos sobre o verdadeiro desempenho dos participantes dessas reuniões. Em *A Moreninha*, registrou:

> Um sarau é o bocado mais delicioso que temos, de telhado abaixo. Em um sarau todo o mundo tem que fazer. O diplomata ajusta, com um copo de champagne na mão, os mais intricados negócios; todos murmuram e não há quem deixe de ser murmurado. O velho lembra-se dos minuetes e das cantigas do seu tempo, e o moço goza todos os regalos da sua época; as moças são no sarau como as estrelas no céu; estão no seu elemento; aqui uma, cantando suave cavatina, eleva-se vaidosa nas asas dos aplausos, por entre os quais surde, às vezes, um bravíssimo inopinado, que solta de lá da sala do jogo o parceiro que acaba de ganhar sua partida no *écarté* [...]. Finalmente, no sarau não é essencial ter cabeça nem boca, porque, para alguns é regra, durante ele, pensar pelos pés e falar pelos olhos. (Macedo, 1997, p. 134-135)

A ocorrência de bailes na sociedade fluminense variava: semanais em algumas famílias e mensais em outras. Muitas vezes, a recepção principiava com sarau e derivava para baile improvisado.

Algumas danças importadas da Europa ou da América constituíam novidade de imediata aceitação, ministradas por profissionais especializados: valsas, as mais variadas (valsa vienense, corrupio, londrina, nova valsa francesa), mazurcas, polcas (polca lisboeta, polca-mazurca, polca figurada Príncipe Real, entre outras), quadrilhas, galopes, cracovianas e outras, de acordo com a moda, sempre acatadas com entusiasmo e avidez, em substituição às formas antigas. Assim, apareceu a redova, dança graciosa muito em voga nos salões parisienses, uma forma de polca existente na Rússia, cuja coreografia era ministrada pelo professor Toussaint no Rio de Janeiro (1853). Habitualmente, os bailes eram iniciados com quadrilha e terminavam com o mesmo tipo de dança.

Por volta de 1855, apareceu aqui uma dança de origem norte-americana, o ril (da Virgínia), espécie de marcha acompanhada de palmas. Ao ser introduzida nos salões, causou grande entusiasmo, principalmente entre os rapazes, por lhes permitir dançar com todas as moças e servir de par a todos os outros pares. Não mais era necessário permanecer com uma ou poucas parceiras de dança durante a noite. Os participantes faziam evolução em forma do algarismo oito.

A maneira como eram executados os tipos de música divergia daquela concebida no exterior. Por exemplo, o príncipe Maximiliano de Habsburgo

(1860), constatou, na Bahia, que as quadrilhas terminavam de forma acelerada, em redemoinho, diferente da maneira apresentada na Áustria, onde o andamento se mantinha por igual ao longo de toda a música. Em relação à valsa, ocorria o contrário: no Brasil, era mais lenta e balanceada, ao contrário da forma vienense original.

Na falta da indústria fonográfica, ainda inexistente, as melodias prediletas eram fornecidas ao público na forma de reduções para piano, canto e piano, violino e piano, entre tantas outras, além das tradicionais caixas de música. Eis a razão do amplo desenvolvimento das editoras de partituras e a profusão de pianos nas residências da classe abastada fluminense.

Esses se tornaram instrumentos indispensáveis nas reuniões domésticas, a ponto de Manuel de Araújo Porto-Alegre cognominar o Rio de Janeiro "a cidade dos pianos" (1856). Até os afinadores qualificados deveriam saber tocar piano. As jovens ou senhoras exigiam deles, concluído o serviço de afinação, a interpretação de alguma peça, muitas vezes com certo domínio da técnica instrumental. Os bons profissionais da área tinham por obrigação tocar bem, e, nisso, alguns se destacaram: Cristiano Carlos J. Wehrs, Fertin de Vasconcelos (chegou a ocupar o cargo de diretor do Instituto Nacional de Música) e Gustavo Reich, que executava obras de vulto como as *Rapsódias Húngaras* de Liszt.

Muitas partituras figuravam em periódicos destinados às mulheres ou em coletâneas com nomes altamente sugestivos, valendo lembrar: *Ramalhete das Damas* (primeiro periódico musical, 1843), *Pérolas dos Salões* (doze modinhas para canto e piano ou viola francesa), *O Buquê das Brasileiras**(quatorze peças de gosto para piano), *Álbum Pitoresco-Musical*, editado em 1856[16], e *Folhas e Flores* (coleção de peças escolhidas para piano), edição de Buschmann & Guimarães, fornecedores da Casa Imperial.

As lojas de músicas, por vezes, tinham suas particularidades. O estabelecimento pertencente à *Viúva Canongia*, estabelecido na Rua do Ouvidor n. 103, comercializava água mineral ao lado de partituras e pianos. Por sua vez, caixas de música reproduziam, de modo precário e insatisfatório, fragmentos de árias célebres de *Il Trovatore*, *La Traviata*, *La Sonnambula*, *Lucia de Lammermoor* e *La Favorita*, além de xotes, polcas, valsas e outras músicas em voga. Em 1881, apareceu à venda no comércio uma curiosa máquina de costura com "música à Carlos Gomes".

---

* *O Bouquet das Brazileiras.*

O negociante francês Charles Expilly, que chegou à Corte em 1853, deixou registrados, em termos contundentes, vários aspectos da nossa sociedade. Um tópico lhe chamou a atenção em particular: o mau gosto musical dominante nas residências. Qualquer sonata de Mozart e peça de Beethoven despertavam elogios em consideração aos intérpretes, porém não escapavam de ser consideradas "tristes"- segundo ele, um termo elegante para se dizer "aborrecidas". Ademais, mencionou o caso de uma moça que se julgava exímia virtuose e, atendendo ao insistente pedido materno para que tocasse algo,

> [...] atacou com bravura a polca de Hans Jorgel (*A Duquesa*, por Jos Lanner), depois a *Quadrilha dos Ratos*, de Repler, e por fim, como chave de ouro, cantou uma coisa pavorosa, que fazia furor no Império e se chamava a *Geraldina*. Imaginem um cavalo manco, trotando em um caminho de pedras brutas, e terão ideia do que era a composição que se repetia em todos os pianos do Brasil. (Expilly, 1977, p. 299)

Outra impressão negativa consta nas anotações do alemão Oscar Canstatt (1871), atuante na Comissão Imperial de Agrimensura. Ao citar Beethoven a uma dama que se dizia entendida em música, ficou surpreso quando ela lhe confessou, admirada, nunca ter ouvido esse nome.

Ademais, de maneira curiosa, em ambiente doméstico se repetia a mesma reunião de música religiosa e profana encontrada nas igrejas:

> Era um costume de salões brasileiros esse de entremear a devoção com a diversão, e fazer ressoar como um eco de ladainhas e Ave-Marias e jaculatórias, quadrilhas e valsas, serenatas e romanzas. (Pinho, 1970, p. 353)

Mais um depoimento de Wanderley Pinho vem reforçar a insólita conduta dos frequentadores das festas e saraus. O historiador relatou a existência de rezas e cantorias em oratório particular, entre o jantar e as danças, na residência de Joaquim Nabuco, durante o Mês de Maria. O momento de devoção constituía interrupção da agitação mundana naquele ambiente de alegria, prazer e diversão.

A falta de seleção nas edições musicais refletia a preferência por músicas de má qualidade. Em geral, na extensa produção de peças de autores brasileiros, predominava o cunho superficial, sem grandes pretensões. Tratava-se de partituras de agrado momentâneo, logo substituídas por outras. Acompanhando o modismo, o piano não passava de instrumento despretensioso e um tanto vulgarizado. O ensino da técnica pianística ainda não alcançara nível primoroso, a ponto de formar grandes intérpretes;

a mudança só viria a acontecer no último quartel do século. Ao lado da *pianolatria*, passou a existir intensa *pianofobia*, atingindo grande parte da população. As palavras de César Muzzio no *Correio Mercantil*, em julho de 1855, são bem reveladoras da situação crítica existente na sociedade quanto à falta de profissionalismo em relação ao instrumento:

> No Rio de Janeiro todos tocam piano: mulheres, crianças, velhos e rapazes. Uns tocam o Bitu com um dedo e outros a *Casta diva* com a mão esquerda[17]. No Rio de Janeiro há poucos professores e muitos amadores. Amadores do mau gosto, do extravagante, do absurdo; professores que sabem tudo, menos o que devem ensinar. (Andrade, 1995, p. 89)

Em certa passagem do romance humorístico *A Família Agulha*, datado de 1870, de Luís Guimarães Júnior, expressou a realidade imperante nas residências da época:

> Sempre o danado do piano a esfolar os ouvidos do próximo e dos... distantes também. (Guimarães Jr., 2003, p. 49)

Os comentários negativos não pararam por aí. Quadro similar consta nas anotações de Gustave Aimard (1881). Rememorando esse visitante, Afonso Taunay citou o abuso do piano no tempo de D. Pedro II:

> Instrumento que na cidade toda ocorria do modo mais vultoso a fazer algazarra do alvorecer à meia-noite, sem a menor consideração pelo considerável número de ouvidos esfolados e tímpanos semiensanguentados. Malditas *pedalistas* que a ninguém respeitavam! (Taunay, 1947, p. 148)

Condição idêntica foi observada por Charles Ribeyrolles, no Rio de Janeiro, em meados do século XIX:

> O piano faz barulho em todas as salas. Esse enfadonho *pedalista*, que não tem nem os grandes sopros, nem os cantos profundos do órgão, invadiu tudo, até os depósitos de bananas, e matou a conversação. (Ribeyrolles, 1980, v. 1, p. 209)

Nas duas últimas citações, o termo "pedalista" traduz o conteúdo depreciativo associado ao instrumento!

Não obstante o excessivo número de pianos na capital, Francisco Manuel da Silva, ao estruturar o Conservatório de Música (1841), assim como na aprovação final por decreto, seis anos depois, incluiu nas matérias aulas de canto, de instrumentos de sopro e de cordas, mas não de piano. A exclusão parece ter origem, em primeiro lugar, na vulgarização do instrumento, tido apenas para acompanhar canções e árias de óperas, tocar músicas de baixa qualidade, além de servir para animar festas com as danças da moda; em segundo, a falta de professores qualificados para um ensino aprimorado, o que só passou a ser conscientizado depois das apresentações de Thalberg e Gottschalk e do estabelecimento de pianistas com formação na Europa.

Diante de tantas declarações depreciativas e da ausência de obras importantes para o instrumento, o periodista e crítico musical Antônio Rangel Bandeira, na década de 1950, lançou uma questão bastante pertinente:

> Seria então o piano um instrumento não levado ainda na devida consideração pelos eruditos, um instrumento popularesco, que fosse por eles considerado uma praga como o acordeão em nossos dias? (Bandeira, s.d., p. 70)

Por volta de 1853, começou a ser introduzida a harpa nos salões, sem que o piano perdesse o prestígio. Tornou-se, então, a harpa o instrumento próprio da elite, porquanto o piano não se limitava somente à música erudita; servia também para animar bailes com os mais variados tipos de danças.

Na década de 1880, a organização dos saraus diferia daquela de quarenta anos antes. A poesia e a declamação passaram a predominar, e o violão começou a integrar as apresentações musicais, mas sem exclusão do piano.

A importância da harpa na sociedade do Rio de Janeiro, no final do século XIX, se revela no destaque dado ao instrumento na fotografia. Família Bittencourt-Sampaio, por volta de 1889. (Acervo do Autor)

MÚSICA MILITAR

O clima conturbado, no decurso do reinado de D. Pedro II, com a Guerra do Prata, a Guerra do Paraguai e questões internas, sem dúvida, influenciou sobremaneira no gosto musical da época. Tal contexto não era inusitado, nem inédito. Basta nos lembramos da música corrente na França, durante a Revolução Francesa e o Período Napoleônico, recordando os nomes de Rouget de Lisle, Méhul, Gossec e outros, para encontrarmos a razão da produção de hinos e cantatas épicas, obras muitas vezes extensas, acompanhadas de efeitos sonoros grandiosos.

O Brasil imperial não poderia se furtar a tal tipo de manifestação, uma vez que as batalhas e os assuntos patrióticos permeavam as conversas do dia a dia. Muitos foram os hinos inspirados na prolongada e árdua Guerra do Paraguai, em sua maioria dedicados ao imperador ou ao general Osório (Marquês de Herval). A profusão de música para bandas levou Chernicchiaro a admitir ser o Brasil o país que possui a maior quantidade de hinos patrióticos.

Para termos noção da abundante produção musical no gênero, podemos citar alguns títulos altamente sugestivos: *O Heroísmo*, dobrado militar em honra do general Osório, composto por Manuel Martins Ferreira d'Andrade; *Hino Osório* de José Cornélio Barbosa; *Hino*, dedicado a Osório, de Felipe Néri de Barcelos*; *Hino Osório* de José d'Almeida Caba; *Marquês de Caxias ou O Triunfo das Armas Brasileiras*; *Hino de Vitória* de José Vieira do Couto; *Grande Batalha de Ivaí* de João Elias; *Hino*, dedicado a Osório, de Maximino da Cruz Murta; *Hino*, dedicado a Osório, de Azevedo e Medeiros (1859); *À Vitória Incruenta* (Marcha triunfal para celebrar a rendição de Uruguaiana) de Antônio Xavier da Cruz Lima (1865); *Hino da Guerra* de Francisco Manuel da Silva (1865); *Grande Hino Triunfal* para grande orquestra com vozes para festejar a Guerra do Paraguai e *Hino de Vitória* do italiano Arcangelo Fiorito (1868); *Hino*, oferecido ao marquês de Herval, de João José Solsona (1868); *Hino do Triunfo*, oferecido aos Inválidos da Pátria, de Martiniano Nunes Pereira (1868); *Ao Bravo dos Bravos* de Francisco de Paula Neves e Seixas (1877); e *Hino à Memória do Marquês de Herval* de Amaro da Costa Nunes (1883).

Não faltavam também músicas de autoria de mulheres: *Hino Felicitação de Portugal ao Brasil* de Maria Joana da Conceição Guedes, editado em Lisboa; *Paissandu, Hino de Guerra* de Rafaela Rozwadowska. Até Chiquinha Gonzaga escreveu uma *Marcha Fúnebre* à memória do general Osório.

---

* Felipe Nery de Barcellos.

A temática não se restringiu a obras grandiosas. Abrangeu um gênero tido como de música ligeira: as danças de salão. Nesse setor, surgiram o dobrado-polca *A Vitória de Paissandu* para piano, a quadrilha *Os Voluntários da Pátria*, a valsa brilhante *Entrega de Montevidéu* de E. Pinzarrone; a mazurca triunfal *Uruguaiana ou A Rendição das Tropas Paraguaias* de E. Pinzarrone; a polca *Passagem de Humaitá*, entre muitas outras.

As denominações, por vezes bastante objetivas e grandiloquentes, evocavam vitórias da Guerra do Paraguai. Não devemos ainda esquecer *O Rompante do Lopes, O Ataque do Riachuelo, O Expendido Triunfo de Uruguaiana, O Hino de Glória (O Imperador do Brasil)* e *A Pateada dos Paraguaios*, todas para banda, de autoria de Felipe Néri de Barcelos; *Combat Naval du Riachuelo (Prise et Soumission du Général Estigarribia et de son Armée)* e *Aux Braves Volontaires de la Patrie; Prise de Paysandu et de Montevideo par l'Armée Brésilienne* (Fantasia Militar para Piano), ambas de Joseph Fachinetti.

Outra composição de caráter épico e marcial, mas não propriamente integrante do repertório militar, a *Marselhesa dos Escravos,* composta pelo jurista Antônio Carlos de Menezes, aluno de Gottschalk, empregava a frase inicial do *Hino Nacional da França.* Foi apresentada com imenso sucesso por uma orquestra formada de quarenta professores e duas bandas militares, sob a regência do autor, durante as comemorações da Abolição da Escravatura.

Em face da imensa exaltação patriótica, torna-se fácil compreender a imponência da célebre *Grande Fantaisie Triomphale sur l'Hymne National Brésilien* de Gottschalk, que se quadrava perfeitamente ao espírito da época. Essa não foi a única peça para piano baseada em nosso hino: o pianista Adolfo Maersch se apresentou no Rio de Janeiro (1851) e compôs a *Fantasia com Variações sobre o Hino Nacional Brasileiro* (dedicada a Francisco Manuel da Silva); Artur Napoleão legou-nos um *Capricho* sobre a mesma partitura cívica.

Vale ainda acrescentar a grandiosa *Marcha Solene Brasileira* para orquestra e banda militar de Gottschalk, ofertada ao imperador, incluindo salvas de artilharia[18].

Mediante o exposto, podemos constatar alguns costumes inusitados e curiosos do panorama musical do Rio de Janeiro, habituais no Segundo Reinado e hoje tidos como aberrantes e inaceitáveis. Uma visão mais acurada nos mostra serem eles o resultado de múltiplas contingências atuando na sociedade da época, que devem ser entendidas para que possamos apreciar de maneira apropriada aquele insólito movimento artístico.

Dentre os fatores sociais capazes de acarretar modificações na música, relacionados por Siegmeister (1945), três se aplicam ao presente caso: guerras, coroação de soberanos entusiastas (ou não) por música e contato com grupos musicalmente avançados.

Na sociedade brasileira da época, sem grandes oportunidades de diversões e premida por guerras no exterior, que pareciam intermináveis, a tensão era constante. Surgiram, então, por um lado, a necessidade de músicas ligeiras nos ambientes domésticos e nos bailes para equilibrar as angústias e incertezas, e, por outro, a difusão de música de cunho épico, destinada a incentivar o patriotismo em geral, exaltar os grandes feitos militares e a confiança nas tropas que partiam para as batalhas.

Ademais, o imperador, altamente voltado para manifestações culturais de qualquer natureza, jamais recusou o apoio necessário aos artistas para seu aprimoramento e suas realizações. Favorecidos por esse valoroso estímulo, quarenta e um músicos românticos brasileiros se aperfeiçoaram na Europa, o que corresponde quase à metade dos compositores conhecidos naquele período (Volpe, 1994-1995).

O terceiro fator, ou seja, o contato com grupos musicais mais evoluídos, não só elevou o nível de ensino, principalmente no aspecto técnico, bem como aprimorou o gosto musical em geral e a qualidade dos repertórios. Uma evidência do progresso obtido constatou-se com as presenças de Thalberg e de Gottschalk em nosso país: a didática do piano foi repensada, e surgiu nova concepção dos recursos passíveis de serem conseguidos com o instrumento, seja no virtuosismo, seja na sonoridade, os quais viriam a se desenvolver com plenitude em décadas posteriores. De resto, os estágios dos músicos brasileiros no Velho Mundo despertaram interesse crescente pelo repertório sinfônico e de câmara, certamente, sem desprezar a ópera, que continuou mantendo seu lugar em nossa cultura.

Enfim, se, com exceções, a presença de obras relevantes de compositores brasileiros do século XIX, de relevância similar à produção do padre José Maurício e de Carlos Gomes, representou uma aquisição relativamente tardia, isto é, a partir do final do século, nem por isso devemos esquecer a contínua e laboriosa atividade musical dos decênios precedentes que, sem dúvida, formou o ambiente, do qual, mais tarde, eclodiram nomes perpetuados no patrimônio cultural do Brasil.

NOTAS

|1| Há evidências de que a *Norma* já era conhecida em nosso país, pois, dois anos antes, circulou na Corte uma contradança baseada em motivos do drama lírico de Bellini.

|2| Um texto da época, referente a essa apresentação, incluindo a figura do entusiasta musicista José de Almeida Cabral, foi transcrito por Wanderley Pinho:

> [...] acabara a ópera como de ordinário sob uma tempestade de aplausos; as vozes estavam ainda roucas dos bravos, ardiam as mãos ainda das ruidosas palmas, quando dentre o grupo que estacionava firme à porta da caixa do teatro, esperando a Candiani para aclamá-la mais uma vez em despedida, destacou-se o Cabral e dirigiu-se à artista que saía entre gritos de entusiasmo... Inúmeros carros descobertos, enorme cavalgata, bandos de cantores e os competentes coros, seguidos da orquestra inteira do teatro, foram a uma hora da noite em demanda do alcantilado píncaro da graciosa mole* que se banhava então de esplêndido luar verberado de límpido e constelado céu: E foi lá! Foi do cume do poético rochedo dominando o oceano e a cidade inteira que o opulento e ditoso mancebo ouviu, em solene instante e... dentre as auras puras da madrugada, sussurrado na silente floresta, erguer-se o gorjeio merencório e suave de Candiani, trilando adoravelmente a "Casta Diva" (Pinho, 1970, p. 288).

*Volume, massa.

|3| Berlioz, em uma das suas crônicas publicadas no *Journal des Débats*, registrou as excepcionais vantagens usufruídas por Rosina Stoltz na vinda ao Brasil, o que justificava o interesse da cantora em aqui se apresentar:

> Mme. Soltz, dit-on, retourne au Brésil... elle vient de signer son engagement: quatre cent cinquante mille francs [or], assurance contre le mal de mer; six domestiques, huit chevaux et la vue gratuite de la baie de Rio nuit et jour et un soleil véritable et un enthousiasme réel et des rivières de diamants, des écharpes brodées par des mains des marquises, des colombes et des nègres rendus à la liberté après chaque représentation sans compter les hommes libres qui tombent en esclavage... Plaisanterie à part, comment la diva résisterait-elle aux offers réellement magnifiques qu'on lui fait à Rio? (Witold, 1963, p. 43)

> Mme. Stoltz, diz-se, volta ao Brasil... ela acaba de assinar o contrato: quatrocentos e cinquenta mil francos [ouro], seguro contra enjoo no mar; seis empregados, oito cavalos e vista gratuita da baía do Rio, noite e dia, um sol exuberante, um real entusiasmo e rios de diamantes, echarpes bordadas por mãos de marquesas, pombos e negros restituídos à liberdade após cada encenação, sem contar os homens livres que se tornam escravos...*

> Gracejos à parte, como a diva poderia resistir às ofertas realmente magníficas que se lhe apresentam no Rio? (T. do A.)

*O final de frase faz alusão aos admiradores da prima-dona, que, por ela, ficavam encantados.

|4| Anne Arsène Charton Demeur. Soprano francesa que estreou no Teatro Lírico Fluminense em junho de 1854, em *La Sonnanbula* de Bellini. Também interpretou óperas de Verdi: *Il Trovatore*, *Rigoletto* e *La Traviata*. Faleceu em Paris (1892) aos 65 anos de idade.

|5| A incorporação de temas operísticos na música popular ou folclórica ocorreu até em regiões afastadas do Rio de Janeiro. Na cidade de Capela (Sergipe), uma xácara intitulada *Pastorinha*, era cantada com a música de *La donna è mobile* do *Rigoletto*. Relacionado a isto, surgiu um fato curioso na década de 1930. Um tenor italiano veio se apresentar no cinema local e cantou a célebre ária de Verdi. Em lugar de agradar ao público, provocou decepção e protesto, pois as pessoas diziam ter gasto dinheiro para de novo ouvir a *Pastorinha*. (Lima, 1977)

|6| *O Alcazar! ALCAZAR! Esta palavra foi a princípio o grito da desordem, a senha dos revolucionários, o sinônimo da ruína, da desolação, da extravagância e da orgia! Em certo tempo, ir ao Alcazar era o mesmo que ser condenado à forca! As famílias tremiam pela sorte dos filhos que saíam a passeio durante a noite; a sociedade ansiosa recomendava à polícia todo o cuidado com a invasão das estrelas parisienses, cujo sistema planetário se revelava sempre por um cataclismo inevitável, e os pais da família cortavam previamente dos jornais o anúncio que o Sr. Arnaud imprimia e imprime quotidianamente, lançando os fragmentos condenados às chamas de um fogo purificador!* (Guimarães Jr., 2003, p. 312, 313)

|7| Oscar Canstatt, em 1871, ressaltou o intenso badalar dos sinos na cidade, durante o dia. Um toque especial a que ele se referiu era o dos Sinos dos Negros. Ao soarem, os escravos sem licença especial do dono para permanecerem nas ruas, deveriam imediatamente retornar às casas.

|8| A *valsa a dois tempos* era dança de salão, em compasso 6/4 ou 6/8, muito difundida em meados do século XIX. Quanto à origem, Hess (1989) relatou que a valsa tradicional, em Londres, no final da década de 1830, teria apresentado modificação a partir do galope. Passado algum tempo, este incorporou a quadrilha e, a seguir, passou a ser dançado com música de valsa. A designação valsa a dois tempos proveio do número de passos que os participantes davam em cada compasso: um no primeiro tempo, suspensão no segundo e outro passo no terceiro. Além disso, à diferença da valsa tradicional, os participantes não ficavam um diante do outro, mas ligeiramente deslocados.

|9| Outras vezes, textos profanos eram aproveitados em ofícios religiosos, mesmo em locais distantes. Tobias Barreto encontrou, no interior do Brasil, o poema *A Hebreia* de Castro Alves, em igrejas, servindo de letra para um hino religioso, com acompanhamento de órgão, dedicado à Virgem Maria (Amado, 1957). Na verdade, tratava-se de versos inspirados em uma das mulheres por quem o poeta se mostrou apaixonado.

|10| Philippe Musard, compositor francês de peças ligeiras (c. 1792-1859), cognominado "Rei das Quadrilhas", gênero que o tornou famoso. Em Paris, dirigiu bailes denominados *Concerts Musard* no *Théâtre des Variétés* e no *Théâtre des Champs Elysées*. Algumas de suas quadrilhas eram originais; outras se baseavam em temas conhecidos de óperas. Foi o primeiro a realizar arranjos musicais com a linha melódica confiada aos trombones, em conjuntos formados por quatorze trombones e igual número de trompetes (Pena; Anglés, 1954).

|11| O hábito existia desde tempos anteriores. Em 1817 (13 de maio), no Real Teatro de S. João foi encenada *A Vestal* de Vincenzo Puccita (Puccitta). Entre os atos, foi incluído o bailado *Surpresa de Diana* (Mariz, 2008).

Outros acontecimentos similares aconteceram em encenações de *A Caçada de Henrique IV*, do italiano Vincenzo Puccitta (Puccita). Em 1819, foi incluído um bailado intitulado *Ulisses e Penélope*, de Auguste Toussaint (Silva, 1978) e, aos 15 de outubro de 1822, logo após a

Independência, no segundo ato, o hino que fazia parte da partitura foi cantado em português. Em dado momento, o nome de D. Henrique foi substituído por palavras enaltecendo D. Pedro I: "Viva Pedro, viva o grande Imperador do Brasil" (Hessel e Readers, 1974), causando grande impacto na audiência e despertando manifestações entusiásticas.

Prosseguindo na mesma linha de espetáculos, em 1820 (13 de maio), a representação de *Aureliano em Palmira* (Rossini) teve como complemento o balé *Apeles e Campaspe* (Mariz, 2008).

Durante a representação de *Don Giovanni* de Mozart, aos 8 de janeiro de 1823, o protagonista e beneficiário da noite, Paulo Rosquellas, incluiu uma canção militar em francês e, não satisfeito, executou um concerto de Lafont para violino e orquestra. Ainda foi apresentado o bailado *O Desertor Francês*. No mesmo ano, aos 3 de junho, a récita de *O Ensaio de uma Ópera Séria* de Francesco Gnecco, incluiu o bailado *Amor na Aldeia* e, quinze dias mais tarde, *O Barbeiro de Sevilha* foi complementado com *O Desertor Francês* (Mariz, 2008).

Um anúncio no *Jornal do Commercio* divulgava que, no 1º de outubro de 1827, haveria récita no Teatro S. Pedro de Alcântara em benefício de Ma. Rhigas. O programa constaria de dança ou peça italiana e concerto para piano executado pela própria artista. Em seguida, M. Righas faria diversos *exercícios de equilíbrio, destreza e força*, e o espetáculo terminaria com uma grande variação para piano interpretada por Ma. Rhigas.

Também, no século XIX, era de praxe um pianista se apresentar em público, na parte central ou no intervalo de algum espetáculo teatral ou de ópera. Vez por outra, dividia o palco com outro executante para interpretar as próprias obras compostas para mais de um instrumento.

|12| Malgrado a pouca duração da entidade, a Imperial Academia de Música e Ópera Nacional apresentou nada menos que sessenta e dois espetáculos em apenas quatorze meses, incluindo zarzuelas, óperas e operetas, o que demonstra o intenso interesse dos seus dirigentes em prol da música.

|13| Ambas as criações líricas abordavam temática indígena, com cenas situadas tanto na Europa quanto em nossas paragens.

La Perle du Brésil estreou na *Opéra National de Paris* sob a forma de *opéra-comique* (1851) e foi transformada em *grand opéra* em 1875. A ação do primeiro ato decorre em um grande palácio em Lisboa; a do segundo, na viagem ao Brasil; a terceira, em nossas florestas. A protagonista, índia de nome Zora, foi capturada e levada para Portugal. Depois de elaborada trama ao gosto do Romantismo, na qual não faltam competição e ciúme envolvendo os personagens, Zora é reconduzida à terra natal para júbilo de todos na cena final.

Em *Paraguassu* (*Chronique Brésilienne*) (1855), o Brasil é representado nas duas primeiras partes da obra, enquanto na terceira, a ação se desloca para o Louvre.

|14| A falta de interesse em relação à grande música ainda persistia no final do século, haja vista o comentário publicado no periódico *Brasil Musical* em outubro de 1891:

> *Beethoven, Mozart, Mendelssohn, Chopin, Schumann e outros resplendentes nomes, que representam o precioso escrínio da arte musical, tudo isso era hieróglifo para a sociedade fluminense, que, aliás, ainda hoje faz caretas a essa gente sonhadora "que parece haver composto música para servir de antídoto à insônia".*

Comportamento idêntico se encontrava em outras capitais. Athos Damasceno, em seu livro *O Teatro em Porto Alegre no Século XIX*, se referiu ao gosto musical, naquele tempo, quando autores de música ligeira e operetas (Charles Lecocq, Robert Planquette, Hervé e

Jacques Offenbach) ocupavam o primeiro lugar na preferência popular:

> A música leve, maliciosa, saltitante e sem compromissos com os puristas abespinhados é do particular agrado da época, aqui e na Europa. A burguesia do último quartel do século XIX está satisfeita de si e considera todos os seus problemas resolvidos. Wagner a aturde. Bach é músico de igreja, Beethoven empresta um sentido vertical à arte que está muito distante da superficialidade geral. Têm a palavra Lecocque (sic), Planquete, Hervé, Offenbach... (Hessel; Readers, 1986, parte 2, p. 257).

|15| Segundo Élie Poirée, grande número dos contemporâneos de Chopin (salvo os alemães) não chegou a conhecer a produção mais relevante do compositor polonês.

|16| O *Álbum Pitoresco-Musical*, editado pelos sucessores de P. Laforge, continha ilustrações de Alf. Martinet. Cada partitura era designada com um topônimo do Rio de Janeiro, acompanhada de gravura correspondente ao logradouro, e servia de amostra dos principais tipos de dança presentes nos salões:

Botafogo – quadrilha – música de Demetrio Rivero (Rivera)
Glória – polca – música de Eduardo Ribas
Jardim Botânico – valsa – música de Salvador Fabregas
Boa Viagem – redova – música de Geraldo Horta
São Cristóvão – xote – música de Quintino dos Santos
Tijuca – polca-mazurca – música de J. J. Goiano
Petrópolis – quadrilha – música de J. A. Campos.

Ilustração da quadrilha *Botafogo*, incluída no *Álbum Pitoresco-Musical*. (Acervo do Autor)

Frontispício do *Álbum Pitoresco-Musical*, editado pelos sucessores de P. Laforge.
(Acervo do Autor)

|17| Trata-se da *Fantasia para Mão Esquerda sobre Casta Diva* (da ópera *Norma*), de autoria do pianista e professor Geraldo Antônio Horta.

|18| O emprego de artilharia como recurso musical não foi ideia original de Gottschalk, tampouco de Tchaikowsky. A busca de efeitos bombásticos ocorreu com mais frequência do que imaginamos. A intenção dos compositores era exaltar o patriotismo na alma do povo e enaltecer o regime dominante.

A título de ilustração, podemos lembrar a arrojada composição de Étienne Nicholas Méhul (1763-1817) para a *Festa do Ser Supremo*, incluindo coro com numerosos componentes, ao qual, depois de estrepitoso toque de trompetes, seriam adicionados: vozes de músicos, duzentos tambores e salvas de artilharia, proclamando aos republicanos o advento do Dia de Glória. Da mesma forma, Ignaz Joseph Pleyel (1757-1831) compôs o hino *Le Tocsin Allégorique* para coro, orquestra e tiros de canhão. Beethoven em *Vitória de Wellington* também empregou artilharia.

O compositor português João Pedro Gomes Cardim fez uso do recurso em *Os Bravos do Paissandu* (1865), destinado a orquestra, duas bandas militares e uma de pífaros e tambores. Ao longo da execução, eram percebidos sons de artilharia e descargas de fuzilaria. Igualmente, outra obra, *De Paissandu a Montevidéu, Grande Marcha Triunfal do Exército Brasileiro*, incluía o "1º. Hino da Independência, o rodar da artilharia e o retumbo dos instrumentos bélicos" (Andrade, 1967, v. 2, p. 77).

BIBLIOGRAFIA

ACQUARONE, F. *História da música brasileira*. Rio de Janeiro/São Paulo/ Belo Horizonte: Francisco Alves; Paulo de Azevedo, s.d.

ALBUQUERQUE, Amarylio de. *A história do hino nacional brasileiro*. Rio de Janeiro: Departamento de Imprensa e Propaganda, 1944.

_____. *Ouviram do Ipiranga... (Vida de Francisco Manoel da Silva)*. Rio de Janeiro: Companhia Brasileira de Artes Gráficas, 1959.

ALENCAR, José de. *Ao correr da pena*. Crônicas publicadas no *Correio Mercantil*, de 3 de setembro de 1854 a 8 de julho de 1855, e no *Diário do Rio*, de 7 de outubro de 1855 a 25 de novembro do mesmo ano, ambos os jornais do Rio de Janeiro. São Paulo: Melhoramentos, s.d.

_____. *Senhora*. São Paulo: Cultrix, 1968.

ALLORTO, Ricardo. *ABC da música*. Trad. Abílio Queirós. Lisboa: Edições 70, 1993.

ALMEIDA, Manuel Antônio de. *Obra dispersa*. Rio de Janeiro: Graphia, 1991.

ALMEIDA, Renato. *Compêndio de história da música brasileira*. Rio de Janeiro: F. Briguiet, 1958.

ALMEIDA, Vasti de Sousa. *Brazílio Itiberê da Cunha*. Diplomata músico. Curitiba: Editora da UFPR, 2001.

AMADO, Jorge. *ABC de Castro Alves*. São Paulo: Martins, 1957.

ANDRADE, Ayres de. *Francisco Manuel da Silva e seu tempo*. 1808-1865. Uma fase do passado musical do Rio de Janeiro à luz de novos documentos. Rio de Janeiro: Tempo Brasileiro, 1967.

_____. Um rival de Liszt no Rio de Janeiro. *Revista da Sociedade Brasileira de Musicologia*, São Paulo, n.1, p. 87-105, 1995.

ANDRADE, Mário de. *Modinhas imperiais*. Belo Horizonte: Itatiaia, 1980a.

_____. *Pequena história da música*. São Paulo: Martins, 1980b.

ANTUNES, De Paranhos. *Estudos de história carioca*. Rio de Janeiro: Prefeitura do Distrito Federal, Secretaria-Geral de Educação e Cultura, s.d.

APPLEBY, David P. *La música de Brasil*. Trad. Juan José Utrilla. México: Fondo de Cultura Económica, 1985.

ARAÚJO, Maria Walda de Aragão. (Org.) *Dom Pedro II e a cultura*. Rio de Janeiro: Arquivo Nacional, 1977.

ASSIS, Machado de. *A Semana*. V. 2 (1894-1895). Rio de Janeiro/São Paulo/Porto Alegre: W.M. Jackson, 1946.

_____. *A Semana*. V. 3 (1895-1900). São Paulo/Porto Alegre/Rio de Janeiro/ Recife: Mérito, 1959.

_____. *Correspondência de Machado de Assis*. T. 2 (1870-1889). Coord. Sergio Paulo Rouanet. Org. Irene Moutinho e Sílvia Eleutério. Rio de Janeiro: Academia Brasileira de Letras, 2009.

AZEVEDO, Álvares de. *Lira dos vinte anos e poesias diversas*. Cotia (São Paulo): Ateliê, 2000.

BANDEIRA, Antônio Rangel. *Caixa de música*. Rio de Janeiro: Ministério da Educação e Cultura, s.d.

BARROS, Armando de Carvalho. *A música*. Sua história geral em quadros rápidos, ambientes históricos, artes comparadas. Rio de Janeiro: Americana, 1974.

BASTOS, Sousa. *Carteira do artista*. Apontamentos para a historia do theatro portuguez e brazileiro acompanhados de noticias sobre os principaes artistas, escriptores dramaticos e compositores estrangeiros. Lisboa: Antiga Casa Bertrand - José Bastos, 1898.

BAUAB, Magida. *História da educação musical*. Rio de Janeiro: Organização Simões, 1960.

BENEVIDES, Walter C. de Sá. O mecenato de Pedro II na música. *Anais do Congresso de História do Segundo Reinado*. 1°. v. Brasília/Rio de Janeiro. *RIHGB*, p. 167-188, 1984.

BEVILACQUA, Octavio. Música sacra de alguns autores brasileiros. *Boletín Latino-Americano de Música*, Montevidéu [Rio de Janeiro], t. 6, parte 1, p. 330-355, 1946.

BITTENCOURT-SAMPAIO, Sérgio. *Negras líricas*. Duas intérpretes negras brasileiras na música de concerto (séc. XVIII-XX). Rio de Janeiro: 7Letras, 2010.

_____. *O Hotel Salusse em Nova Friburgo*. Núcleo familiar, político e social. Rio de Janeiro: Imprimatur, 2009.

_____. O visconde de Taunay e a música. *RIHGB*, Rio de Janeiro, a. 168, n. 434, p. 27-40, 2007.

CAMÊU, Helza. Importância histórica de Brazílio Itiberê da Cunha e da sua fantasia característica "A Sertaneja". *Revista Brasileira de Cultura*, Rio de Janeiro, a. 2, n. 3, p. 25-43, janeiro-março 1970.

CANSTATT, Oscar. *Brasil*. Terra e gente. (1871). Trad. Eduardo de Lima Castro. Rio de Janeiro: Conquista, 1975.

CERNICCHIARO, Vincenzo. *Storia della musica nel Brasile*. Dai tempi coloniali ai nostri giorni (1549-1925). Milano: Fratelli Riccioni, 1926.

COARACY, Vivaldo. *Memórias da cidade do Rio de Janeiro*. Quatro séculos de histórias. Rio de Janeiro: Documenta Histórica, 2008.

COSTA-LIMA NETO, Luiz. O teatro das contradições: o negro nas atividades musicais nos palcos da corte imperial durante o século XIX. *OPUS*, Revista Eletrônica da Anpom, v. 14, n. 2, dez 2008. Disponível em http://www.anpom.com.br/opus/opus14/203/203-CostaLimaNeto.htm. Aparência mantida em 15/01/2011.

DANTAS FILHO, Alberto. Romantismo musical de província: modelo de reprodução da cultura ornamental e hegemônica do Brasil imperial. *Anais do V Encontro de Musicologia Histórica* (2002). Juiz de Fora: Centro Cultural Pró-Música, p. 109-116, 2004.

DE PAOLA, Andrely Quintella. A vertigem da valsa. *Revista Brasileira de Música*, Rio de Janeiro, v. 12, p. 29-38, 1982.

_____; GONSALEZ, Helenita Bueno. *Escola de Música da Universidade Federal do Rio de Janeiro*. História e arquitetura. Rio de Janeiro: UFRJ, SR5, 1998.

DIAS, Odette Ernest. *Mathieu André Reichert*. Um flautista belga na corte do Rio de Janeiro. Brasília: Editora da Universidade de Brasília, 1990.

DINIZ, Jaime C. *Um compositor italiano no Brasil: Joseph Fachinetti*. Rio de Janeiro: Tempo Brasileiro; Salvador: Fundação Cultural do Estado da Bahia, 1986.

DORIA, Escragnolle. Cousas do passado. *RIHGB*, t. 71, p. 2, p.183-403, 1908.

EXPILLY, Charles. *Mulheres e costumes do Brasil*. Trad. Gastão Penalva. São Paulo: Ed. Nacional; Brasília: Instituto Nacional do Livro, 1977.

FAZENDA, Vieira. Os sinos do Rio de Janeiro. In: Antiqualhas e Memórias do Rio de Janeiro. *RIHGB*, t. 93, v. 147, p. 312-341, 1923.

_____. Tragédia conjugal. In: Antiqualhas e Memórias do Rio de Janeiro. *RIHGB*, t. 95, v. 149, p. 663-667, 1943.

FRANÇA JUNIOR. *Folhetins*. Rio de Janeiro: Jacintho Ribeiro dos Santos, 1926.

FREITAG, Léa Vinocur. *Momentos de música brasileira*. São Paulo: Nobel, 1985.

FREYRE, Gilberto. *Açúcar*. Uma sociologia do doce, com receitas de bolos e doces do Nordeste do Brasil. São Paulo: Companhia das Letras, 1997.

_____. *Vida social no Brasil nos meados do século XIX*. Trad. Waldemar Valente. Rio de Janeiro: Artenova; Recife: Instituto Joaquim Nabuco de Pesquisas Sociais, 1977.

FRIAS, Sanches de. *Arthur Napoleão*. Resenha comemorativa de sua vida pessoal e artística. Lisboa, s.i.e., 1913.

GIRON, Luís Antônio. *Minoridade crítica*. A ópera e o teatro nos folhetins da Corte. 1826-1861. São Paulo: Edusp/ Rio de Janeiro: Ediouro, 2004.

GUIMARÃES JR., Luís. *A família Agulha*. Romance humorístico (1870). Rio de Janeiro: Vieira & Lent; Fundação Casa de Rui Barbosa, 2003.

HABSBURGO, Maximiliano de. *Bahia 1860*. Esboços de viagem. Trad. Antonieta da Silva Carvalho e Carmen Silva Medeiros. Rio de Janeiro: Tempo Brasileiro; Bahia: Fundação Cultural do Estado da Bahia, 1982.

HEITOR, Luiz (Luiz Heitor Corrêa de Azevedo). *150 Anos de música no Brasil*. 1800-1950. Rio de Janeiro: José Olympio, 1956.

_____. *Música do tempo desta casa*. Rio de Janeiro: Casa do Estudante do Brasil, s.d.

HESS, Rémi. *La valse*. Révolution du couple en Europe. Paris: A. M. Metailié, 1989.

HESSEL, Lothar; RAEDERS, Georges. *O teatro no Brasil*. Da colônia à Regência. Porto Alegre: URGS, 1974.

_____. *O teatro no Brasil sob Dom Pedro II*. Parte 1. Porto Alegre: URGS, 1979; Parte 2: UFRGS, 1986.

HOWARD, John Tasker. *Our American music*. New York: Thomas Y. Crowell, 1946.

KIEFER, Bruno. *História da música no Brasil*. Dos primórdios ao início do século XX. Porto Alegre: Movimento, 1982.

KOSTER, Henry. *Viagens ao nordeste do Brasil*. Trad. Luis da Câmara Cascudo. Recife: Secretaria de Educação e Cultura, Governo do Estado de Pernambuco, 1978.

LANGE, Francisco Curt. Louis Moreau Gottschalk (1869-1969). El prestissimo del mio finale. *Boletín Interamericano de Música*, Washington, n. 77, p. 3-14, 1970.

LANGSDORFF, Baronesa de. *Diário da Baronesa E. de Langsdorff relatando sua viagem ao Brasil por ocasião do casamento de S.A.R. o Príncipe de Joinville*. 1842-1843. Trad. Patrícia Chittoni Ramos e Marco Antônio Toledo Neder. Florianópolis: Mulheres; Santa Cruz do Sul: Edunisc, 1999.

LIMA, Jackson da Silva. *O folclore em Sergipe*. 1. Romanceiro. Rio de Janeiro: Cátedra; Brasília: INL, 1977.

MACEDO, Joaquim Manuel de. *A moreninha*. Porto Alegre: L&PM, 1997.

_____. *As mulheres de mantilha*. Rio de Janeiro: Secretaria Municipal de Cultura, 1988.

_____. *Memórias da rua do Ouvidor*. Brasília: Editora da Universidade de Brasília, 1988.

_____. *O moço loiro*. São Paulo: Ática, 2002.

_____. *Os dois amôres*. São Paulo/Rio de Janeiro/ Porto Alegre/Recife: W.M. Jackson, 1964.

MAGALDI, Cristina. *Music in Imperial Rio de Janeiro*: European culture in a tropical milieu. Lahan, MD: Scarecrow Press, 2004. In: COSTA-LIMA NETO, 2008.

MAGALHÃES JÚNIOR, R. *Martins Pena e sua época*. São Paulo: Lisa; Rio de Janeiro: INL, 1972.

MARIZ, Vasco. *A música no Rio de Janeiro no tempo de D. João VI*. Rio de Janeiro: Casa da Palavra, 2008.

_____. *História da música no Brasil*. Rio de Janeiro: Nova Fronteira, 2008.

MAURÍCIO, Augusto. *Meu velho Rio*. Rio de Janeiro: Prefeitura do Distrito Federal, Secretaria Geral de Educação e Cultura, s.d.

MEIRA, Antonio Gonçalves; SCHIRMER, Pedro. *Música militar e bandas militares*. Origem e desenvolvimento. Rio de Janeiro: Estandarte, 2000.

MELO, Guilherme de. *A música no Brasil*. Desde os tempos coloniais até o primeiro decênio da república. Rio de Janeiro: Imprensa Nacional, 1947.

MORAES FILHO, Mello. *Cantares brasileiros*: cancioneiro fluminense. Rio de Janeiro: SEEC-RJ/Departamento de Cultura/Inelivro, 1982.

_____. *Artistas do meu tempo*. Seguido de um estudo sobre Laurindo Rabello. Rio de Janeiro: Garnier, 1905.

MOYSÉS, Sylvia Maltese. A obra musical de Alfredo d'Escragnolle Taunay, visconde de Taunay. *Revista da Academia Nacional de Música*, Rio de Janeiro, v. 17, p. 59-70, 2006.

MURICY, Andrade (Murici). *Caminho de música*. 2ª. Série. Curitiba/São Paulo/Rio: Guaíra, s.d.

PAHLEN, Kurt. *História universal da música*. Trad. A. Della Nina. São Paulo: Melhoramentos, s.d.

PENA, Joaquín; ANGLÉS, Higino. *Diccionario de la música Labor*. T. 2. Barcelona: Labor, 1954.

PENA, Martins. *Comédias (1833-1844)*. São Paulo: WMF Martins Fontes, 2007.

_____. *Folhetins. A semana lírica*. Rio de Janeiro: Ministério da Educação e Cultura/Instituto Nacional do Livro, 1965.

PEQUENO, Mercedes Reis (Mercedes de Moura Reis). *A música militar no Brasil no século XIX*. Rio de Janeiro: Imprensa Militar, 1952.

_____. *Música no Império*. 1822-1870. Rio de Janeiro: Ministério da Educação e Cultura, 1962.

PINHO, Wanderley. *Salões e damas do Segundo Reinado*. São Paulo: Martins, 1970.

POIRÉE, Élie. *Chopin*. Paris: Henri-Laurens, s.d.

RAEDERS, Georges. *O conde de Gobineau no Brasil*. Trad. Rosa Freire D'Aguiar. Rio de Janeiro: Paz e Terra, 1996.

RENAULT, Delso. *O dia-a-dia no Rio de Janeiro, segundo os jornais*. 1870-1889. Rio de Janeiro: Civilização Brasileira; Brasília: Instituto Nacional do Livro, 1982.

_____. *Rio de Janeiro*: a vida da cidade refletida nos jornais. Rio de Janeiro: Civilização Brasileira; Brasília: Instituto Nacional do Livro, 1978.

REZENDE, Carlos Penteado de. Notas para uma história do piano no Brasil. *Revista Brasileira de Cultura*, Rio de Janeiro, ano 2, n. 6, p. 9-38, out.-dez. 1970.

RIBEYROLLES, Charles. *Brasil pitoresco*. Trad. Gastão Penalva. Belo Horizonte: Itatiaia; São Paulo: Editora da Universidade de São Paulo, 1980.

ROMERO, Sílvio. *Estudos sobre a poesia popular do Brasil*. Petrópolis: Vozes; Aracaju: Governo do Estado de Sergipe, 1977.

_____. *História da literatura brasileira*. V. 4. Rio de Janeiro: José Olympio; Brasília: INL, 1980.

SIEGMEISTER, Elie. *A música e a sociedade*. Trad. Fernando Lopes Graça. Lisboa: Cosmos, 1945.

SILVA, Maria Beatriz Nizza da. *Cultura e sociedade no Rio de Janeiro (1808-1821)*. São Paulo: Companhia Editora Nacional, 1978.

SIQUEIRA, Baptista. *Do Conservatório à Escola de Música*. Ensaio histórico. Rio de Janeiro: UFRJ, 1972.

_____. *Ficção e música*. Rio de Janeiro: Folha Carioca, 1980.

_____. *Hino nacional (Ensaio histórico e estético)*. Centésimo quadragésimo aniversário. 1831-1971. Rio de Janeiro: Artenova, 1972.

STRZODA. Michelle. *O Rio de Joaquim Manuel de Macedo*. Jornalismo e literatura no século XIX. Rio de Janeiro: Biblioteca Nacional/Casa da Palavra, 2010.

TAUNAY, Affonso d'Escragnolle. *No Rio de Janeiro de Dom Pedro II*. Rio de Janeiro: Agir, 1947.

TAUNAY, Alfredo d'Escragnolle, visconde de. *Memórias*. São Paulo: Melhoramentos, s.d.

_____. *Ouro sobre azul*. São Paulo: Melhoramentos, s.d.

_____. *Trechos de minha vida*. São Paulo/Cayeiras/Rio de Janeiro: Companhia Melhoramentos de. S. Paulo (Weisflog Irmãos Incorporado), 1922.

TOLLENARE, L.F. *Notas dominicais*. Recife: Governo do Estado de Pernambuco, Secretaria de Cultura, 1978.

TOUSSAINT-SAMSON, Adèle. *Uma parisiense no Brasil*. Trad. Maria Lucia Machado. Rio de Janeiro: Capivara, 2003.

VALENÇA, José Rolim. *Modinha*. Raízes da música do povo. São Paulo: Empresas Dow, 1985.

VOLPE, Maria Alice. Compositores românticos brasileiros: estudos na Europa. *Revista Brasileira de Música*, Rio de Janeiro, v. 21, p. 51-76, 1994-1995.

WEHRS, C. Carlos J. *O Rio antigo – pitoresco e musical*. Memórias e diário. Trad. e notas Carlos Wehrs. Rio de Janeiro: Ortibral, 1980.

WEHRS, Carlos. *Machado de Assis e a magia da música*. Rio de Janeiro: Carlos Wehrs/Sette Letras, 1997.

_____. Neukomm e A. Maersch, músicos, e De Simoni, libretista, precursores do nacionalismo musical brasileiro. *RIHGB*, Rio de Janeiro, v. 154, n. 380-381, p. 104-117, 1993.

_____. *O Rio Antigo de Aluísio Azevedo*. Rio de Janeiro: Gráfica Editora do Livro, 1994.

WITOLD, Jean. *Découverte de la musique*. Paris: Bernard Grasset, 1963.

Texto publicado de forma resumida na *Revista da Academia Nacional de Música*, Rio de Janeiro, v. XVII, 2006.

O VISCONDE DE TAUNAY E A MÚSICA

Alfredo Maria Adriano d'Escragnolle Taunay, visconde de Taunay, engenheiro militar, ficou imortalizado na História e nas letras pátrias como destacado autor de romances, novelas, contos, peças teatrais, além de eminente memorialista, a ponto de ser considerado "uma das individualidades mais dignas de estudo dentre os brasileiros contemporâneos" (*A Sentinela*, Nova Friburgo, 29 de janeiro de 1899). Se, por um lado, é conhecido o grande interesse que ele sempre demonstrou pela música, por outro, são raras as referências à sua atividade nesse setor.

A convivência com a arte foi precoce, em ambiente doméstico, no qual a prioridade se concentrava na educação e na cultura. Dentre as lembranças que lhe restaram da idade de oito anos em sua residência, destacava-se a execução de alguns *Estudos* de Bertini[1], pela irmã Adelaide[2], em um piano inglês da manufatura John Broadwood, uma das mais importantes na época[3].

A formação musical de Taunay ficou a cargo do renomado professor de piano Isidoro Bevilacqua[4], que também dava aulas a Adelaide em substituição a Luigi Maria Vaccani[5]. Bevilacqua desfrutava de grande prestígio como integrante do conselho artístico da Imperial Academia de Música e Ópera Nacional e proprietário de conceituada loja de partituras na Rua dos Ourives (atual Rua Miguel Couto), estabelecida na década de 1840, fornecedora de artigos musicais para a Casa Imperial.

As lições do novo orientador proporcionaram à menina notável vigor e agilidade no teclado, incomum nas crianças brasileiras naquele tempo. Quanto ao irmão, apesar do alto gabarito do mestre, a prática do instrumento era extremamente penosa, verdadeiro suplício. Só se mantinha à custa de violentos beliscões aplicados pela mãe, que supervisionava o estudo, castigos em quarto escuro e promessas de brinquedos como bolinhas, rodinhas, além de fogos de artifício no tempo das festas juninas.

Embora desinteressado pelo instrumento, Taunay chegou a praticar alguns exercícios de Cramer[6] e de Clementi[7], com a peculiaridade de atribuir-lhes títulos jocosos e inusitados, anotados nas partituras. Amiúde, as pitorescas denominações representavam nítida provocação à austeridade dos familiares, uma vez que, para ele, criança, a música não constituía propriamente prazer estético; de preferência, representava meio de diversão e expressão de pronunciada irreverência. Um exemplo dessa afirmativa é o nome *Lições do Padre Tilbury*, conferido a um daqueles estudos, em alusão ao antigo professor dos seus ancestrais. Tilbury, religioso britânico, contemporâneo de D. João VI e D. Pedro I, era tido em alta conta pelos Taunay, em especial pelo primo Luís de Beaurepaire. O pequeno, ao selecionar a partitura em questão, intencionalmente satirizava a figura do respeitado mestre e se divertia com a irritação provocada no seio da família, sobretudo no circunspecto primo.

Outra situação similar ocorreu em relação ao pai, o comendador Amado Félix Emílio Taunay, barão de Taunay. Francês de nascimento, chegou ao Brasil com vinte anos de idade e, como era previsível, apresentava falhas na linguagem quando se expressava em português. Com frequência, ao se deparar com preços elevados de mercadorias, dizia ao comerciante em forma de protesto: "Assim não fica freguês". A última palavra soava de maneira esdrúxula, a primeira sílaba oscilando entre *ai* e *ei*, o que servia de motivo constante de zombaria para Alfredo. Certa feita, o menino, recriminado por desatenção, foi à desforra, escolhendo aquele que lhe parecia o mais feio dentre os estudos para piano e escrevendo, às escondidas, na partitura: "Não fica *fraguez*". Não faltou ocasião para o pai encontrar a anotação irreverente e, de imediato, percebeu o tom zombeteiro da crítica. Alfredo já esperava o pior dos castigos, porém o barão apenas se limitou a resmungar: "Pequeno idiota!" Fechou o livro, colocou-o sobre o piano e, meio sorridente, contou o ocorrido à esposa. Outras partituras também não foram poupadas de designações bizarras.

Décadas mais tarde, Taunay rememorou de maneira divertida o comportamento deveras indisciplinado de alunos nas aulas de música do Imperial Colégio de D. Pedro II. Como costumava ocorrer em quase todas as escolas de ensino primário e médio, esse tipo de matéria se prestava mais a traquinagem, desrespeito e recreação do que a aprendizado sério e eficaz. O professor Luz, responsável pela classe,

> [...] aturava pacientemente muita travessura de endiabrados discípulos que, a título de solfejos, berravam como possessos. "Não desafinem, bradava o Luz, é só o que lhes peço, não desafinem!" Quando se punha ao piano – um velho Érard de cauda, que gritava como uma cega-rega[8], os rapazes empurravam de repente o instrumento, que lhe vinha bater na barriga e o fazia saltar da cadeira, como se recebesse um choque

elétrico. "Não se encostem ao piano, protestava logo, não veem que é de roldanas?" Outras vezes a manobra era inversa. Os rapazes empurravam o instrumento, de maneira que o Luz era obrigado a ir estendendo cada vez mais os braços, até que o teclado ficasse fora do alcance das mãos. Aí é que arrastava por seu turno a cadeira, murmurando: "Diabo leve as tais roldanas!". (Taunay, 1922, p. 76)

Não obstante esse clima de brincadeira, os dois irmãos Taunay tocavam habitualmente a quatro mãos, em casa, e, apesar de modestos e do tempo desigual de dedicação ao instrumento, chegaram a se apresentar em um baile organizado pelo marquês de Itanhaém[9].

Até então, para o garoto, a música não passava de simples diversão, sem maior repercussão. Somente decorridos vários anos, viria a compreender a importância da intimidade com a arte. Legou-nos mais tarde um testemunho de reconhecimento à imensa dedicação materna em tentar lhe proporcionar formação musical adequada:

> Quanta gratidão, entretanto, lhe devo pela amorosa insistência, de que resultaram horas de indizível consolação e prazer pelo conhecimento não muito superficial da música! (Taunay, *Memórias*, p. 21)

> Trabalho enorme dei à minha mãe para aprender a tocar piano, assim mesmo de modo bastante falho. E, entretanto, quanto me tem servido este instrumento para íntimas satisfações da maior intensidade, quer nos momentos de tristeza e obsessão, quer nos de alegria, quer enfim para realce em sociedade! (Idem, p. 48)

Em contraste com a renitente aversão ao estudo do piano, Taunay sempre demonstrou grande interesse em compor e até algum talento, a ponto de ter sido aconselhado por Bevilacqua a estudar harmonia e contraponto em Milão, fato que nunca se concretizou. Dando curso à livre inspiração, sua primeira peça para teclado data do período 1852-1853: um acalanto com a letra *Thomas m'éveille... Thomas m'endort...* (Tomás me desperta... Tomás me faz adormecer...), cuja origem está vinculada a uma cena doméstica rotineira. Na hora de dormir, por brincadeira, obrigava o pajem Tomás, que lhe fazia companhia no mesmo quarto, a repetir à exaustão a prece *Louvado Seja...* Algum tempo depois, cambaleando de sono, o negro implorava: "Ah! Sinhozinho, também basta! Deixa a gente dormir sossegado!" (Serpa, 1952, p. 31). Fato simples, corriqueiro, que, para a maioria das pessoas, passaria indiferente; na mente do jovem, serviu de motivo para a primeira composição.

Durante a adolescência, chegou a esboçar poucos fragmentos musicais que, mais tarde, ele próprio destruiu. Havia nesse material um libreto de ópera escrito aos dezesseis anos – *Andrômaca* –, baseado na peça homônima de Racine, para o qual fez várias tentativas de pôr em música, todas frustradas em função da falta de preparo teórico para obras de grande envergadura. Apenas restaram dois excertos do pretenso drama lírico: o *Coro dos Padres* e um dueto, ainda interpretados pelo autor anos mais tarde.

Nas férias de 1858-1859, Alfredo enfrentou intenso dilema quanto à carreira que deveria seguir. A primeira escolha recaiu sobre a medicina. No entanto, desaconselhado pelos pais e acatando a opinião materna, decidiu-se pela engenharia militar. Com isso, os sonhos de uma vida votada à composição se dissiparam, mas nunca foram esquecidos.

JOSÉ MAURÍCIO E CARLOS GOMES

Ainda que Taunay não tivesse composto nenhuma partitura, seu nome estaria vinculado à música por meio do exaustivo empenho tanto em preservar a obra do padre José Maurício Nunes Garcia quanto em prol da brilhante carreira de Carlos Gomes. Dada a sensibilidade apurada, seria improvável que permanecesse insensível às duas figuras mais representativas da música brasileira nos setores religioso e operístico, respectivamente.

Foi por ocasião da cerimônia de ingresso no Parlamento que Taunay tomou conhecimento da existência de José Maurício, então, falecido. Durante Missa do Espírito Santo, na Capela Imperial (21 de dezembro de 1872), Taunay ficou tão impressionado pela beleza da composição ali apresentada, que, terminado o ato religioso, permaneceu no recinto somente para tomar conhecimento do nome do autor.

Sob o entusiasmo daquele momento, correu à casa a fim de comunicar ao pai a maravilhosa revelação, e qual não foi a surpresa ao saber que a família não só conhecia alguns trabalhos do antigo mestre de capela mas também, desde muitos anos, lhe votava respeito e admiração. O avô, Nicolas Antoine Taunay, viera ao Brasil com a missão artística de 1816 e, de regresso à França, pedia aos filhos notícias do *grand mulâtre* (grande mulato); o tio Amado Adriano, em Cuiabá, fizera copiar vários manuscritos do padre músico e os remeteu aos irmãos no Rio de Janeiro.

Movido por crescente entusiasmo e fiel à tradição familiar, AlfredoTaunay, a partir de 1880, tornou-se legítimo batalhador pela divulgação e reconhecimento dos trabalhos de José Maurício. Isso não representou tarefa simples; veio acompanhada de inúmeros dissabores, empecilhos e críticas, porém foi primordial para consagrar definitivamente o lugar do padre no panorama da música brasileira. Decorridos sete anos, ocupando uma cadeira no Senado, o obstinado admirador não poupou esforços para realizar, à custa do Governo Imperial, a impressão das obras encontradas, pois nenhuma havia sido ainda editada[10]. Entusiasmado, Taunay entrou em contato com o então ministro do Império João Alfredo Corrêa de Oliveira, a fim de encarregar a professores o estudo sério da obra integral de José Maurício. Ao menos, desejava conseguir a transcrição para piano das composições mais significativas do mestre e, para não onerar demasiadamente o custo, sugeriu que fossem impressas na Europa. O ministro acatou de bom grado a ideia; todavia, em virtude de mudanças políticas, deixou o cargo e o projeto não foi adiante.

A admiração fervorosa pelo autor da *Missa de Santa Cecília*, acrescida da descoberta de manuscritos inéditos, não impediu Taunay de emitir julgamentos imparciais, ressaltando a distância entre o compositor de inegável talento e aquele obrigado a se submeter às condições impostas pela sociedade e às pressões dos rivais:

> Há dois José Maurício perfeitamente distintos! Costumava dizer.
>
> Procede o primeiro de Bach e de Beethoven e foi formidável![11] O segundo, avassalado pela brandura do caráter, pela timidez, a desigualdade das condições, o ambiente, a pressão dos músicos emigrados para o Rio de Janeiro, em 1808, pelo *rossinianismo* de Marcos Portugal, nem de longe se mede com o antecessor. (Taunay, 1930b, p. 7; grifo nosso)

Ao tomar conhecimento da descoberta da *Missa em Si Bemol*, encontrada em meio a papéis velhos, pelo comerciante Adolfo Pinto de Morais, demonstrou incontido entusiasmo. O episódio ficou registrado por Afonso d'Escragnolle Taunay, filho do visconde, ao prefaciar o trabalho do pai acerca do padre José Maurício:

> Quando lhe conheceu a melodia – prodigiosamente bela! – do *Et incarnatus est* positivamente delirou de júbilo.
>
> Ao piano repetiu-a dias a fio, dezenas de vezes, dando-lhes todas as gradações, procurando fazer-lhe ressaltar todas as riquezas.
>
> A cada passo repetia – "Mozart assinaria isto, sem fazer o menor favor ao nosso padre! Não tem coisa melhor"! E o seu arroubo chegou a tal ponto que à casa dos amigos, ia propositalmente executar o tão admirado trecho e outros desta composição realmente notável.

> E, como fosse sobremodo relacionado, aos seus numerosos visitantes logo inculcava ao piano, as belezas do *Et incarnatus*, do *Kyrie*, do *Gloria*. (Taunay, 1930b, p. 7-8)

O projeto de restauração das obras de José Maurício teve início com Alberto Nepomuceno, contando com a colaboração de Taunay (1896), incluindo a transcrição para órgão da *Missa de Réquiem* e a *Missa em Si Bemol*.

O constante devotamento do visconde à obra do padre músico culminou com a publicação de artigos na *Revista Brasileira* (1895-1896) e no *Jornal do Commercio* (1896 a 1898), mais tarde compilados por Afonso Taunay sob a forma de dois livros: *Uma Grande Glória Brasileira. José Maurício Nunes Garcia* e *Dois Artistas Máximos. José Maurício e Carlos Gomes* (1930).

Na mesma medida em que se mostrou batalhador incansável pela memória do autor da *Missa de Santa Cecília*, tornou-se amigo fiel e devotado de Carlos Gomes.

O ano de 1873 assinalou o início da profunda, sincera e duradoura amizade que perdurou até a morte do compositor. Não faltaram ocasiões para demonstrar desprendimento e empenho em favor do maestro campineiro. Em julho daquele ano, diante das habituais dificuldades financeiras que afligiam o músico, Taunay lhe conseguiu, do Parlamento, a concessão de uma pensão de quinhentos mil réis mensais durante cinco anos.

Em outra ocasião, no Palácio Trocadéro (Paris), na noite de 20 de junho de 1878, durante a encenação de *O Guarani*, orgulhoso e exultante pelo sucesso estrondoso da ópera, não mais se conteve e dirigiu-se a uma senhora na plateia, dizendo que "no momento aplaudia-se a música brasileira composta por um brasileiro" (Azevedo, 1964, p. 271). No auge da emoção, suas palavras traduziam o louvor incontido em relação ao colega e, ao mesmo tempo, a exaltação do sentimento patriótico em relação ao Brasil.

Na verdade, desde adolescente, Taunay alimentava o sonho de escrever uma ópera. Desprovido de formação musical esmerada, encontrou em Carlos Gomes o talento capaz de realizar o antigo ideal. No entanto, só existia um único meio a seu alcance para ingressar no universo operístico como autor: produzir libretos. Cônscio da situação, enviou ao compositor o enredo indígena *O Caramuru*, baseado em episódios da vida do descobridor português Diogo Álvares Correia. Na versão lírica, o drama teria como título *Paraguaçu* ou *Moema* (1879)[12].

O músico não demonstrou interesse, pois estava fora de seus projetos colocar, de novo, índios brasileiros na cena lírica. Já o fizera em *O Guarani*, no qual, segundo ele, existiam "bugres em número suficiente" (Taunay, 1930a, p. 121). Portanto, não seria pertinente insistir na mesma temática. Seria imperioso buscar um assunto diferente.

Na noite de 25 de julho de 1880, em solenidade promovida pela Sociedade Congresso Militar, o maestro campineiro entregou carta de alforria a um escravo. No evento, Taunay prestou homenagem especial ao amigo por meio de belo discurso laudatório. Novo argumento se descortinava para uma ópera: a escravidão.

Em novembro do mesmo ano, durante encontro no Hotel de França (Rio de Janeiro), ambos abordaram novamente o assunto e, dessa vez, entraram em acordo para elaborar uma ópera – *O Escravo* –, versando sobre o tema que cada vez mais despertava discussões nas diversas classes sociais do Império: o ideal abolicionista. O enredo, esboçado às pressas naquela ocasião, foi inspirado no romance *Les Danicheff* de Alexandre Dumas Filho juntamente com o russo Krukowsky (publicado em 1876). O livro era mais conhecido na Europa que no Brasil. Eis uma das razões por que Carlos Gomes preferiu estrear sua ópera em nosso país, longe do Velho Mundo, evitando, assim, possível comparação entre as duas estórias, que mantinham certa semelhança entre si[13].

Chegando a Milão, Carlos Gomes entregou o texto ao poeta Rodolfo Paravicini, para elaborar uma versão definitiva. Entretanto, este deturpou completamente o original. Taunay, ao conceber o drama, imaginou uma situação coetânea, situada no período 1802-1804, ou seja, no início do século. O protagonista seria negro de boa índole e excepcional correção de caráter, em contraste com o senhor, autoritário e bem de acordo com interesses pessoais e condições vantajosas vigentes na sociedade. Nada mais inserido na conjuntura sociopolítica do momento, quando tomava vulto o acalorado movimento abolicionista, cujos participantes demonstravam alta indignação com as precárias condições impostas aos escravos.

Percebendo as prováveis implicações negativas que o enredo certamente traria, o compositor julgou prudente retroceder a ação para o século XVI e transmutar para um indígena o personagem-título. Destarte, a ópera estaria desvinculada da ideologia antiescravista, evitando possível reação dos opositores ao movimento. Ademais, não seria bem-aceita a inclusão de personagem negro no papel principal, sobretudo em teatros renomados, onde a maior parte do público era constituída pela elite.

Incorporadas as modificações à narrativa e com boa parte da música no papel, Gomes, decididamente, se afastou da intenção humanitária de Taunay. Aos 18 de dezembro de 1884, encaminhou ao teatrólogo e literato

Alfonso Mandelli pequena comunicação a respeito dos enredos brasileiros para ópera, na qual emitiu uma opinião generalizada e até inverídica de que, no Brasil, só se escreviam estórias de selvagens e conquistadores portugueses (questão pertencente ao passado distante). Sem dúvida, existiram abordagens do tema em questão, mormente em décadas anteriores, quando se afirmava o nacionalismo literário. Ao estender tal opinião a todos os libretistas, ele cometeu certo exagero e, indiretamente, desprestigiou a proposta de Taunay. No último quartel do século, qualquer narrativa de contexto indígena parecia anacrônica e fora da conjuntura social. Logo, sua declaração não deixa de soar de maneira suspeita e parcial:

> Os enredos brasileiros são todos mesclados com a raça indígena; os selvagens em guerra com os portugueses, como precisamente é este *Escravo* que me faz lutar tanto! Pensarei em sugerir-lhe algum. (Nello Vetro, 1982, p. 205)

As alterações aborreceram de tal modo a Taunay, que solicitou a retirada de seu nome da coautoria do libreto, manteve silêncio durante um período e não respondeu às cartas do compositor. Por fim, culminou com a publicação de matéria, em caráter de protesto, na imprensa, expondo as divergências ocorridas no texto e divulgando a sua versão original de 1880. Por outro lado, Carlos Gomes, em Milão, aflito e temeroso de que sua atitude pudesse comprometer a sólida e sincera amizade entre ambos, dirigiu ao escritor a seguinte mensagem de cunho reparador:

> Eu não desejo de modo algum perder a sua preciosa amizade. O nome ilustre de Alfredo Taunay está impresso nos frontispícios da *partitura* e do *libreto* do *Escravo* e muito me honra tê-lo como meu colaborador desde 1880.
>
> O Ricordi porém (figurando o seu nome até no contrato que fiz) exige a sua firma cedendo ao Editor os seus direitos de autor do libreto – como fez com o Paravicini...
>
> Remeto-lhe portanto o papel para simplesmente assinar assegurando-lhe que, assinando o ato de venda da sua parte no libreto confirma quanto já disse ao Ricordi a seu respeito.
>
> Sinto profundamente não ter recebido resposta até do pedido que lhe fiz de me remeter para aqui a velha partitura para piano e canto e os figurinos da *Maria Tudor*. O Musella[14] foi portador dessa carta com o pedido.
>
> Amigo Alfredo, eu creio não tê-lo ofendido nunca em coisa alguma para merecer as humilhações do seu silêncio a não ser alguma falta involuntária de etiqueta, que espero me perdoará. (Taunay, 1910, p. 67)

Durante o longo período de gestação de *O Escravo* (a estreia ocorreu em 1889), Taunay manifestou a intenção de fornecer novo texto a Carlos Gomes. Desejava agora colocar na cena lírica uma adaptação do seu romance *Inocência*. Não obstante o mérito literário da obra, a riqueza de regionalismos, a rica evocação do ambiente sertanejo e a singeleza da personagem principal, o músico percebeu de imediato que o enredo não se adequava a uma ópera. Faltavam cenas de impacto, destinadas a provocar fortes emoções no público. Em carta datada de 10 de janeiro de 1882, manifestou de maneira clara a sua opinião ao escritor:

> Li a tua linda, a tua lindíssima *Inocência*.
>
> É um *capolavoro**, fiquei comovido até as lágrimas e pensando na generosidade de Deus ao dar ao meu Alfredo tanto talento.
>
> Infelizmente acho que por ser assunto muito singelo, muito sereno, embora tão grandioso não pode servir para um libreto. O público pede *gritarias* como sabes, ciúmes, traições, mortes e mais mortes. (Taunay, 1910, p. 59)

O desígnio de Taunay só foi realizado mais tarde, nas óperas *La Boscaiuola* de João Gomes de Araújo, com libreto de Ferdinando Fontana, encenada pela primeira vez em São Paulo, no Teatro São José aos 25 de julho de 1910, e *Papilio Innocentia*, de Leonhard Kessler[15], com libreto de Emiliano Perneta, ambas baseadas no célebre romance interiorano.

OBRA MUSICAL DE TAUNAY

Como citado anteriormente, a atividade musical de Taunay é a parte de sua produção que mereceu pouca atenção por parte dos biógrafos e ensaístas. Exceto os dados fornecidos por seu filho, encontramos breves referências em Cernicchiaro, José Antônio de Azevedo Castro, Phocion Serpa, Magida Bauab, Isa Queiroz Santos, além da *Enciclopédia da Música Brasileira Erudita, Folclórica, Popular* e da autobiografia do escritor. Biografias, como a de autoria de Gentil de Azevedo, trazem a lista das obras literárias de Taunay, mas sem menção às partituras.

O conselheiro Dr. José Antônio de Azevedo Castro (1910) limitou-se tão somente a um breve comentário:

---

* Obra-prima em italiano.

> Musicista consumado, compôs Taunay, ainda, numerosas peças, várias das quais revelam incontestável talento e originalidade, sobretudo uma série de valsas em estilo de Chopin de muito feliz imitação e real inspiração. (Castro, *in* Taunay, *A Retirada da Laguna*, s.d., p. 196)

Nos últimos anos do Império, era evidente o declínio da produção literária qualificada em relação às décadas anteriores. Em 1881, a imprensa divulgava protestos contra a escassez de boas publicações, alegando que nomes conceituados no cenário literário ocupavam o tempo com outras atividades: Machado de Assis, em tarefas administrativas; Quintino Bocaiuva, viajando à Europa, na qualidade de agente do Banco de Crédito Real; e, entre outros, Taunay, escrevendo música. Na verdade, a veia artística do autor de *Inocência* não era bem-vista no meio político. Considerada ocupação secundária, amadorística, dava motivo mais a deméritos que a elogios. Por se dedicar com afinco à biografia e à obra de José Maurício, chegou a ser acusado, na Câmara, de "estar fazendo os senhores deputados perderem seu precioso tempo por causa de um *rabequista*" (Kiefer, 1982, p. 58).

De maneira curiosa, o comportamento de Taunay em relação à música era ambivalente. Se, por um lado, demonstrava imenso respeito pela arte, por outro, em certos momentos, a música não passava de um meio que lhe permitia manifestar o espírito jocoso e mordaz.

O incidente relatado a seguir deixa transparecer tal contingência. Nas reuniões sociais, ele sentia prazer em improvisar ao piano peças ao gosto dos presentes. Certa vez, no salão do barão de Cotegipe, compareceu uma viscondessa, nada simpática, cuja juventude estava em franco declínio. A presença dessa dama, ao certo, não agradava ao nobre pianista amador. Acompanhada de outra senhora, igualmente pertencente à nobreza, ela indagou a Taunay o nome do trecho que ele estava executando. A resposta, em tom sarcástico, foi imediata: "*Souvenirs de Jeunesse, Souvenirs de Jeunesse*, senhora viscondessa" (*Lembranças da Juventude, Lembranças da Juventude*, senhora viscondessa) (Pinho, 1970, p. 183). As palavras certeiras soaram como ofensa pessoal, que enfureceu os respectivos maridos, quase gerando sério incidente com o autor da música.

Ainda em relação à música, no romance *Manuscrito de uma Mulher*, o caráter ao mesmo tempo sagaz e irônico de Taunay se revelou no trecho em que Corina, a protagonista, ao presenciar o advogado Otávio Jurema improvisando ao piano, pergunta como se chama a peça que brota sob os dedos do executante e que tanto agrada a ela. Ao saber que ainda não tem título, propõe, com boa dose de malícia, o nome *Veneno* (bem de acordo

Frontispício das partituras *Rêvasserie* e *Festa na Aldeia*, composições do visconde de Taunay para piano. Nas duas figuram os pseudônimos Flavio Elysio e Sylvio Dinarte, utilizados pelo autor. Acervo: pianista Sylvia Maltese.

com os binômios perigo/poder e encanto/sedução decorrentes da música e dos sentimentos em questão naquele momento). Os dois relatos acima revelam, por meio da perspicácia e da ironia, uma peculiaridade de Taunay, remanescente da infância: a atribuição de denominações insólitas e, por vezes, satíricas, às peças musicais[16].

Na maioria das partituras manuscritas e impressas, usou o pseudônimo Flávio Elísio (Flavio Elysio). Em muitas outras, aparece Sílvio Dinarte (Sylvio Dinarte), utilizado em trabalhos literários.

Em 1952, Affonso Taunay elaborou um levantamento de toda a produção literária e musical do pai, incluído no final da 16ª. edição de *A Retirada da Laguna* com o nome *Ensaio de Bibliografia*. Mais recentemente, a professora Sylvia Maltese Moysés publicou a relação de obras musicais do visconde, resultado de pesquisa realizada em arquivos de bibliotecas e manuscritos em poder da família Taunay. Compreende obras para piano (valsas, mazurcas, estudos de concerto, noturnos e peças características); música de câmara (para canto e piano; violino e piano) e música coral.

Em certas partituras, ocorreram mudanças de títulos por ocasião da publicação, fato que cria dificuldade para os pesquisadores localizarem algumas peças constantes das relações de obras, porém ainda não encontradas. Por outro lado, existem algumas publicadas que não figuram nas listas de sua produção musical. Eis um exemplo dessas alterações: no ano de 1883, foi enviada a Carlos Gomes uma valsa composta por Taunay a fim de ser impressa na Itália. No entanto, o editor (Lucca) modificou o nome original para *Sorriso*, a seu bel-prazer, alegando que, assim, a edição seria mais vendável. Com a nova designação, ela foi impressa no ano seguinte. É possível que ocorrências similares tenham se repetido com outras obras.

Um particular digno de nota é a ausência de qualquer influência sertaneja na produção musical de Taunay. O fato é bastante significativo, porquanto, em *Inocência* e *Ierecê, a Guaná*, o escritor reproduziu a terminologia interiorana, fornecendo à corte rica amostra do linguajar sertanejo e indígena, respectivamente. Nas andanças pelo sertão, ao certo, ouviu melodias regionais, mas delas não se encontra nenhum traço em sua música, nem sequer um leve acento. Em rigor, não o impressionaram. Pelo contrário, chamou-lhe a atenção a extrema simplicidade e a falta de recursos do cantarolar:

> Ocasiões há em que o sertanejo dá para assobiar. Cantar é raro; ainda assim, à surdina; mais uma voz íntima, um rumorejar consigo, do que notas saídas do robusto peito. (Taunay, 1994, p. 14)

Portanto, estamos diante de interessante **dualidade estética**: na literatura, Taunay aceitou incorporar a essência do interiorano; na música, manteve o estilo elitista dominante nos salões e nas récitas da época, ou seja, permaneceu fiel ao gosto vigente na sociedade. Ao encontro desse achado, a mesma restrição é encontrada em seus trabalhos literários: as referências à música se concentram naqueles relativos ao ambiente da sociedade (*Memórias, Manuscrito de uma Mulher, No Declínio, Ouro sobre Azul, Trechos de Minha Vida*). Como evidência, temos as denominações das peças por ele compostas. No repertório destinado ao piano, a maior parte traz títulos em francês (*Bonheur de Vivre, Cri d'Allégresse, Rêvasserie, Tentatrice, Douce Mélancolie, Doute, La Coquette,* apenas para citarmos alguns). Os nomes em português aparecem em menor proporção (*Poemetos Musicais, Festa na Roça, Georgina, Nuvens a Correr, O Poeta e os Pássaros*). A justificativa para esse comportamento, além de tendência pessoal, está no fato de o idioma francês significar refinamento na classe aristocrática. Embora se tratasse de música de salão, não destinada a concertos, deveria ser mantida distância daquela existente em meio à população em geral. Predominava, então, certo grau de elitismo nos títulos e no estilo das partituras.

Vale ainda acrescentar que Taunay, tendo participado de campanhas militares, não nos legou nenhuma composição nesse gênero. A literatura foi o meio que lhe permitiu registrar como memorialista os acontecimentos ocorridos na Guerra do Paraguai, sobretudo em sua famosa *A Retirada da Laguna*. É de surpreender a ausência de manifestação, posto ser o visconde fervoroso patriota e, naquele tempo, haver excessiva produção de partituras enaltecendo figuras e triunfos militares brasileiros[17].

Se, por um lado, a sua obra musical não alcançou o nível meritório de outros compositores nacionais eruditos, por outro, reflete o estilo de música presente nos salões do Segundo Reinado. Ademais, revela uma faceta pouco explorada da múltipla personalidade do autor, além de seu infatigável empenho em favor da glória de Carlos Gomes e de José Maurício, que, por si só, bastaria para lhe conferir um lugar na memória musical brasileira.

NOTAS

|1| Henri Bertini (Londres, 1798 - Meylan, França, 1876). Pianista, compositor e didata, altamente reverenciado pelas suas magistrais interpretações caracterizadas pela clareza do fraseado, pelo cunho virtuosístico e pelo *cantabile* que conferia ao toque pianístico.

|2| Irmã do futuro visconde, nascida em 1841, a quem ele foi bastante afeiçoado durante toda a vida.

|3| O maior número de pianos importados, no Rio de Janeiro, no Período Joanino, eram ingleses, da manufatura Broadwood. Instrumentos de excelente qualidade, superavam os alemães, por possuírem cordas mais pesadas e tensas, caixa mais sólida e mecanismos mais resistentes. No entanto, o fator decisivo para tal preferência estava nas amplas relações comerciais entre Portugal e Inglaterra (Monteiro, 2008).

|4| Isidoro Bevilacqua (Gênova, 1813 - Rio de Janeiro, 1897). Pianista, professor de piano. Chegou ao Rio de Janeiro em 1835, apresentando-se com sucesso em muitas récitas. Em 1857, integrou o conselho artístico da Imperial Academia de Música e Ópera Nacional. O filho Alfredo foi professor de piano no Instituto Nacional de Música, e o neto Otávio Bevilacqua, conceituado crítico e professor de piano na Escola Nacional de Música.

|5| Luigi Maria Vaccani. Natural da Itália, veio para o Rio de Janeiro em 1831, dizendo ter sido aluno de Mercadante em Nápoles. Foi regente do Teatro de S. Pedro de Alcântara e atuou no magistério até 1851.

|6| Johann Baptist Cramer (Mannheim, 1771 – Kensington, Londres, 1858). Notável pianista e pedagogo, fundador da moderna escola de piano. Apesar de autor de sonatas, concertos e muitas peças para o seu instrumento, além de obras de câmara, seu nome persiste em função do *Método de Piano*, cujos exercícios ainda hoje são adotados nos vários estabelecimentos de ensino.

|7| Muzio Clementi (Roma, 1752 – Evesham, Worcester, 1832). Pianista, compositor e excelente professor, teve alunos destacados como Cramer, Bertini, Meyerbeer, Field , Kalkbrenner, entre outros. Clementi conseguiu, com particular destreza, intuir o toque pianístico, em oposição àquele usual no cravo. Sua produção inclui sonatas, sonatinas, peças avulsas para piano a duas e quatro mãos, oratórios, sinfonias, etc. No setor didático, legou-nos o método de piano *Gradus ad Parnasum,* de indiscutível valor.

|8| Cigarra. Termo utilizado também para instrumentos, cujo som se assemelha ao ruído característico do inseto.

|9| Quanto a apresentações de Adelaide Taunay ao piano, vale registrar que, no Palácio Isabel, hoje Palácio Guanabara, ela tocou, com a princesa Isabel, uma peça a quatro mãos sobre motivos da ópera *La Muette de Portici* de Auber (1867).

|10| Em 1850, membros da Corte tiveram oportunidade de apreciar uma peça do padre músico, ainda desconhecido do público em geral. Terminada a apresentação, impressionados com a beleza do que ouviram, alguns interessados dirigiram-se ao coro a fim de conhecer o nome do autor. Apesar do entusiasmo momentâneo, raramente se executavam tais composições sem que nenhuma tivesse sido editada.

|11| Quanto à afirmativa de Taunay, existe um equívoco, pois o estilo de José Maurício se aproxima do estilo de Haydn e Mozart, e não de Bach e Beethoven.

|12| A inclinação de Taunay pela temática indígena possivelmente teve origem em vivências pessoais. É sabido que ele se enamorou de uma índia – Antônia – durante a expedição realizada em Mato Grosso. A ternura e a dedicação da jovem ficaram imortalizadas em

duas obras: *Memórias* e o conto *Ierecê, a Guaná*, relato do trágico amor não correspondido de uma indígena (Ierecê) pelo engenheiro que realizava pesquisas na província de Mato-Grosso (Alberto Monteiro). A extrema coincidência de localidade, etnia e profissão do rapaz proveniente da Corte (Alberto) nos permite acreditar na relação entre essa ficção e fatos ocorridos na vida do autor.

|13| A estreia ocorreu no Rio de Janeiro, em 1889, condicionada não só por se tratar de uma homenagem à princesa Isabel, mas também por envolver uma situação desagradável, ou seja, a desavença entre o compositor e o libretista Rodolfo Paravicini. Este não aceitou a inserção do *Hino à Liberdade* no 2º. ato, com letra de Francesco Giganti, amigo italiano de Carlos Gomes. A questão foi levada aos tribunais, cabendo a vitória a Paravicini.

|14| Empresário com quem Carlos Gomes teve grandes discórdias.

|15| Leonhard Kessler (1882-1924). Compositor, regente e professor natural da Suíça. Depois de aprimorados estudos musicais na Europa, veio para o Brasil (1911) e se estabeleceu em Curitiba. Sua obra inclui óperas, canções, hinos e cantatas.

|16| O jornalista e crítico Antônio Rangel Bandeira, na década de 1950, ao considerar as composições para piano de autores brasileiros no século XIX, salientou que, não obstante a grande quantidade desse instrumento nas residências, o repertório era quase sempre formado de peças ligeiras ou sem grandes pretensões. Chegou mesmo a inquirir:

Seria então o piano um instrumento não levado ainda na devida consideração pelos eruditos, um instrumento popularesco, que fosse por eles considerado uma praga como o acordeão em nossos dias? (Bandeira, s.d., p.70)

|17| Para avaliarmos a profusão de composições nesse gênero, podemos lembrar alguns títulos altamente sugestivos: *O Heroísmo*, dobrado militar em honra do General Osório, de Manuel Martins Ferreira d'Andrade; *Hino Osório*, de José Cornélio Barbosa; *Hino*, dedicado a Osório, de Felipe Néri de Barcelos; *À Vitória Incruenta* (Marcha Triunfal para Celebrar a Rendição de Uruguaiana) de Antônio Xavier da Cruz Lima; *Hino da Guerra* de Francisco Manuel da Silva e *O Rompante do Lopes, O Ataque do Riachuelo, O Hino de Glória (O Imperador do Brasil)* e a *Pateada dos Paraguaios*, estes para banda, de autoria de Felipe Néri de Barcelos. (Reis, 1952; Bittencourt-Sampaio, 2006)

BIBLIOGRAFIA

ANDRADE, Ayres de. *Francisco Manuel da Silva e seu tempo.* 1808-1865. Uma fase do passado musical do Rio de Janeiro à luz de novos documentos. Rio de Janeiro: Tempo Brasileiro, 1967.

AZEVEDO, Gentil de. *O Visconde de Taunay.* História de sua vida. S.i.l., s.i.e., 1964.

BANDEIRA, Antônio Rangel. *Caixa de música.* Rio de Janeiro: Ministério da Educação e Cultura, s.d.

BAUAB, Magida. *História da educação musical.* Rio de Janeiro: Organização Simões, 1960.

BITTENCOURT-SAMPAIO, Sérgio. Aspectos "insólitos" da música na Corte durante o Segundo Império. *Revista da Academia Nacional de Música*, Rio de Janeiro, v. 17, p. 81-108, 2006.

BRITO, Jolumá (João Baptista de Sá). *Carlos Gomes*. São Paulo: Saraiva, 1956.

CARVALHO, Ítala Gomes Vaz de. *Vida de Carlos Gomes*. Rio de Janeiro: A Noite, 1946.

CASTRO, José Antônio de Azevedo. Visconde de Taunay. Escorço biográfico. In: TAUNAY, Visconde de. *A retirada da Laguna. Episódio da Guerra do Paraguai*. 16ª. ed . São Paulo: Melhoramentos, s.d.

CERNICCHIARO, Vincenzo. *Storia della musica nel Brasile*. Dai tempi coloniali sino ai nostri giorni (1549-1925). Milano: Fratelli Riccioni, 1926.

ENCICLOPÉDIA da música brasileira. *Erudita, folclórica, popular*. Ed. Marcos Antônio Marcondes. São Paulo: Art, 1977.

GÓES, Marcus. *Carlos Gomes*. A força indômita. Belém (Pará): Secult, 1996.

KIEFER, Bruno. *História da música brasileira*. Dos primórdios ao início do século XX. Porto Alegre: Movimento, 1982.

MARETTI, Maria Lídia Lichtscheidl. *O Visconde de Taunay e os fios da memória*. São Paulo: Editora Unesp, 2006.

MARIZ, Vasco. *História da música no Brasil*. Rio de Janeiro: Nova Fronteira, 2008.

MONTEIRO, Maurício. *A construção do gosto*. Música e sociedade na Corte do Rio de Janeiro. 1808-1821. São Paulo: Ateliê, 2008.

MOYSÉS, Sylvia Maltese. A obra musical de Alfredo d'Escragnolle Taunay (Visconde de Taunay). *Revista da Academia Nacional de Música*, Rio de Janeiro, v. 17, p. 59-70, 2006.

MURICY, Andrade. Léo Kessler. *Revista Brasileira de Música*, Rio de Janeiro, v. 5, fasc. 1, p. 69-76, 1938.

NELLO VETRO, Gaspare. (Org.) *Antônio Carlos Gomes*: Carteggi italiani II. Correspondência italiana II. *1836-1896*. Trad. Luiz Gonzaga de Aguiar. Brasília: Thesaurus, 1998.

_____. *Carlos Gomes*. Correspondências italianas. Rio de Janeiro: Cátedra, 1982.

OLIVEIRA, Alberto de; JOBIM, Jorge. *Visconde de Taunay*. Rio de Janeiro/Paris: Garnier, 1922.

PENALVA, José. *Carlos Gomes*. O compositor. Campinas: Papirus, 1986.

PINHO, Wanderley. *Salões e damas do Segundo Reinado*. São Paulo: Martins, 1970.

_____. Visconde de Taunay. *RIHGB*, Rio de Janeiro, v. 181, p. 5-44, out.-dez. 1943.

REIS, Mercedes de Moura (Mercedes Reis Pequeno). *A música militar no Brasil no século XIX*. Rio de Janeiro: Imprensa Militar, 1952.

RENAULT, Delso. *O dia a dia no Rio de Janeiro, segundo os jornais.* 1870-1889. Rio de Janeiro: Civilização Brasileira; Brasília: Instituto Nacional do Livro, 1982.

_____. *Rio de Janeiro*: a vida da cidade refletida nos jornais. Rio de Janeiro: Civilização Brasileira; Brasília: Instituto Nacional do Livro, 1978.

SANTOS, Maria Luiza de Queiroz Amancio dos (Iza Queiroz Santos). *Origem e evolução da música em Portugal e sua influência no Brasil.* Rio de Janeiro: Imprensa Nacional, 1942.

SERPA, Phocion. *Visconde de Taunay.* Ensaio biobibliográfico. Rio de Janeiro: Academia Brasileira, 1952.

TAUNAY, Affonso d'Escragnolle. Algumas cartas de Carlos Gomes ao Visconde de Taunay. *RIHGB*, Rio de Janeiro, t. 73, p. 2, p. 35-86, 1910.

_____. Carlos Gomes e o Visconde de Taunay. *Revista Brasileira de Música*, Rio de Janeiro. Número especial em comemoração ao Centenário de Nascimento de Carlos Gomes, p.160-163, 1936.

TAUNAY, Alfredo d'Escragnolle (Visconde de Taunay, Sylvio Dinarte, Flavio Elysio). *A retirada da Laguna.* Episódio da Guerra do Paraguai. 16ª. Ed. São Paulo: Melhoramentos, s.d.

_____. *Brasileiros e estrangeiros.* São Paulo/ Cayeiras/ Rio: Companhia Melhoramentos de S. Paulo (Weiszflog Irmãos Incorporada), s.d.

_____. *Dous artistas maximos.* José Mauricio e Carlos Gomes. S. Paulo/Cayeiras/Rio: Comp. Melhoramentos de S. Paulo (Weiszflog Irmãos Incorporada), 1930a.

_____. *Historias brazileiras.* Rio de Janeiro: B. L. Garnier, 1874.

_____. *Homenagem a Carlos Gomes.* Discurso proferido na noute de 25 de julho de 1880 pelo Dr. Alfredo d'Escragnolle Taunay a convite da Sociedade Congresso Militar e mandado publicar pela Directoria do mesmo Congresso. Rio de Janeiro: G. Leuzinger & Filhos, 1880.

_____. *Homens e cousas do Imperio.* São Paulo/Cayeiras/Rio: Companhia Melhoramentos de S. Paulo, 1924.

_____. *Inocência.* São Paulo: Ática, 1994.

_____. *Manuscripto de uma mulher.* Rio de Janeiro/Paris: Garnier, 1900.

_____. *Memórias.* São Paulo: Melhoramentos, s.d.

_____. *No declinio.* Romance contemporaneo. Rio de Janeiro/Paris: H. Garnier, 1901.

_____. *Ouro sobre azul.* São Paulo: Melhoramentos, s.d.

_____. *Trechos de minha vida.* São Paulo/Cayeiras/Rio: Comp. Melhoramentos de S. Paulo (Weiszflog Irmãos Incorporado), 1922.

_____.*Uma grande gloria brasileira.* José Mauricio Nunes Garcia (1767-1830). São

Paulo: Companhia Melhoramentos de S. Paulo (Weiszflog Irmãos Incorporada), 1930b.

Texto publicado de forma resumida na *Revista do Instituto Histórico e Geográfico Brasileiro*, Rio de Janeiro, a. 168, n. 434, jan/mar 2007.

A *CARMEN* DE BIZET E SEU CONTEXTO SOCIAL

Uma das óperas mais conhecidas e encenadas em todo o mundo é, sem dúvida, a *Carmen* de Bizet, com libreto de Meilhac e Halévy.

Ao longo de mais de um século, sua importância tem ultrapassado o âmbito unicamente musical, perpetuando, tanto na cena lírica quanto no espírito popular, a novela de Merimée. A personagem Carmen deixou de ser exclusividade da literatura e da música erudita: popularizou-se e, de imediato, conquistou o grande público.

Se, por um lado, quanto à fama, o melodrama muito suplantou, em âmbito mundial, a obra literária que lhe deu origem, imortalizando-a, por outro, colocou-a em segundo plano. O número de pessoas que leram o original é bastante reduzido em relação ao dos aficionados por ópera, fato ocorrido com a maioria dos textos que serviram de inspiração para música.

Todas as versões artísticas posteriores, incluindo filmes, seriados, balés, poemas e outras criações, derivaram, em princípio, da concepção lírica, e não diretamente da novela.

À semelhança de algumas poucas obras literárias – por exemplo, *Fausto* – o drama de *Carmen* tem sofrido adaptações, montagens e releituras por diversos autores há mais de um século. Da mesma forma que *Fausto* gerou muitos Faustos, *Carmen* gerou muitas Carmens. O enredo e a figura da protagonista serviram a numerosas versões, por vezes se distanciando das criações, tanto de Merimée quanto de Bizet, adquirindo novas feições:

> *"Carmen" parece contar entre los motivos de ópera "eternos", es decir, entre aquellos que con el correr del tiempo se deshacen de una determinada forma de presentación, por perfecta que ésta resulte.* (Stefan, 1947, p. 225)

> "Carmen" parece estar entre os enredos "eternos" de ópera, isto é, entre aqueles que, no decurso do tempo, se desvinculam de uma determinada forma de apresentação, por mais perfeita que seja. (T. do A.)

Durante a Primeira Guerra Mundial, um autor vienense, Sil-Vara, concebeu outro drama baseado no argumento de Carmen e chegou a publicá-

-lo (1916) (Stefan, 1947). Um filme de Jacques Feyder (1926), intitulado *Carmen*, se acompanhava de música composta por Ernest Halffter-Escriche, aluno de Manuel de Falla. Parte dessa partitura foi utilizada em uma ópera, *A Morte de Carmen*, com texto de Adolf Spaak, trabalho dedicado à memória de Bizet. Para não entrar em confronto com a magistral obra do compositor francês, só devia conter passagens da novela original que ainda não haviam sido aproveitadas na cena lírica.

Ainda no setor de cinema, *Carmen Jones* de Otto Preminger (1954) foi exibido no ano seguinte, no Festival de Cannes, e proibido na França, em prol da moral; *Les Amours de Carmen* de Charles Vidor com Rita Hayworth e Glenn Ford (1948); *Prénom Carmen* de Jean-Luc Godard (1983); e *La Tragédie de Carmen* de Peter Brook (1983). Ainda, em 1983, surgiu mais uma notável produção cinematográfica inteiramente dedicada à dança, dirigida por Carlos Saura e com coreografia de Antonio Gadès, cujo papel-título coube a Laura del Sol.

Uma versão para radioteatro apareceu em Paris, intitulada *La Vraie Carmen*, de autoria da atriz Cora Laparcerie, que encarnou o papel principal. Nessa forma de apresentação, o próprio Merimée relata a estória de Carmen, como se o escritor tivesse presenciado todos os fatos.

Diante das diversas formas adquiridas pelo drama, o biógrafo Paul Stefan, questionando a verdadeira natureza de Carmen, concluiu que

> *La suma de todas representa la verdad de esa figura porque en todas partes y en los distintos tiempos, Carmen involucra diferentes verdades.* (Stefan, 1947, p. 231)

> A soma de todas representa a verdade dessa personagem porque, em todos os lugares e em épocas diferentes, Carmen engloba verdades distintas. (T. do A.)

Embora *Carmen* não seja o drama lírico mais representado nos palcos mundiais, está entre os três ou quatro primeiros quanto a esse particular, ao lado de *La Traviata*, *La Bohème* e *Madama Butterfly*. Segundo comunicação de Friedrich Herzfeld (s.d.), um recente inquérito acerca do agrado das óperas, realizado em vários países, revelou que a preferência recai, de longe, sobre *Carmen*. Sem dúvida, a protagonista tornou-se a figura feminina mais fascinante e atraente de toda a cena lírica. Nunca Mimi, Violeta, Cio-Cio-Sam, Dalila e Manon, dentre muitas outras, conseguiram penetrar no imaginário popular e despertar tanto entusiasmo quanto Carmen.

Uma das razões do seu êxito permanente, além da música excepcional, é o fato de essa ópera não ser em nada convencional; ao contrário, é inegável o caráter subversivo e transgressor que permeia suas páginas. Ela constitui uma extraordinária apologia da liberdade de amar, desejar e buscar o prazer; da completa consciência do uso do corpo pela própria mulher; do efeito inebriante do fumo; do protesto contra as instituições tradicionais (família, regime militar, pátria) e contra a opressão dos regimes de trabalho; da insubmissão a qualquer autoridade que não seja a vontade própria, formando, no todo, exuberante alegoria ao livre-arbítrio e, em especial, à emancipação feminina.

Carmen permanece como obra única, cujo caráter se distingue de qualquer criação anterior e posterior de qualquer compositor, ou mesmo, do próprio Bizet. O ineditismo lhe garante uma posição ímpar e insubstituível na história mundial da cena lírica.

Com muita propriedade, comentou o musicólogo Camille Bellaigue:

> *Par le sujet et le style,* Carmen *s'éloigne également du grand opéra français et du drame lyrique allemand. Elle ne doit rien à l'histoire et rien à la légende ou seulement à la poésie. Romantique par le lieu de l'action et par le décor étranger, elle est plus réaliste encore par l'action même et par la qualité des personnages.*
> (Bellaigue, s.d., p. 179)

> Pelo assunto e estilo, *Carmen* difere tanto da grande ópera francesa quanto do drama lírico alemão. Ela não deve nada à História, nem à lenda, nem à poesia isoladamente. Embora romântica, em função do local escolhido para a ação e do ambiente estrangeiro, ela é bem mais realista pela própria ação e pelo caráter dos personagens. (T. do A.)

A estreia, ocorrida na *Opéra-Comique* de Paris, aos 3 de março de 1875, parece ter gerado incompreensão inicial, bem como acontece toda vez que um trabalho inovador vem a público. No caso de *Carmen*, não houve propriamente o fracasso que acompanhou a primeira representação de outras óperas (*O Barbeiro de Sevilha, Madama Butterfly*).

Ao contrário, as encenações se multiplicaram com extrema rapidez e logo se propagaram na França e no exterior. Três meses depois, ou seja, em 18 de junho, já contava trinta e sete representações e, a 15 de fevereiro do ano seguinte, atingia a 50ª encenação.

Em 23 de outubro de 1875, foi exibida com sucesso estrondoso em Viena. Decorridos três anos, as récitas se estenderam a outras cidades francesas (Lião, Marselha, Angera e Bordéus) e de outros países europeus (São Petersburgo, Nápoles, Florença, Gent, Mogúncia, Hanôver e Londres).

A nova linguagem musical, vibrante e sensual, diferente de tudo quanto fora concebido anteriormente em arte lírica, suscitou a admiração e o entusiasmo de afamados compositores, entre os quais figuravam Tchaikowsky, Richard Strauss e Brahms. O último assistiu a nada menos de vinte récitas de *Carmen* em Viena, e foi tamanho seu entusiasmo, louvando Bizet pela coragem de inovar a estética musical, que dizia estar disposto a ir a qualquer lugar somente para abraçar o músico francês.

Nietzsche, em 1888, movido por acirrada animosidade contra Wagner, chegou a adotar esta ópera como libelo contra o Gênio de Bayreuth e exaltou o novo estilo musical aí revelado com as seguintes palavras:

> Também essa obra redime; não apenas Wagner é um "redentor". Com ela despedimo-nos do Norte úmido, de todos os vapores do ideal wagneriano.[...] Aqui fala uma outra sensualidade, uma outra sensibilidade, uma outra serena alegria. Essa música é alegre, mas não de uma alegria francesa ou alemã. Sua alegria é africana; ela tem a fatalidade sobre si, sua felicidade é curta, repentina, sem perdão. Invejo Bizet por isso, por ter tido a coragem para esta sensibilidade, que até agora não teve idioma na música cultivada da Europa — esta sensibilidade mais meridional, mais morena, mais queimada... (Nietzsche, 1999, p. 12,13)

E concluiu com a sugestiva proposta: "É preciso mediterranizar a música" (idem, p. 14).

Uma curiosa evidência da forte repercussão social de *Carmen* foi a escolha do nome do papel-título como codinome preferido pelas prostitutas, em Lião, vinte anos após a estreia.

É natural que o compositor e os libretistas, ao conceberem o drama ousado e irreverente ao extremo, tenham enfrentado inúmeros problemas quanto à encenação na *Opéra-Comique*. Por tradição, o local era ponto de encontro de pessoas em busca de matrimônio e ambiente familiar. A tragédia passional culminando em morte, além da própria atitude escandalosa da protagonista, não convinha, nem aos empresários, nem ao público daquela renomada casa de espetáculos.

Diante da intenção expressa pelos autores de criarem uma *Carmen* destinada àquele estabelecimento, Leuven, um dos diretores, protestou com veemência:

> *Carmen! protesta-t-il, la Carmen de Mérimée — Est-ce qu'elle n'est pas assassinée par son amant?— Et ce milieu de voleurs, de bohémiennes, de cigarières! A l'Opéra-Comique! — le théâtre des familles! — le théâtre des entrevues de mariages! —*

> *Nous avons, tous les soirs, cinq ou six loges louées pour ces entrevues — Vous allez mettre notre public en fuite — c'est impossible!* (Curtiss, 1961, p. 303)

> Carmen! – protestou ele. A Carmen de Merimée! Ela não é assassinada pelo amante? E esse ambiente de ladrões, de ciganas, de cigarreiras, na Opéra-Comique, o teatro das famílias, o teatro destinado a encontros para casamentos! Temos ali, todas as noites, cinco ou seis camarotes alugados para tal fim. Vocês vão afugentar nosso público! Isto não pode acontecer! (T. do A.)

Situação idêntica enfrentou Bizet em relação aos cantores. A primeira intérprete a quem ele pensou seriamente em confiar o papel principal – Marie Roze –, quando tomou conhecimento de que a morte da protagonista, ao invés de simbolizar punição pela vida livre, antes reforça a insubmissão a qualquer contexto contrário à sua vontade, declarou, melindrada, que tal papel não lhe convinha.

Em 7 de setembro de 1873, a cantora registrou explicitamente sua recusa, de forma sucinta e categórica, em carta dirigida ao compositor:

> *La fin tragique de Carmen m'avait fait supposer une action dramatique modifiant le côté scabreux de ce personnage; les explications que vous avez bien voulu me donner dès le début de notre entrevue m'ayant démontré que le caractère avait été scrupuleusement respecté, j'ai compris immédiatement que le rôle ne pouvait me convenir, ou pour mieux dire que je ne convenais pas au rôle.* (Cardoze, 1982, p. 234)

> O final trágico de Carmen me fez supor uma ação dramática modificando o lado escabroso dessa personagem; diante das explicações que me quisestes dar, desde o início da nossa entrevista, demonstrando que o caráter da protagonista fora cuidadosamente respeitado, compreendi de imediato que o papel não me convinha, ou melhor, que eu não convinha a ele. (T. do A.)

As dificuldades e os protestos não cessaram aí. Na montagem da obra, grande parte das mulheres integrantes do coro se negou a aparecer em público, no primeiro ato, fumando cigarros – situação, até então, inédita na cena lírica. De resto, muitas delas estavam indispostas em consequência do uso do tabaco.

Novo incidente ocorreu mais tarde (1878), quando o Coronel Mapleon apresentou a ópera no *Her Majesty's Theather*, em Londres: Campanini, a quem cabia o papel de Dom José, ficou irritado porque o único momento do espetáculo capaz de se aproximar de um dueto de amor incluía, além do tenor, a soprano responsável pelo segundo papel feminino (Micaela). Na verdade, ele almejava compartilhar aquela cena com a atriz principal, e não com uma personagem secundária. Portanto, julgava-se bastante "diminuído" em sua atuação.

LIBRETO

O libreto baseia-se na novela homônima de Prosper Merimée, que, ainda jovem, visitou a Espanha. Nessa viagem, entrou em contato com a família Montijo, à qual pertencia Eugenia de Montijo, futura imperatriz da França ao desposar Napoleão III. Ela expôs ao famoso escritor a narrativa dos amores de um soldado com uma cigana, que corresponde à mais remota origem da célebre novela, publicada na *Revue des Deux Mondes* em outubro de 1845.

Carmen, bem como Cleópatra, Dalila, Salomé, Taís, Lorelei, entre outras, integra a lista de figuras femininas fatídicas que seduzem e arrastam os amados à perdição, mito frequente na literatura e nas lendas desde épocas remotas. O próprio Merimée, em 1837, havia escrito outra novela, calcada em proposta similar – *La Vénus d'Ille* –, considerada por ele seu melhor trabalho[1].

A adaptação da *Carmen* de Merimée para a cena lírica implicou várias modificações, atenuando vícios e incluindo diálogos falados entre os números musicais. A última exigência era imprescindível para determinada peça ser encenada na *Opéra-Comique*. Destarte, resultou uma obra mais viva, sensual, comunicativa e intensa do que a novela primitiva, podendo bem ser denominada *Carmen* de Bizet, Meilhac e Halévy.

O compositor, dotado de especial bom gosto literário, participou ativamente na elaboração do texto a ser musicado, ao lado dos dois colaboradores, sugerindo situações e reformulando versos que não eram do seu agrado.

De acordo com algumas opiniões, a qualidade da novela teria piorado ao ser transformada em libreto, dando lugar a uma estória banal, em que a protagonista aparece sob forma mais comedida. Entretanto, tal apreciação não é compartilhada pela maioria dos críticos e musicólogos.

Na verdade, o libreto de *Carmen* está entre os mais perfeitos já elaborados. Prima pela concisão, pela habilidade em ressaltar os aspectos fundamentais dos personagens e, ao mesmo tempo, pela fidelidade ao pensamento de Merimée. Vale lembrar que Bizet escolheu os libretistas mais conceituados da França naquela ocasião, os quais realizavam trabalho minucioso e esmerado, além de demonstrarem grande habilidade na elaboração dos enredos.

Michel Cardoze, em comentário bastante pertinente, assinalou que os libretistas e o músico, pressionados pela censura e pelos costumes da *Opéra-Comique*, criaram outra *Carmen*, menos chocante para os pequenos burgueses dos camarotes, mas, afinal, bem mais perigosa para a ordem estabelecida.

A junção de texto e música, tanto uma pequena poesia em alguma canção quanto formas mais longas e arrojadas, como extratos de romances e dramas transportados para óperas e obras corais, sempre gera outras formas artísticas, inéditas e mais complexas, destacando aspectos que a música e o texto não conseguem evidenciar isoladamente.

Mário Vieira de Carvalho, em apreciação crítica da ópera *Katia Kabanowa* de Janácek, ressaltou a união de palavras e música em criar uma concepção única com traços particulares:

> A síntese entre um texto literário e um texto musical, quando é realmente uma síntese, não produz um mero somatório de significados autônomos: produz uma obra inteiramente nova com uma lógica interna própria, com uma estrutura formal e um conteúdo ideológico específicos, enfim, com uma identidade estética diferente de qualquer das componentes (literária ou musical), isoladamente consideradas. (Carvalho, 1978, p. 343)

Na cena lírica, além da valorização do texto, os personagens adquirem maior individualidade quando reforçados por sons, permitindo a expressão de nuances de sentimentos e intenções muitas vezes impossíveis de serem traduzidas em palavras.

A ação se desenrola em Sevilha (1820), cidade que, em todos os continentes, evoca a imagem ideal da Espanha. Entrementes, esse país ibérico, pelos costumes e clima, fornecia ambientes exuberantes, coloridos, cálidos, ideais para excitar a imaginação de vários artistas.

Por seu turno, Bizet não se esquivou à tendência em voga e sempre demonstrou especial atração por regiões e ritmos exóticos. Basta uma simples incursão em sua produção musical para encontrarmos o antigo Ceilão em *Les Pêcheurs de Perles*, o Egito em *Djamileh*, a Escócia em *La Jolie Fille de Perth* e a Itália em *Procopio*, caracterizados pela atmosfera típica de cada localidade, evocada de maneira apropriada por intermédio da música.

Apesar de Sevilha ter sido escolhida para sede do enredo e de a música conter fortes acentos locais, *Carmen* é uma **criação fundamentalmente francesa**: os autores, tanto das palavras quanto da partitura, eram franceses; a obra foi composta e estreada em Paris; e, sobretudo, o caráter sociofilosófico enaltecendo o prazer sensual e a total independência – em especial, a da mulher – nada tem de espanhol tradicional do século XIX. Fazendo uso de metáforas, pode-se afirmar, com segurança, que *Carmen* é "uma francesa com trajes de espanhola".

Aliás, em que medida a música de *Carmen* é hispânica? É surpreendente que, considerada toda a extensão da ópera, são poucos os trechos da partitura com acentos ibéricos. Alguns motivos musicais esparsos foram aproveitados de outros compositores e modificados pelo próprio Bizet, insuflando neles mais vida e colorido, o que em nada invalida o mérito da notável criação lírica.

Como exemplo, temos a mundialmente famosa *Habanera*, cujo tema foi extraído de uma coletânea de canções espanholas de autoria do espanhol Sebastián Iradier, editada em Paris (1864). Assim também o breve *tra-la-la* na voz de Carmen, no final do primeiro ato, provém de conhecida melodia popular espanhola de Ciudad Real e, por fim, o entreato do quarto ato guarda certa semelhança com uma serenata para guitarra composta por Manuel García e publicada em 1872, da qual Bizet extraiu pequenas frases musicais.

Por seu turno, a *Seguidilha* e a *Canção Cigana* (esta, no início do segundo ato), duas danças espanholas estilizadas, são criações originais de Bizet. Os outros excertos de destaque (*Dueto* de Dom José e Micaela, *Canção da Flor*, *Ária de Micaela*, *Ária das Cartas* e *Dueto Final*) não apresentam nenhuma característica de música hispânica.

Com efeito, Bizet e os colaboradores estavam longe de querer retratar a Espanha. Os cenários, as danças e a indumentária nada mais representam além de componentes, servindo de apoio à ação. A verdadeira mensagem da obra transcende o ambiente local e se resume na extrema exaltação da liberdade a qualquer custo, quer da mulher, quer dos indivíduos na sociedade, aspecto que o compositor sempre fez questão de ressaltar.

Um traço revelador da mestria de Bizet, em sua obra-prima, é a mescla do elemento popular com o dramático, sem nenhum prejuízo para o desenrolar do drama. De maneira excepcional, ele soube conduzir a desagregação dos princípios morais de Dom José, além de expressar a personalidade avassaladora e o sentimento de Carmen, em grande parte por meio de danças, ritmos e melodias originais, mas com aparência popular.

A adaptação da novela para a cena lírica implicou não só a condensação do enredo como também modificações introduzidas nos personagens principais (Carmen, Dom José), além da inclusão de outros, inexistentes no original, porém indispensáveis para o enredo.

Dessa maneira, surgiram: Micaela, camponesa de Navarra, concebida a partir de uma frase sem importância de Dom José, mas necessária para contrastar com a figura de Carmen, totalmente oposta em comportamento e ideologia; Escamillo, o intrépido toureiro, inspirado em Lucas, o picador, indispensável para disputar com Dom José o amor de Carmen; Frasquita e Mercedes, cuja importância se restringe em incluir vozes femininas para reforço cênico, uma vez que na ópera quase não há papéis femininos acessórios. Ademais, foram acrescentados dois militares: Morales e Zuniga.

Dentre as modificações essenciais ocorridas nos personagens principais durante a transformação da novela em libreto operístico, destacam-se:

1. O caráter de Carmen foi atenuado para torná-la mais simpática ao público. Merimée descreveu-a como mentirosa, violenta, ladra, casada, adúltera (em função dos vários casos amorosos) e sempre ao lado de malfeitores. Também sofreu modificação a terrível cena, na qual, durante uma briga com outra operária, na fábrica, ela fere o rosto da rival com um punhal, deixando marca em forma da cruz de Santo André. (Em algumas encenações, tal cena pode ser encontrada.)

2. O marido de Carmen foi excluído do enredo; nem sequer é mencionado. Na novela, ele estivera detido e, depois de conquistada a liberdade, passou a conviver com contrabandistas. Terminou morrendo em duelo com Dom José, instigado pela própria esposa.

3. O encontro de Dom José, Carmen e contraventores acontece na taberna de Lillas Pastia; no original, ocorre na saída da prisão.

4. Foram omitidos dois crimes cometidos por Dom José: o assassinato de um tenente, como resultado de ciúmes e ultraje, e o do marido de Carmen. O primeiro delito foi substituído pela cena em que Dom José desembainha a espada contra o tenente Zuniga.

5. No texto de Merimée, Carmen é morta por Dom José em local ermo, mais precisamente em uma rua de Córdoba, no dia seguinte ao espetáculo da tourada. Após o crime, ele pede a um eremita orações pela alma da amada.

Na versão lírica, os autores encontraram um final de maior impacto, ao conjugarem, ao mesmo tempo, a cena do crime e o espetáculo de tourada. Cometido o assassinato, Dom José confessa a autoria e se entrega aos soldados.

Em geral, a ópera oferece maior número de vantagens para o espectador que o livro de origem: a ação é condensada e, como resultado, acentua a cada momento o caráter dos protagonistas, excluídos os episódios supérfluos ou de pouca importância. Além disso, os personagens adquirem grande dimensão no imaginário do público por serem dotados de notável poder sugestivo, revividos com intensidade redobrada pelos atores e reforçados pela música.

Em suma, podemos transpor a essa obra as palavras de Iris Zavala acerca do gênero bolero:

> El amor es más amor, lo verdadero más verdadero, lo bello más bello, la promesa más siempre. (Zavala, 1991, p. 20)

> O amor é mais amor; o verdadeiro, mais verdadeiro; o belo, mais belo; a promessa, mais constante. (T. do A.)

PERSONAGENS PRINCIPAIS

CARMEN

Parece um tanto simplista se acreditar que Bizet tenha traçado o retrato musical de Carmen somente baseado na leitura do texto de Merimée. A personagem principal adquiriu tamanha veracidade, força e presença, que se confundiu com a identidade do compositor.

Uma das pessoas que certamente influenciaram essa concepção foi a parisiense Céleste Vénard, conhecida como *La Mogador*. Após uma vida de início pobre e dissoluta, Bizet a conheceu quando ela se exibia, todas as noites, no *Café Chantant*. Na casa noturna, interpretava melodias francesas da moda, porém, no final, incluía alguma canção espanhola como número extra. Assim, se estabeleceu estreita amizade entre os dois, cujos traços influíram em *Carmen*.

É por demais significativo o que Céleste registrou sobre si própria em sua autobiografia, revelando a força extrema que os sentimentos desempenhavam em sua personalidade:

> *J'aimais avec passion, ou je détestais avec rage... Je haïssais au point de souhaiter la mort à ceux que je détestais... Il n'est pas dans mon caractère de rien éprouver avec mesure. Joies, tristesses, affections, ressentiments, paresse, activité, j'ai tout exagéré. Ma vie a été un long excès [...] Aussi, les hommes qui ont le plus obtenu de moi sont ceux qui m'ont le moins demandé.* (Curtiss, 1961, p. 145)

> Eu amava apaixonadamente ou detestava com raiva... Odiava a ponto de desejar a morte àqueles que detestava... Não faz parte de meu caráter experimentar algo com moderação. Alegrias, tristezas, afeições, ressentimentos, preguiça, atividade, tudo eu exagerei. Minha vida foi um longo excesso [...]. Também, os homens que mais coisas conseguiram de mim foram os que menos pediram. (T. do A.)

Como seria possível desvincular da personalidade de Carmen esse depoimento assaz vivo? Se Céleste incluía em suas apresentações canções de Sebastián Iradier, autor de *El Arregilito*, cujo tema Bizet aproveitou na *Habanera*, como negar a importância dessa relação na gênese de *Carmen*? Ainda, a propósito, Mina Curtiss ressaltou a semelhança entre a fase final da citação mencionada (*les hommes qui ont le plus obtenu de moi sont ceux qui m'ont le moins demandé*) (os homens que mais coisas conseguiram de mim foram os que menos pediram) e a mensagem contida na *Habanera*: *Si tu ne m'aimes pas, je t'aime* (se tu não me amas, eu te amo). Posto que a letra dessa passagem é de autoria do próprio compositor, torna mais evidente a influência de Céleste na idealização da personagem-título da ópera. Carmen não se submete a exigências de outrem. Aceita, na relação, quem menos a importuna. Destarte, consegue manter o domínio de toda a situação com segurança e de maneira integral.

A heroína idealizada por Merimée é uma cigana morena, característica preservada no espetáculo lírico. Supõe-se que o autor, sempre meticuloso em pesquisas históricas e linguísticas, tenha escolhido o nome *Carmen* para sua principal criação porque o termo encerra, ao mesmo tempo, em latim, o contexto de poesia, magia e música.

Por seu turno, a personagem se tornou tão imbuída de realidade que chegou a obsedar seu criador durante cerca de quarenta anos.

O caráter selvagem e impetuoso de Carmen foi resumido por Henry Malherbe nos seguintes termos:

> *Merimée la représente comme une bête gracieuse et allègre, fuyante, sensuelle et hardie. Une faunesse. Elle nous arrive d'un monde inconnu, d'un passé reculé. Incarnation vulgaire du génie dionysiaque. Sibylle, bacchante et démoniaque. Figure païenne ou satanique du mystère, du mensonge et de la luxure.* (Malherbe, 1951, p. 151)

> Merimée a retrata sob a forma de um animal gracioso e alegre, arisco, sensual e ousado. Um fauno em forma de mulher. Ela provém de um mundo desconhecido, de um passado remoto. Encarnação vulgar do gênio dionisíaco. Sibila, bacante e demoníaca. Personificação pagã ou satânica do mistério, da ilusão e da luxúria. (T. do A.)

A preocupação de Merimée com a identidade étnica da personagem é evidente ao longo de toda a narrativa, pois ele empregou não só termos específicos utilizados pelos ciganos mas também redigiu o capítulo final incluindo considerações sobre origem, crenças, costumes e preconceitos relativos àquele povo.

No tocante à fidelidade conjugal dos ciganos, tida como norma entre eles, Carmen é uma *cigana atípica*, destoando, ao mesmo tempo, do seu grupo e da sociedade tradicional espanhola. Se, por um lado, a falta de adaptação acentua e explica sua atitude rebelde, de permanente protesto contra qualquer convenção moral e social, por outro justifica, a cada instante, a vontade avassaladora, sequiosa de autoafirmação e libertação.

Na cena lírica, não mantém nenhum compromisso matrimonial. É resoluta, defensora intransigente e ardorosa da liberdade, despojada dos atributos negativos da novela; portanto, mais atraente, instigante e convincente em suas determinações.

Carmen é funcionária de uma fábrica de cigarros – naquele século, uma das classes sociais menos favorecidas. Ela estava ciente da condição social. Dependia da usina e dos dirigentes; por conseguinte, inconformada com o sistema socioeconômico.

No início da ópera, operárias da fábrica estão reunidas no recinto de trabalho e vigiadas por soldados, que lhes dirigem galanteios e olhares libidinosos. De imediato, caracteriza-se o ambiente local, com a respectiva distribuição de classes: operárias (massa, povo, força social) vigiadas por soldados (poder militar, autoridade, repressão).

A vida das funcionárias é por demais simples e monótona à força da rotina imperiosa, imposta pelo sistema econômico opressor instalado na Europa do século XIX, associado ao processo de industrialização.

No dia a dia, elas aguardam os toques de sino anunciando as horas de entrada e saída do trabalho (sistema vigiado por autoridades para evitar desorganização da sociedade).

Os galanteios irreverentes e maliciosos dos soldados compõem o cotidiano das relações entre eles e as operárias. É um dos poucos prazeres que a vida simples lhes permite: o jogo da sedução. Não requer nem grandes elaborações mentais, nem cultura, sendo acessível a todas as classes sociais. Ademais, flui espontaneamente, sem exigências, tampouco compromissos.

O comportamento é relatado pelos homens nos seguintes termos:

> *La cloche a sonné. Nous, des ouvrières,*
> *Nous venons ici guetter le retour;*
> *Et nous vous suivrons, brunes cigarières,*
> *En vous murmurant des propos d'amour.*
> *Voyez-les... regards impudents,*
> *Mine coquette, fumant toutes du bout des dents*
> *La cigarette.* (1º. ato)

> Acaba de soar o sino... nós aqui viemos
> Espreitar a volta das operárias.
> Acompanharemos as morenas cigarreiras,
> Com insinuações amorosas a meia voz.
> Vejam-nas como são faceiras,
> Com olhares provocantes,
> Tragando cigarros entre os dentes.*

Ao chegarem, as cigarreiras enaltecem publicamente o efeito entorpecente do fumo:

> *Dans l'air nous suivons des yeux*
> *La fumée qui vers les cieux monte, monte parfumée.*
> *Cela monte gentiment à la tête,*
> *Cela vous met doucement l'âme en fête* [...] (1º. ato)

> Vemos a fumaça fragrante se esvair no ar.
> Ela atinge com leveza o pensamento
> E preenche a alma com alegria. [...]

Ao mesmo tempo, elas têm consciência da frivolidade das insinuações amorosas corriqueiras, dirigidas pelos soldados:

> *Le doux parler des amants c'est fumée;*
> *Leurs transports et leurs serments c'est fumée.* (1º. ato)

---

* As traduções dos excertos do libreto foram realizadas pelo autor. (Tradução livre).

> O meigo falar dos amantes é fumaça.
> São fumaça seus arrebatamentos e promessas.

O caráter de Carmen está estabelecido desde sua aparição no primeiro ato.

É uma presença poderosa, que se impõe de imediato: domina a cena e suplanta as demais figuras por meio do tom altivo do discurso e das atitudes. Mulher insubordinada, em busca do livre arbítrio como valor absoluto a todo custo, mesmo que implique perda da própria vida (cigana = liberdade). Sua ideologia se resume na capacidade de sedução, na irreverência com que trata autoridades, na insubmissão a qualquer tipo de normas, o que a torna símbolo transcendental de libertação em todos os âmbitos sociais e morais.

O comportamento arrojado e as vestes provocantes da cigana justificam a exclamação de Dom José ao conhecê-la:

> *Dans mon pays, une femme en ce costume aurait obligé le monde à se signer.*
>
> Na minha terra, todas as pessoas benzer-se-iam diante de uma mulher com esses trajes.

Reforçando esse conceito, ela própria se apresenta ao futuro amado nos seguintes termos:

> *Tu as rencontré le diable, oui, le diable, il n'est pas toujours noir, et il ne t'a pas tordu le cou.*
>
> Encontraste, sim, o Diabo; nem sempre ele é preto e tão feio quanto o dizem.

A necessidade premente de imposição e libertação, em certos momentos, aproxima-se do instinto animal representado pela força bruta do touro. Há várias alusões, no libreto, em frases com sentido ambíguo, à analogia simbólica entre Carmen e o animal.

Por exemplo, na *Canção do Toureiro*, ouve-se na voz de Escamillo:

Et songe bien, oui	Durante a tourada, pensa que
Songe en combattant	Dois olhos escuros te fixam,
Qu'un oeil noir te regarde	E terás o amor
Et que l'amour t'attend. (2º. ato)	Como recompensa.

Os olhos escuros evocados pelo toureiro, na arena, referem-se igualmente aos do animal e da cigana, encerrando uma promessa bastante aliciadora: como recompensa do triunfo no espetáculo, ela concederá momentos de amor ao vencedor. O amor é a força que impele o herói destemido à vitória, e Carmen, o melhor prêmio a ser conquistado. Que veemente mensagem de coragem e promessa, de esperança e desafio!

No último ato, ao perceber a chegada de Escamillo acompanhado de Carmen, o coro saúda-o com palavras proféticas e ambivalentes a respeito da lança a ser utilizada no certame:

C'est l'espada, la fine lame,	Eis o matador com a lâmina afiada,
Celui qui vient terminer tout,	Cujo golpe tudo extermina.
Qui paraît à la fin du drame	Surge no encerramento do drama
Et qui frappe le dernier coup. (4º. ato)	E lança o golpe fatal.

Nesse momento, caracteriza-se de maneira sutil a posição social de Carmen, pois, como comentou Cathérine Clément (1993) acerca do bairro das touradas em Madri, o toureiro só se apresentava acompanhado de mulher, caso ela fosse atriz famosa ou prostituta.

Meilhac e Halévy elaboraram uma solução cênica de grande efeito para o episódio final. No exato instante em que Carmen sucumbe sob o punhal de Dom José, o touro é morto na arena por Escamillo. A força indômita, brutal e irracional é destruída simultaneamente, nos dois seres, com o auxílio de uma lâmina cortante.

Carmen defende como valor primordial a disponibilidade total do corpo e da alma. A título de realização pessoal, se oferece, sem restrição, à pessoa amada. Sua concepção do amor está resumida na sedução, no prazer e na livre deliberação.

Sem dúvida, ela é a personificação do desejo feminino, irrestrito e autônomo, no teatro de ópera. Pela primeira vez, a mulher, na cena lírica, enaltece o amor livre e destrói a imagem do amor cortês, associado ao sofrimento, à renúncia e à castidade, que imperou durante todo o Romantismo e em períodos anteriores.

A ópera, em tempos anteriores, ainda preservava valores éticos e modelos de bom comportamento. A obra-prima de Bizet trouxe à cena a vida corriqueira, os ambientes de trabalho e outros frequentados por marginais, onde eram tramados crimes e alimentados vícios. O sentimentalismo e a virtude cederam espaço ao enaltecimento do corpo e do prazer. O realismo tomava conta dos palcos líricos.

Para Carmen, o corpo é o instrumento supremo de realização dos seus desígnios, como ela própria asseverou mais como uma insinuação do que de maneira clara:

> *Les vrais plaisirs sont à deux.* (1º. ato)

Os verdadeiros prazeres são compartilhados por duas pessoas.

Ela sabe que ali está o elemento principal do assédio sexual e, de maneira hábil e premeditada, utiliza todos os recursos para obter o homem cobiçado.

Nessa condição, senhora de irrefutável poder sedutor, emprega a dança com meneios sensuais, insinuando sempre uma conquista (*Habanera, Seguidilha* e, inclusive, formas menos definidas, haja vista *Je vais danser en votre honneur*) (Eu vou dançar em homenagem a você). Na *Canção Cigana*, no segundo ato, o bailado se desenrola em atmosfera orgástica, estonteante, culminando em clímax dionisíaco mediante o aumento gradual da instrumentação e do colorido orquestral, além da aceleração do andamento.

O conjunto formado pelas três principais danças (*Habanera, Seguidilha* e *Canção Cigana*) condiz com o nítido aumento da provocação, atingindo auge vertiginoso, alucinante, na última, e revelando o crescente assédio da parte da protagonista, cada vez mais audaciosa.

Carmen, ao se aproximar dos homens reunidos em torno das operárias, logo é abordada por eles com ousadas e diretas insinuações de desejo:

> *Et dis-nous quel jour tu nous aimeras.* (1º. ato)

E diz quando nos amarás.

O linguajar sem rodeios, dirigido à cigana, não deixa de traduzir a maneira como ela é vista na redondeza. Além disso, ao empregarem em conjunto o pronome *nous*, eles expressam a concepção de amor no ambiente da fábrica, superficial e inespecífico. Por seu turno, a protagonista retruca com altivez e firmeza, demonstrando que sentimento e vontade estão altamente relacionados:

> *Quand je vous aimerai? Ma foi, je ne sais pas. Peut-être jamais; peut-être demain. Mais pas aujourd'hui, c'est certain.*

Quando os amarei? Na verdade, não sei. Talvez, nunca; talvez, amanhã. Porém, com certeza, não hoje.

Ela coloca o amor acima do dever — *il faudra que l'amour passe avant le devoir* (segundo ato) (será indispensável que o amor prevaleça sobre o dever) — e ridiculariza Dom José, ao chamá-lo *canari* (bobo), por seguir o apelo militar (dever) na hora em que tenta seduzi-lo. O termo é uma alusão pejorativa à farda amarela, usada pelos oficiais espanhóis na época. A seu ver, significa submissão, obediência e fraqueza.

Sua concepção do amor, entendido como passional, avassalador e indomável, está resumida na célebre *Habanera*, cujo texto é de autoria do próprio Bizet, pois as palavras originais dos libretistas não lhe agradaram. Na verdade, essa passagem, tão fluente e agradável, foi refeita treze vezes antes que estivessem satisfeitos o compositor e a cantora Galli-Marié, responsável pelo papel de Carmen na primeira récita.

> *L'amour est un oiseau rebelle*
> *Que nul ne peut apprivoiser,*
> *Et c'est bien en vain*
> *Qu'on l'appelle*
> *S'il lui convient de refuser*
> *Rien n'y fait, menace ou prière.*
>
> [...]
>
> *L'amour est enfant de Bohème*
> *Il n'a jamais connu de loi,*
> *Si tu ne m'aimes pas, je t'aime;*
> *Si je t'aime, prends garde à toi!* (1º. ato)
>
> O amor é um pássaro indomável.
> É inútil querer prendê-lo e invocá-lo.
> Se não é da sua vontade
> De nada lhe servem ameaças ou súplicas.
>
> [...]
>
> O amor é um menino cigano
> Que nunca conheceu regras.
> Se não me amas, eu te amo;
> Se eu te amo, toma cuidado!

Os dois versos finais são reforçados pelo coro de modo imperioso e aterrador, legítima antevisão do destino reservado a Dom José por ceder ao amor da cigana.

É digna de nota a analogia do último verso com o dito pressago *prends garde à toi si elle t'aime* (toma cuidado se ela te ama), antiga inscrição latina gravada na estátua de *La Vénus d'Ille* de Merimée. Em ambos os casos (*Habanera* e *La Vénus d'Ille*), está implícito o contexto ameaçador e sinistro do binômio amor/destruição (amor/morte, Eros/Tanatos).

Carmen é também mulher exaltada e violenta. Durante desentendimentos com outra operária (Manuelita), ela partiu para agressão física. Ao ser interrogada pelo tenente Zuniga a respeito do incidente, mostra-se irreverente, insubmissa e convicta do próprio poder, em constante desafio à autoridade.

À pergunta de Zuniga: *Avez-vous quelque chose à répondre? Parlez, j'attends* (Tem algo a responder? Fale, eu espero), a cigana retruca com insinuações desafiadoras e um tanto desrespeitosas. Ao invés de se retratar, responde com ironia, desprezo, decisão e coragem em uma das raras passagens de extremo atrevimento em toda a arte lírica:

> *Tra-la-la-la. Coupe-moi, brûle-moi. Je ne te dirai rien. Tra-la-la...*
> *Je brave tout, le feu, le fer et le ciel même.* (1º. ato)

> Trá-lá-lá-lá. Podem até me cortar, queimar. Nada direi. Trá-lá-lá...
> Desafio todas as coisas: o fogo, o ferro, inclusive o céu.

Ela cantarola as sílabas iniciais cada vez em registro mais agudo – indício de crescente provocação.

Em momento algum parece atemorizada pelo fato de ser detida. Tal atitude destemida denota duas condições: provavelmente, estava habituada a se defrontar com situações semelhantes que sempre deram certo e acreditava na desmedida força da sedução, até por experiências anteriores. É lícito supor que os oficiais tinham conhecimento dos métodos empregados pela operária para obter a liberdade, sendo ela bem conhecida na cidade por seus escândalos e vida desregrada. Por outro lado, eles próprios sabiam tirar proveito do contexto acima. Destarte, fica patente a conivência dos vigilantes com a insolente cigana.

Em vista de "tamanha ofensa", o inquiridor ordena a Dom José atar as mãos da rebelde com uma corda. Confiante no poder do fascínio, ela o emprega como forma de suborno, pedindo baixinho, ao oficial, que a deixe escapar:

> *Tu feras ce que je te demande... Tu le feras parce que tu m'aimes.* (1º. ato)

> Farás o que te peço... Tu o farás porque me amas.

Para atingir o fim ao qual se propõe, Carmen lhe promete um encontro no estabelecimento de um amigo, Lillas Pastia. Mais uma vez, emprega a dança (Seguidilha) em arrojado convite ao prazer e aproveita o ensejo para se mostrar disponível a qualquer interessado em acompanhá-la durante o fim de semana. À primeira vista, essa atitude parece contradizer aquela anterior, em resposta às solicitações dos conquistadores reunidos diante da fábrica. No entanto, esta vez, embora se ofereça explicitamente a qualquer homem, na verdade não passa de provocação dirigida a Dom José:

>Près des remparts de Séville,
>Chez mon ami Lillas Pastia,
>J'irai danser la séguedille
>Et boire du Manzanilla...
>
>Oui, mais toute seule on s'ennuie
>Et les vrais plaisirs sont à deux...
>
>Mon pauvre coeur très consolable,
>Mon coeur est libre comme l'air...
>J'ai des galants à la douzaine,
>Mais ils ne sont pas à mon gré...
>Voici la fin de la semaine;
>Qui veut m'aimer, je l'aimerai.
>Qui veut mon âme?
>Elle est à prendre... (1º. ato)

>Próximo às muralhas de Sevilha,
>Na taberna do meu amigo Lillas Pastia,
>Dançarei a seguidilha e beberei Manzanilla...
>
>Mas é tão entediante ficar sozinha...
>Os verdadeiros prazeres
>São compartilhados por duas pessoas.
>
>Meu pobre coração se consola
>Sem dificuldade. É livre como o ar...
>Não me faltam muitos admiradores
>Mas nenhum deles é do meu agrado.
>O fim de semana está chegando.
>Quem quiser me amar, eu cederei.
>Quem deseja meu coração? Ele está à disposição...

A atitude aparentemente vulgar de Carmen, dissimulada, oculta um desejo íntimo e determinado, a saber, a insinuação direta a Dom José. Ao mesmo tempo, ela demonstra não ser exigente quanto à escolha de um homem. Não lhe importa a posição ou a condição financeira. Basta-lhe a realização do próprio desejo.

Je pense à certain officier...	Certo oficial ocupa meu pensamento...
Mon officier n'est pas un capitaine	Ele não é capitão, tampouco tenente.
Pas même un lieutenant,	É somente cabo, mas uma cigana
Il n'est que brigadier.	Não exige mais que isto.
Mais c'est assez	Ele me traz satisfação e alegria!
Pour une bohémienne	
Et je daigne m'en contenter! (1º. ato)	

A provocação não cessa nesse ponto. Quando Dom José, irritado e perdendo o controle sobre si mesmo, ordena o fim das insinuações que ela lhe dirige, Carmen retruca com malícia, porém simulando simplicidade e desdém:

Je ne te parle pas...	Eu não me dirijo a você...
Je chante pour moi-même.	Estou simplesmente cantando
Et je pense...	E pensando...
Il n'est pas défendu de penser.	Nada proíbe pensar.

Como se palavras e rodeios não bastassem, em outra situação, a cigana reforça o assédio com nova dança, agora ao som de castanholas (*je vais danser en votre honneur*) (vou dançar em sua homenagem) (segundo ato).

Bizet idealizou meticulosamente a cena, fazendo uso de recursos musicais específicos para traduzir cada estado psicológico. Carmen, maliciosa, de maneira direta, exibe a personalidade típica, determinada em seus desígnios e exuberante de sensualidade.

Sem dúvida, é uma página mestra, para a qual o compositor fez uso de polirritmia. Aos acentos da orquestra, do canto e das castanholas, acrescentou o toque de clarim correspondente ao chamado militar. A superposição de timbres, melodias, ritmos e diálogo musical dos dois personagens forma uma unidade tecida com mestria. Dever e sedução se opõem de maneira conflitante.

Ao constatar a ineficácia de todos os meios empregados para a conquista, Carmen se enfurece diante da atitude passiva de Dom José, ainda fiel ao dever em detrimento do amor. Em contrapartida, a cigana usa recurso inverso: começa a ofendê-lo e ridicularizá-lo (*canari*).

Mais adiante, após as tentativas frustradas, ela expõe um discurso irresistível, no qual as palavras se insinuam lenta e suavemente nos ouvidos do oficial e, pouco a pouco, vão se avolumando até culminarem, triunfantes, em fervoroso hino à liberdade, reforçado pelo coro:

> *Là-bas, là-bas, si tu m'aimais*
> *Là-bas, là-bas, tu me suivrais.*
> *Tu n'y dépendrais de personne;*
> *Point d'officier*
> *À qui tu doives obéir*
> *Et point de retraite qui sonne*
> *Pour dire à l'amoureux*
> *Qu'il est temps de partir.*
> *Le ciel ouvert, la vie errante,*
> *Pour pays l'univers,*
> *Pour loi ta volonté,*
> *Et surtout la chose enivrante,*
> *La liberté, la liberté!* (2º. ato)

> Se por mim tivesses amor,
> Me acompanharias ao longe.
> Não receberias ordens de ninguém,
> Não obedecerias a nenhum oficial.
> Ficarias livre dos toques de clarim
> Para anunciar ao apaixonado
> O momento da partida.
> Terias todo o espaço livre, a vida erradia,
> O mundo inteiro por lar.
> Obedecerias à própria vontade
> E, principalmente, à condição inebriante:
> A liberdade! A liberdade!

Afinal, exultante, atinge o objetivo, arrastando Dom José para a vida livre, desregrada, ociosa, em meio a contrabandistas, conseguindo que ele abandone a carreira militar, na qual, até então, se manteve irredutível.

No entanto, apesar de tamanhos artifícios de conquista, o sentimento da cigana é sincero e voltado a uma só pessoa, o toureiro. Isso só se torna patente no final da ópera, quando ela lhe confessa seu amor:

> *Je t'aime, Escamillo. Je t'aime et que je meure si j'ai jamais aimé quelqu'un autant que toi.* (4º. ato)

> Eu te amo, Escamillo, e que eu morra se alguma vez tivesse amado alguém tanto quanto a ti.

Eis a única ocasião em que ela emprega o verbo *amar* dirigido a alguém.

A ação, durante toda a ópera, está centrada na obstinada conquista de Dom José por Carmen. Somente na conclusão da obra, próximo à morte, ela nos surpreende com a declaração acima. Se é verdadeira (*Carmen jamais n'a menti*) (Carmen nunca mentiu), vale a pergunta: por que, desde o primeiro ato, Dom José foi insistentemente assediado, conduzido a ambientes marginais e, afinal, ao crime, se Carmen amava outro? Seria o prazer de seduzir capaz de suplantar a fidelidade amorosa ou, em outras palavras, o prazer físico seria mais poderoso que o sentimento? Ela se comprazia unicamente na sedução perversa, envolvendo dominação e aniquilamento, destruindo os que lhe cediam ao apelo? Carmen estaria exausta da relação com Dom José e buscava outro amor? Os autores deixaram a resposta à nossa apreciação e, ao contrário da maioria das óperas, nos legaram uma obra aberta quanto ao referido dilema.

A declaração final foi outro hábil artifício dos libretistas. Na concepção de Merimée, quando inquirida por Dom José acerca dos sentimentos em relação a Lucas (o picador), Carmen confessa que chegou a amar o toureiro durante pouco tempo, porém com menos intensidade que ao militar.

Na versão de Meilhac e Halévy, ela coloca o sentimento por Escamillo como único, desencadeando o ciúme e a ira de Dom José, e intensificando o clima dramático da conclusão da obra.

Não obstante os desafios aos poderes celestiais, Carmen, fiel ao espírito cigano, é supersticiosa e fatalista: consulta baralhos em busca de esclarecimentos relativos ao destino e sabe que não pode fugir aos desígnios da sorte. Na *Ária das Cartas*, desolada ao se deparar com a insistente presença da morte, diz:

En vain pour éviter	Para evitar revelações tristes,
Les réponses amères,	Será inútil misturar as cartas.
En vain tu mêleras.	Elas jamais nos enganam;
Cela ne sert à rien,	Elas são sinceras.
Les cartes sont sincères	Se a felicidade te está reservada
Et ne mentiront pas.	Pelo Destino, não temas
Dans le livre d'en haut,	Embaralhar e cortar.
Si ta page est heureuse,	A carta da ventura surgirá,
Mêle et coupe sans peur.	Anunciando a boa sorte.
La carte sous tes doigts,	Mas se morrer estiver
Se tournera joyeuse	Determinado pelo Destino,
T'annonçant le bonheur.	Podes tentar vinte vezes...
Mais si tu dois mourir,	A carta, sem piedade,
Si le mot redoutable	Repetirá a mensagem: a morte.
Est écrit par le sort,	
Recommence vingt fois...	
La carte impitoyable	
Répétéra: la mort. (3º. ato)	

A sua ligação com a magia se estende à conquista amorosa: no final da *Habanera*, ao atirar uma flor aos pés de Dom José, essa atitude adquire cunho de enfeitiçamento, segundo palavras do militar:

Comme c'est fort... Certainement s'il y a des sorcières, cette fille-là en est une.
(1º. ato)

Como é forte... Certamente, se existem feiticeiras, aquela jovem é uma delas.

Há duas versões plausíveis para a flor em questão. Na encenação, costuma-se utilizar, em geral, uma flor vermelha de *cassis*, conjugando paixão e sangue – a essência do drama –, porém Merimée mencionou uma flor amarela, a qual, segundo Cardoze (1982), seria de *cassie* e simbolizaria a ruptura com a liga ouro (Carmen não se submete ao dinheiro). Certamente, a primeira interpretação é dotada de maior sugestão dramática; portanto, a utilizada no palco, embora em desacordo com a versão original. Hoje, dá-se preferência à recomendação de Charles Gaudier, preconizando o uso de rosa ou papoula em lugar da flor de *cassis*.

A índole mística da protagonista foi muito mais valorizada na novela do que no libreto. Segundo Merimée, no capítulo dedicado aos ciganos, eles não têm religião determinada; em geral, acompanham a crença vigente nos países onde vivem. A superstição alimentada por Carmen seria, antes, atividade de cunho tradicional daquele povo voltado a práticas divinatórias, e não, propriamente, religião.

Na novela original, ela mantinha, amiúde, na sacola, em meio aos pertences, além do trivial baralho, fetiches dotados de poderes mágicos, como ímã e camaleão empalhado, prontos para uso em qualquer ocasião propícia.

Certa feita, durante um encontro com Dom José, sugeriu que ele se benzesse com auxílio de uma moeda, traçando uma cruz na mão esquerda. Em outra ocasião, para escapar da prisão, prometeu-lhe um pedaço de *bar lachi*, pedra capaz de torná-lo amado por todas as mulheres. Ao encontrar um padre na porta de sua casa, na noite em que conheceu o oficial, Carmen interpretou o ocorrido como presságio da própria morte, que realmente ocorreu.

Os episódios acima, relacionados com superstição, com exceção da entrega da flor e da consulta às cartas, foram suprimidos por Meilhac e Halévy, mas devem ser lembrados para melhor compreensão da dimensão mística da personalidade de Carmen.

Outro ponto digno de atenção é a letra da *Canção Cigana* (segundo ato), principiando com os seguintes versos:

Les tringles des sistres tintaient	Os trilhos dos sistros tiniam
Avec un éclat métallique,	Com estalido metálico,
Et sur cette étrange musique	E, acompanhando essa música estranha,
Les zingarellas se levaient [...]	As ciganas se erguiam [...]

Da mesma forma que cabe dupla interpretação para a flor, resultante de palavras homófonas com contexto próximo (*cassie, cassis*), o termo *sistre* gera confusão com *cistre*. Ambos são instrumentos musicais de tipos inteiramente diferentes.

O sistro é um antigo instrumento de percussão, de origem egípcia, confeccionado em metal ou barro, em forma de raquete vazada, atravessado por hastes metálicas, sobre as quais deslizam arruelas. Quando agitado, emite sons bastante agudos e rascantes. Do Egito, onde era comum em rituais votados à deusa Hator, foi levado para outros países pelos fenícios e hebreus, chegando a Roma.

Ao contrário, o cistre corresponde a uma espécie de alaúde, utilizado até o final do século XVI.

Os autores do libreto, com certeza, referiram-se ao primeiro instrumento, porquanto:

1. O emprego do termo *tringles* (trilhos) não se coaduna com cordas de alaúde, e sim com lâminas ou fios metálicos, friccionados por arruelas ou guizos.
2. No segundo verso, outro dado vem reforçar a ideia anterior: o **tinido** do som emitido por elementos de natureza metálica.
3. A expressão "música estranha" seria argumento adicional em favor do antigo instrumento de percussão.
4. O texto que acompanha a dança, exposto por Carmen, contém verbos no imperfeito, sugerindo recordação de alguma estória ou de uma canção antiga, mas, ao certo, não diz respeito ao momento da ação.

Esse detalhe de âmbito musical quase sempre passa despercebido. É por demais insólita a razão de Carmen, naquela passagem, lembrar o antigo e inusitado instrumento. Com efeito, o fato encerra um contexto mais significativo: a natureza migratória dos ciganos. Ela, então, evoca a remota ancestralidade e tradições mantidas por várias gerações, patenteando a passagem pelo Egito em alguma época da história daquele povo.

Ainda merece comentário outro aspecto interessante do libreto: nas situações de extrema determinação, autoafirmação e naquelas por demais dramáticas, Carmen se designa na terceira pessoa do singular, como se a imposição partisse de seu *alter ego*, capaz de conferir indiscutível vigor às próprias declarações. Por ocasião da ruptura com Dom José (quarto ato), resoluta, exclama:

> *Carmen jamais n'a menti, son âme reste inflexible. Entre elle et toi, tout est fini.*

> Carmen nunca mentiu, sua alma permanece irredutível. Entre ela e ti, tudo está terminado.

E a seguir:

> *Jamais Carmen ne cédéra. Libre elle est née et libre elle mourra.*

> Carmen jamais cederá. Livre ela nasceu e livre morrerá.

DOM JOSÉ E MICAELA

O oficial (tenente) Dom José é o segundo personagem da ópera. Na verdade, toda a ação se concentra em Carmen e Dom José. As demais figuras de destaque (Escamillo e Micaela) nada mais são do que reforços, embora opostos, destinados a ressaltar a atuação dos dois protagonistas.

O militar encarna uma série de valores fundamentais para a preservação da ordem social preestabelecida: honra, moral, família, obediência aos superiores, respeito à pátria; em outras palavras, fidelidade aos princípios éticos, os quais são gradualmente contestados e vencidos pelos argumentos da amada.

Na concepção de Bizet, ele foi transformado em personagem mais débil do que na novela. Merimée descreveu-o como militar exaltado, ciumento, capaz de matar, seja colega, seja rival, por ciúme de Carmen. Na concepção de Meilhac e Halévy, ele é passivo, inoperante, ainda fortemente ligado à imagem materna; só se mostra violento em poucos momentos, nos dois últimos atos, máxime no final da ópera.

No entanto, na evolução do libreto, sua alma abriga o combate entre forças conflitantes, dionisíacas e apolíneas, com a vitória gradual das primeiras, as quais eclodem no dueto fatal.

Em contrapartida, há a súplica de Micaela, jovem camponesa de Navarra, singela e piedosa, representante do comportamento tradicional. É o protótipo da mulher virtuosa, devota, casta e fiel, trazendo em si, fortemente arraigados, princípios morais e religiosos. Opõe-se diametralmente a Carmen.

Ao entregar a Dom José mensagem da mãe dele, Micaela diz:

Votre mère avec moi	Logo que saímos da capela,
Sortait de la chapelle,	Sua mãe, com um beijo, falou:
Et c'est alors	Vai à cidade, não é longe.

Qu'en m'embrassant,	Chegando a Sevilha,
Tu vas, m'a-t-elle dit,	Vai procurar meu filho,
T'en aller à la ville:	Meu José, meu menino!...
La route n'est pas longue,	E lhe diz que,
Une fois à Seville,	Embora ausente,
Tu chercheras mon fils,	Penso nele,
Mon José, mon enfant!....	noite e dia...
Et tu lui diras que sa mère	
Songe nuit et jour à l'absent... (1º ato)	

Ao contrário de Carmen, a jovem é profundamente religiosa, como se percebe não só no texto acima, mas também na célebre ária do terceiro ato:

Je dis que rien m'épouvante.	Digo que nada me atemoriza.
Vous me donnerez du courage,	Senhor, em Vós encontrarei
Vous me protégérez Seigneur. (3º. ato)	Coragem e proteção.

É o único momento da ópera com apenas uma pessoa em cena, bem de acordo com a situação de pavor e solidão vivenciada por Micaela em local ermo, habitado por salteadores. De resto, no desenrolar de toda a ação, pelo menos dois personagens estão no palco.

A princípio, Dom José acata os conselhos maternos. Nessa hora lhe retornam à mente imagens antigas, fundamentadas em valores morais (mãe, aldeia, infância, educação) acompanhados das normas recebidas outrora:

Ma mère, je la vois...	Vejo a imagem da minha mãe
Oui, je revois mon village.	E de minha aldeia.
O souvenirs d'autrefois.	Que suaves lembranças,
Doux souvenirs du pays.	Que antigas recordações. [...]
Tu la verras. Eh bien! tu lui diras	Ao encontrar minha mãe, dirás que ela
Que son fils l'aime et la venère	É amada e respeitada pelo filho,
Et qu'il se repent aujourd'hui.	Que, arrependido e distante,
Il veut que là-bas sa mère	Quer que ela sinta orgulho dele.
Soit contente de lui. (1º. ato)	

As recomendações maternas, contidas em uma carta entregue à jovem, incluem a proposta de casamento do filho com Micaela, na época com dezessete anos:

Continue à te bien conduire,	Segue o bom comportamento,
Mon enfant!	Meu filho!
Peut-être pouvais-tu revenir	Talvez, pudesses voltar

Près de moi et te marier.	Para minha companhia, e te casar.
La femme que je te conseillerai	A pessoa ideal
De choisir, c'est justement	É justamente
Celle qui te porte ma lettre... (1º. ato)	A portadora da minha carta.

Quando Carmen solicita a Dom José que a acompanhe, pela primeira vez, ele se recusa a abandonar o exército (submissão, pátria, ordem, normas a serem cumpridas):

Quitter mon drapeau...déserter... c'est la honte, c'est l'infamie, je n'en veux pas. (2º. ato)

Abandonar a bandeira, desertar... é vergonhoso e infame. Não quero.

Filho dedicado, embora em ambiente marginal, preocupa-se ainda em preservar a antiga imagem junto à mãe:

Je me dis que là-bas	Lembro que existe
Il y a un village, et dans ce village	Uma aldeia distante,
Une bonne vieille femme	Onde uma bondosa anciã
Qui croit que je suis encore	Acredita que ainda me comporto
Un honnête homme. (3º. ato)	Com honestidade.

A figura materna nunca aparece em cena e é inominada – portanto, distante e indefinida –, antes reduzida apenas a uma voz a falar na consciência do militar. Mas, de longe (passado), continua influenciando a opinião e a conduta de Dom José.

A cena final da ópera, em particular o diálogo com Carmen, é passagem notável, rica em alternância de sentimentos (amor, ternura, súplica, ofensa, recusa, despeito, ódio, vingança). Diante de tamanho tumulto emocional, Dom José se mostra suplicante:

Oh, ma Carmen, laisse-moi te sauver, toi que j'adore, et me sauver avec toi.

Ó, minha Carmen, deixa-me salvar a ti, que eu adoro, e me salvar contigo.

Nunca reparação e crime estiveram tão próximos, na dependência da decisão crucial de uma só pessoa para determinar o desfecho do drama.

Há, então, um derradeiro apelo à salvação comum aos dois personagens. O militar estava dominado por incontrolável e desmedido ímpeto de ódio e vingança, que fazia prever a tragédia iminente.

Diante da recusa por parte de Carmen, sempre irredutível, Dom José a apunhala enquanto Escamillo, na arena, triunfante, abate o touro. Toda a força dionisíaca é eliminada dentro e fora do picadeiro, ou, em outro contexto, no âmago do ser e no mundo exterior.

Afinal, o ainda apaixonado se rende de imediato às autoridades com um apelo dramático (submissão, retorno aos princípios estabelecidos, contra os quais se havia rebelado):

> *Vous pouvez m'arrêter... c'est moi qui l'ai tuée.*
>
> Podem prender-me... Fui eu que a matei.

ESCAMILLO

Escamillo é intrépido toureiro em busca incessante de aplauso e fama. Ademais, é a pessoa capaz de enfrentar a força animal para dominá-la (vence Carmen pelo amor) e, por isso, alvo de admiração e louvor. É o único homem digno do amor de Carmen, consoante ela manifesta no curto dueto do quarto ato.

O espírito combatente de Escamillo, embora em outro âmbito, guarda estreita relação com o dos soldados:

> *Avec les soldats, oui, les toréros peuvent s'entendre, pour plaisir ils ont les combats.* (2º. ato)
>
> Toureiros podem entender-se com soldados; combater é o prazer comum de ambos.

Bem representa um personagem fundamental que, pela coragem, decisão, e sempre sequioso de emoções fortes, se opõe a Dom José em todos os aspectos. Embora sua atuação em cena seja mais limitada que a do militar, a presença marcante do toureiro é suficiente para contrastar com o rival, assinalando ainda mais o caráter fraco do adversário.

No desfecho do drama, no instante em que Carmen sucumbe, o coro relembra, na arena, com gritos de júbilo, o refrão exposto por ele no segundo ato:

> *Un oeil noir te regarde et que l'amour t'attend.*
>
> Olhos escuros te fixam, e terás o amor como recompensa.

Em genial solução cênica, no final do drama, Bizet utilizou o tema da *Canção do Toureiro* de maneira distorcida, de cunho ameaçador e sinistro na orquestra, sugerindo o trágico desfecho iminente. Escamillo, quando se retirar, orgulhoso da vitória e saudado pela multidão, à procura de Carmen, a encontrará morta. O amor da cigana permaneceu incólume e se extinguiu com ela...

O notável contraste emocional estabelecido entre o coro, exultante com o sucesso e louvando o amor, por um lado, e o infortúnio que se abate simultaneamente sobre os personagens principais, por outro, constitui o momento mais dramático de toda a obra. Eros, enfim, cede lugar a Tanatos. Na mesma cena, estão reunidos sentimentos opostos e conflitantes: vitória e promessa de felicidade – tristeza, tragédia e dor.

Bizet, dotado de excepcional sentido de duração, compôs para a conclusão da obra música concisa, tensa, perfeitamente adequada a cada episódio, traduzindo o nervosismo da situação, haja vista a extrema brevidade da confissão do amor de Carmen a Escamillo e das etapas do diálogo dela com Dom José. Realmente, o toureiro não dispunha de tempo, antes do espetáculo, para um longo dueto de amor. A mensagem deveria ser muito rápida e nada exaltada naquele instante de apreensão.

À diferença da estética predominante no século XIX, o autor não se demorou no que, para outros compositores, sobretudo italianos, constituía um dos momentos culminantes da ópera, ideal para a criação de páginas imortais voltadas à exaltação romântica: os célebres duetos de amor. Deu preferência a uma solução cênica mais pragmática, condizente com a situação de extrema tensão; assim, forneceu-nos uma amostra não só de refinado tino musical como também de perfeita compreensão da arte do tablado. Nessa passagem e mesmo em toda a ópera, mostrou-se afastado das normas fixadas pelo Romantismo, introduzindo linguagem próxima da realidade, sendo um legítimo precursor do verismo.

A protagonista diverge bastante das figuras femininas da Era Romântica, na qual houve uma exaltação do amor cortês: mulheres ingênuas, apaixonadas, amores impossíveis, cujo desfecho era invariavelmente a morte. A sedução ficava a cargo de um personagem masculino. Nessa obra de Bizet, ao contrário, o assédio cabe à mulher. Como resultado, Carmen (e, talvez, Salomé, mais tarde) se tornou a personagem feminina mais forte da história da ópera, posto que sobreviveu de modo independente da música. As demais protagonistas (Mimi, Lakmé, Turandot, Taís e tantas outras) permaneceram vinculadas à representação musical, porém Carmen se desvinculou desse contexto e passou a ter existência própria no imaginário social como representante de um movimento de libertação da mulher prestes a eclodir em décadas posteriores.

Em síntese, o conjunto das quatro personagens principais evoca símbolos do inconsciente e também do superego, impostos pela educação e pela sociedade, fazendo de *Carmen* uma ópera ímpar, intemporal; por conseguinte, sempre atual.

Michel Cardoze bem valorizou esse aspecto, ao escrever:

> *Si cet opéra est un tel succès mondial, si jamais peut-être une création lyrique n'aura été intégrée au savoir, à la culture, à la représentation de masses innombrables comme ce personnage, c'est évidemment que ses contours, ses gestes, sa parole, ont rencontré des réalités, des imaginations, des rêves non pas excepcionnels, marginaux, mais des réalités sociales, des imaginations et des rêves qui revêtaient aussi, revêtent, un caractère social, collectif.* (Cardoze, 1982, p. 41)

> Se essa ópera conseguiu tamanho sucesso mundial; se nunca, talvez, uma criação lírica se integrou no conhecimento, na cultura, na representação de inúmeras multidões como essa personagem, deve-se evidentemente a que seu perfil, seus gestos e suas palavras nunca manifestaram realidades, pensamentos, sonhos extraordinários, marginais, porém realidades sociais, pensamentos e sonhos que encerravam, e também encerram, cunho social, coletivo. (Cardoze, 1982, p. 41)

Merece ainda lembrar o comentário de Henry Malherbe, em meados do século XX, sobre a mais célebre produção de Bizet:

> *D'un bout à l'autre, la musique de* Carmen *est nourrie par le rythme intérieur que Beethoven appelait "le rythme de l'esprit". Grâce à quelques motifs qui reparaissent là où ils sont nécessaires, grâce, surtout, au thème qui désigne à la fois la fatalité et la gitane magicienne, Bizet atteint à cette "ténébreuse et profonde unité" de Baudelaire.*
>
> *Le chef-d'oeuvre a je ne sais quoi de physique, comme une palpitation artérielle, une chaleur animale, une vitalité de bête fauve. De là, peut-être, l'attirance, l'émerveillement subis par le grand public depuis soixante-quinze ans, malgré la variabilité des modes et des coutumes.* (Malherbe, 1951, p. 277)

> De um extremo ao outro, a música de *Carmen* está nutrida do ritmo interior que Beethoven denominava "ritmo do espírito". Por meio de alguns motivos que reaparecem nas ocasiões necessárias, e, sobretudo, pelo tema que evoca ao mesmo tempo a fatalidade e a maga cigana, Bizet atinge a "tenebrosa e profunda unidade" proclamada por Baudelaire.
>
> A obra-prima [*Carmen*] contém algo de físico, como um batimento arterial, um calor animal, uma vitalidade de animal feroz. Daí, talvez, a atração e o fascínio despertados no público durante setenta e cinco anos, apesar das mudanças do gosto e dos hábitos. (T. do A.)

Em suma, *Carmen* difere de todas as criações líricas anteriores. Os cenários bem podem ser vistos por olhos de nosso tempo, sem requerer qualquer modificação. Nenhuma ópera tem sido tão atual em sentimentos e ação. Eis uma das razões do encanto que ela tem exercido sobre produtores cinematográficos, de televisão, seriados e balés, suscitando inúmeras versões.

No caso da dança, por melhor que seja a adaptação, a supressão do texto acarreta empobrecimento da obra, que, sem dúvida, se reflete em perda do poder sugestivo, simbólico e dramático da palavra, e elimina aspectos importantes da psicologia dos personagens. Mais uma vez, é importante lembrar que as obras-primas de qualquer arte são eternas em sua beleza original.

NOTAS

[1] Em resumo, o enredo de *La Vénus d'Ille* versa sobre bela e antiga estátua de bronze, dotada de poderes maléficos, desenterrada durante uma escavação e representando a deusa romana.

O personagem Alphonse tomou uma atitude impensada durante a competição esportiva, na qual se encontrava em posição desfavorável. Para se livrar momentaneamente de um anel com brilhantes, destinado à jovem com quem se casaria em breve, colocou-o no dedo da estátua.

Sem que atinasse para o fato, firmou-se, então, um laço nupcial definitivo e fatídico entre ele e a escultura, de modo que, mais tarde, não foi possível recuperar a joia. A efígie metálica curvara o dedo, retendo para si o símbolo da união. Assim mesmo, Alphonse conseguiu outro anel e, afinal, o matrimônio prometido se concretizou.

Certa noite, a pesada estátua caminhou até o quarto do casal e acomodou-se no leito, ao lado da recém-casada. Aterrorizada, a jovem esposa avistou o marido ajoelhado, a cabeça junto à escultura, que o acolheu e o destruiu com envolvente abraço fatal.

BIBLIOGRAFIA

BELLAIGUE, Camille. *Les époques de la musique.* V. 2. Paris: Ch. Delagrave, s.d.

BIZET, Georges. *Lettres à un ami. 1865-1872.* Paris: Calmann-Lévy, s.d.

CARDOZE, Michel. *Georges Bizet.* Paris: Mazarine, 1982.

CARVALHO, Mário Vieira de. *Estes sons, esta linguagem.* Lisboa: Estampa, 1978.

CLÉMENT, Cathérine. *A ópera ou a derrota das mulheres*. Trad. Rachel Gutiérrez. Rio de Janeiro: Rocco, 1993.

COELHO, Lauro Machado. *História da ópera*. A ópera na França. São Paulo: Perspectiva, 1999.

CURTISS, Mina. *Bizet et son temps*. Trad. Marcelle Jossua. Génève: La Palatine, 1961.

DEAN, Winton. *Bizet*. London: J. Dent & Sons, 1978.

GAUDIER, Charles. *Carmen de Bizet*. Étude historique et critique. Analyse musicale. Paris: Paul Mellottée, 1922.

GAUTHIER-VILLARS, Henry. *Bizet*. Paris: Henri Laurens, 1928.

GÓES, Marcus. *Carmen de Bizet*. Rio de Janeiro: Salamandra, 1987.

HERZFELD, Friedrich. *Nós e a música*. Trad. Luiz de Freitas Branco. Lisboa: Livros do Brasil, s.d.

IMBERT, Hugues. *Portraits et études*. Lettres inédites de Georges Bizet. Paris: Fischbacher, 1894.

KOBBÉ, Gustave. *The complete opera book*. The stories of the operas, together with 400 of the leading airs and motives in musical notation. New York: G.P. Puttnam's Sons, 1935.

LACOMBE, Hervé. *Georges Bizet*. Naissance d'une idéntité créatrice. Paris: Fayard, 2000.

LANDORMY, Paul. *Bizet*. Paris: Gallimard, 1950.

_____. L´hispanisme de Bizet. *La Revue Musicale*, Paris, a. 4, n. 10, p. 95-96, 1923.

MALHERBE, Henry. *Carmen*. Paris: Albin Michel, 1951.

MERIMÉE, Prosper. *Carmen*. Paris: Gallimard, 2000.

_____. *La Vénus d'Ille*. Paris: Hachette, 1994.

NEWMAN, Ernest. *História das grandes óperas e de seus compositores*. Trad. Antônio Ruas. V. 3. Rio de Janeiro/Porto Alegre/São Paulo: 1957.

NIETZSCHE, Friedrich. *O caso Wagner*: um problema para músicos. *Nietzsche contra Wagner*: dossiê de um psicólogo. Trad. Paulo César de Souza. São Paulo: Companhia das Letras, 1999.

PIGOT, Charles. *Georges Bizet et son oeuvre*. Paris: Ch. Delagrave, s.d.

ROBERT, Frédéric. *Georges Bizet*. L'homme et son oeuvre. Paris: Seghers, 1965.

ROY, Jean. *Bizet*. Paris: Seuil, 1983.

SIMON, Henry W. *Festival of opera*. New York: Hanover House, 1957.

STEFAN, Paul. *Bizet*. Su vida, su obra, su epoca. Trad. Alfredo Cahn. Buenos Aires: Claridad, 1947.

STRICKER, Rémy. *Georges Bizet*. 1838-1875. Paris: Gallimard, 1999.

ZAVALA, Iris M. *El bolero*. Historia de un amor. Madrid: Alianza, 1991.

Texto apresentado pelo autor, sob forma de monografia, para ingresso como membro titular da Academia Nacional de Música (2002). Publicado de maneira resumida na *Revista da Academia Nacional de Música*, Rio de Janeiro, v. XIII, 2002.

Frédéric Chopin aos 19 anos. Miniatura do século XIX. (Acervo do Autor)

CHOPIN E BELLINI EM PARIS: DUAS PÁTRIAS, UMA ÚNICA SENSIBILIDADE

O primeiro fato digno de atenção no Romantismo musical francês, no segundo quartel do século XIX, foi a plêiade de artistas estrangeiros que dominava o cenário local. Na realidade, aquele período concentrou intensa atividade artística, incluindo obras literárias polêmicas e inovadoras ao lado de intenso brilho da arte lírica. A ópera se transformou em verdadeira instituição, um luxo, um local frequentado por todos aqueles que possuíam algum grau de ambição e vaidade.

Paris, na década de 1830, era polo de atração para renomados músicos de várias nacionalidades. Muitos deles lá se radicaram em diversas ocasiões: autores de óperas, na maioria, italianos (Rossini, Donizetti, Bellini, Carafa, Cherubini), além do alemão Meyerbeer; pianistas (Sigismund Thalberg, Liszt, Chopin, Ferdinand Hiller, Stephan Heller); o violinista Paganini, dentre outros músicos. Vale lembrar que um dos cinco inspetores de estudos para a fundação do *Institut National de Musique* (precursor do Conservatório de Paris) era o florentino Luigi Cherubini.

A presença italiana predominava entre os intérpretes líricos: as sopranos Giuditta Pasta e Giulia Grisi (que dominou a cena parisiense durante dezesseis anos) e o meio-soprano Giuditta Grisi, irmã da anterior, o contralto Marietta Alboni, os tenores Giovanni Battista Rubini e Giovanni Mario, o barítono Antonio Tamburini, o baixo Luigi Lablache, fulguravam ao lado dos tenores franceses Adolphe Nourrit e Louis Gilbert Duprez e do famoso contralto Maria Malibran.

O *Théâtre Italien* vivia mais do sucesso dos artistas que do mérito das óperas apresentadas. Eram habituais as disputas acirradas a favor de um ou outro cantor. Os aficionados por música afluíam às récitas não tanto interessados em conhecer obras inéditas, mas para assistirem ao desempenho dos seus intérpretes favoritos. Jean Chantavoine bem resumiu esse comportamento ao afirmar que o público parisiense era mais voltado às opiniões que ao gosto.

Frédéric Soulié nos legou um resumo da importância dessa casa de espetáculos, ressaltando a diferença entre ela e *l'Opéra*:

> *Les Italiens sont un des théâtres-monuments de Paris; je ne crois pas que ce soit bon; en tout cas c'est gros et aligné. Vous entrerez dans la salle la plus parfumée et la plus coquette de Paris; elle est petite et on y sent l'aise, on voit qu'elle est destinée à des gens qui ont l'habitude d'être bien assis. Le public des Italiens est plus spécial que celui de l'Opéra; riches et pauvres y sont des gens d'élite, les premiers comme élégants, les seconds comme amateurs. Les loges sont presque une propriété seigneuriale; le parterre est volontiers un club musical. L'Opéra est une mode et un goût; les Italiens sont un besoin et une passion. On peut emprunter cent sous pour aller à l'Opéra: on vend ses dernières bottes pour aller aux Italiens. Ce théâtre a pris le très sage parti de ne donner que six mois de représentation par an: c'est à la fois dans les moeurs de ceux qui le fréquentent, et dans la possibilité de l'exploitation.* (Bailbé, 1981, p. 17,18)

> *Les Italiens* é um dos teatros-monumento de Paris. Não o julgo bom, mas, em todo caso, é grande e acompanha o alinhamento arquitetônico local. Ali, entrar-se-á na sala mais perfumada e encantadora de Paris. Ela é pequena, mas as pessoas estão à vontade e percebe-se que está destinada àqueles que têm por hábito estar bem acomodados. O público do *Les Italiens* é mais especial que o de *l'Opéra*. Ricos e pobres, naquele estabelecimento, são considerados pessoas de elite: os primeiros como elegantes; os segundos, amadores. Os camarotes constituem quase propriedades senhoriais; a plateia é de bom grado um clube musical. *L'Opéra* é um modismo e um gosto; *Les Italiens*, uma necessidade e uma paixão. Pode acontecer que seja necessário solicitar um empréstimo de cem soldos para se ir à *l'Opéra*; já as pessoas gastam até o último centavo para frequentar *Les Italiens*. Esse teatro tomou a muito sábia decisão de restringir as apresentações somente a um semestre por ano, que está de acordo com os hábitos do público e a possibilidade de exploração comercial. (T. do A.)

Uma retrospectiva da história da música evidencia que a tradição francesa de acolher figuras de importância fundamental na evolução daquela arte remonta a séculos anteriores. Jean Baptiste Lully, o fundador da ópera na França, era natural de Florença (Itália); Martini, autor de uma ária francesa famosa, da qual existem inúmeras versões até em arranjos populares – *Plaisir d'Amour* –, alemão, de nome Johann Paul Aegidius Schwarzendorf. Outro alemão, Christoph Willibald Gluck, estabeleceu as bases renovadoras da ópera, gerando acirrada polêmica, em Paris, entre os defensores de seus princípios estéticos e os adeptos das teorias do italiano Piccinni.

Vários italianos, embora não estabelecidos definitivamente na França, lá permaneceram algum tempo e obtiveram sucesso transitório no cenário operístico (Sacchini, Salieri, Paër, Paisiello e Spontini). No século XIX, mais um alemão tornou-se famoso por suas operetas – Jacques Offenbach – e compôs um célebre *Can-Can*, até hoje tido como modelo desse gênero de dança.

A afluência e a imediata projeção de tantos vultos estrangeiros no panorama artístico francês, durante o Romantismo, denotam a carência de grandes músicos nativos naquele período, bem justificada por Romain Rolland nos seguintes termos:

> *Notre musique française du XIXe Siècle est féconde en artistes spirituels, mélodistes inventifs et habiles maîtres du théâtre; elle est pauvre en vrais musiciens, en bons et solides ouvriers. A part deux ou trois glorieuses exceptions, nos maîtres ont un peu trop le caractère d'amateurs très bien doués, qui font de la musique par passe-temps; la musique ne semble pas pour eux une forme spéciale de la pensée, mais une sorte de parure de la pensée littéraire. Notre éducation musicale est superficielle; elle est donnée pendant un petit nombre d'années par les Conservatoires, et elle est purement formelle; elle n'est pas répandue dans la nation; l'enfant ne respire pas la musique autour de lui, comme il respire, en quelque sorte, le sentiment littéraire et oratoire, — presque tout le monde en France ayant plus ou moins le sens instinctif de la belle phrase, et presque personne n'ayant celui de la belle harmonie, à part les initiés. — De là les défauts ordinaires et les lacunes de notre musique. Elle est restée un art de luxe; elle n'est pas devenue, comme la musique allemande, une poésie, pleine des pensées d'un peuple.*
> (Rolland, s.d., p. 86)

Nossa música francesa do século XIX é fértil em artistas dotados de especial verve, melodistas criativos e habilidosos mestres de arte cênica, mas carece tanto de verdadeiros músicos quanto de bons e destros artífices. À parte duas ou três gloriosas exceções, nossos mestres têm em demasia o caráter de amadores muito talentosos que fazem música por passatempo. A música não lhes parece uma forma especial de pensamento, porém uma espécie de ornato do pensamento literário. Nossa educação musical é superficial, uma vez que é administrada durante poucos anos nos conservatórios e de maneira puramente formal; não está difundida no país. A criança não respira música no ambiente, como o faz, de alguma maneira, com a oratória. Quase todas as pessoas, na França, têm mais ou menos tino para uma bela frase, enquanto ninguém o tem para uma bela harmonia, salvo os iniciados. Daí, as falhas habituais e as lacunas da nossa música. Ela permaneceu uma arte de luxo; não se transformou, como a música alemã, em poesia repleta de ideias de um povo. (T. do A.)

Gaudefroy-Demombynes traçou um quadro idêntico, dando ênfase à repulsa ao exagero e ao desequilíbrio emocional em favor da razão e da lógica, típicas do temperamento francês:

> *Pour le Français, la musique n'est qu'un divertissement, destiné à embellir la vie sans jamais la troubler. Il se méfie d'une esthétique relevant de forces instinctives échappant au contrôle de la raison; il ne demande pas au compositeur d'éveiller en lui des passions, qu'il refoule par pudeur et maîtrise de soi... Il ne veut pas entendre le cri de l'homme qui souffre... cela dépasse les limites du bon ton, cela n'est pas digne de "l'honnête homme"...* (Chantavoine; Gaudefroy-Demombynes, 1955, p. 491-492)

> Para um francês, a música não passa de uma diversão destinada a embelezar a vida sem jamais a perturbar. Ele desconfia de uma estética na dependência de forças instintivas que escapam ao controle da razão. Não exige do compositor fazer eclodir nele [ouvinte] paixões rejeitadas por pudor e autocontrole... Não deseja ouvir o grito do indivíduo sofredor... Isso ultrapassa os limites do bom-tom e não é digno de um "homem íntegro"... (T. do A.)

Ainda acerca do mesmo tópico, apresentou a razão da maior tendência dos franceses para as artes plásticas:

> *Un français, dit-on souvent, a le sens de la mesure: c'est très vrai, cela signifie qu'il est équilibré, qu'il est stable sur terre, qu'il a le sens des réalités. Il a une façon de raisonner dans les cadres nettement délimités qui lui fait voir les choses d'une façon claire et pondérée; il a le goût des proportions modestes, mais solidement construites, selon une logique bien contrôlée. Il n'aime pas perdre son empire sur lui-même. Il aime voir plastiquement, dans une forme. C'est la raison pour laquelle il excelle dans les arts plastiques, en particulier la peinture. Il sépare, avec une rare faculté d'analyse, le matériel du spirituel, et ne s'encombre pas volontiers de spéculations métaphysiques* [...]. (Idem, p. 43-44; grifo nosso)

> Amiúde, diz-se que um francês tem o sentido da medida. É bem verdade. Isso significa que ele é equilibrado, tem os pés no chão e possui noção da realidade. Apresenta um modo de raciocinar em âmbitos nitidamente delimitados, que o leva a ver as coisas de maneira clara e ponderada; tem o gosto das proporções modestas, mas solidamente construídas de acordo com uma lógica bem-controlada. Não lhe apraz perder o domínio sobre si próprio. *É do seu agrado ver sob a modalidade de*

imagens figurativas, dotadas de forma. Por isso, obtém sucesso nas artes plásticas, sobretudo na pintura. Com invulgar capacidade analítica, ele separa o material do espiritual e, de bom grado, não se ocupa de especulações metafísicas [...]. (T. do A.; grifo nosso)

No caso da música, predomina a mesma inclinação em relação às artes figurativas:

> En musique, art subjectif par excellence, le Français incline à peindre objectivement. Sa musique n'exprime pas le domaine obscur, informe et chaotique de la vie sentimentale, des refoulements du coeur et des sens, ou de l'angoisse métaphysique; elle peint des objets précis, dans un cadre bien défini ou des sentiments précis suscités par tel objet: peinture musicale, musique descriptive, pittoresque. (Idem, p. 130)

> Em música, arte subjetiva por excelência, o francês tende a retratar com objetividade. Sua música não exprime o lado obscuro, destituído de forma e caótico da vida sentimental, dos recalques do coração e dos sentidos ou da angústia metafísica. Ela reproduz objetos precisos em um quadro bem-definido, ou sentimentos claros suscitados por tal objeto: pintura musical, música descritiva, pictórica. (T. do A.)

As declarações precedentes nos fornecem importante subsídio para o entendimento da estética musical francesa, caracterizada por rejeição às longas cenas de sofrimento e de morte, e à exaltação paroxística do amor; predileção por músicas capazes de evocar imagens, mormente quando acompanhadas de representações cênicas (balé, ópera). A tendência artística em questão não era apanágio do Romantismo: já existia no Barroco, abrangendo o repertório para teclado. Basta lembrar os títulos sugestivos de algumas peças para cravo de Couperin (*Les Tricoteuses, Soeur Monique, L´Amphybie, Les Roseaux*) e de Rameau (*Le Rappel des Oiseaux, Les Cyclopes, La Poule, Les Sauvages, L´Égyptienne*) para se constatar o gosto pelas representações visuais por intermédio dos sons. O mesmo pendor se estendeu a diversas épocas, haja vista o grande número de obras para piano de Debussy evocando conteúdos extramusicais (*Pagodes, La Cathédrale Engloutie, Jardins sous la Pluie, Feux d'Artifice, Clair de Lune, Arabesques*, etc.).

Em contrapartida, os gêneros de música sem nenhum contexto verbal, descritivo ou imagético associado não constituíram material de escolha para os franceses expressarem o pensamento. Fugas, contraponto, sonatas e suas formas ampliadas (concertos, sinfonias, trios, quartetos e outras) não encontraram terreno fértil na produção artística do país.

No apogeu do Romantismo, a vida musical parisiense estava concentrada em salões classificados em duas categorias, segundo Godefroy-Demombynes: os mundanos e os dos músicos profissionais. Do primeiro grupo, constavam: o de Mme. Gay, mãe da poetisa Delphine Gay (mais tarde Mme. Girardin), onde se reuniam músicos, dentre eles o harpista Théodore Labarre; o de Mme. Girardin, esposa de Émile Girardin, figura influente no jornalismo e na política, um recinto mais famoso e concorrido que o anterior, contando com a presença de notáveis artistas como Chopin e Liszt; o de Mme. Orfila, esposa do decano da Faculdade de Medicina de Paris, no qual a afluência era constituída principalmente de renomados cantores, em especial Rubini, Mario, Grisi, Falcon, Taglioni; o de Mme. Ricord, que sediou a primeira audição do *Stabat Mater* de Rossini, com Falcon, Grisi, Mario e Tamburini.

O repertório habitual nas reuniões sociais, caracterizado por extrema desigualdade, traduzia as preferências superficiais imperantes. No domínio vocal, ouviam-se, além de romanças francesas em voga, excertos de óperas italianas (o grande sucesso da época) e, com menos frequência, algumas canções espanholas, irlandesas e de outras nacionalidades. As apresentações ao piano se resumiam em músicas de salão, sobretudo *souvenirs de voyages*, peças de bravura, fantasias sobre temas de óperas famosas, paráfrases de concerto, enfim, tudo o que a audiência exigia para deleite e distração. O alemão Kalkbrenner, o pianista da moda, acedia ao gosto do público executando *pots-pourris* conhecidos com o insólito nome *Le Réveil du Lion* (O Despertar do Leão).

Além dos acima referidos, existiam os próprios salões de músicos, voltados à apresentação de trabalhos de maior vulto, cada um com características próprias. O de Chopin (incluindo o salão de George Sand), mais hermético, reunia a aristocracia francesa e a polonesa, onde o músico se empenhava somente em divulgar as próprias composições; o de Liszt, mais eclético, de acordo com o seu temperamento, contava com a presença de pessoas preeminentes das artes e das letras (George Sand, Lammenais, Heine, Nourrit, Berlioz, Lamartine, Delacroix), onde o consagrado pianista, ao contrário de Chopin, não se limitava a trabalhos de sua autoria, porém apresentava, com prazer e entusiasmo, obras de vários compositores; o de Meyerbeer, sobretudo apropriado para divulgar as óperas de seu titular.

Todo o instável e multifacetado ambiente artístico da capital francesa foi bem evocado por Romain Rolland nos seguintes termos:

La physionomie de Paris est si complexe et si mobile qu'il y a quelque présomption à la vouloir fixer. Cette ville nerveuse, d'une inconstance passionée, a des goûts trop changeants pour qu'on n'ait pas lieu de craindre qu'un livre qui la dépeint, vrai au moment où on l'écrit, ne le soit déjà plus au moment où il paraît. Puis, il n'y a pas qu'un seul Paris, il y en a trois ou quatre: - Paris mondain, Paris bourgeois, Paris intellectuel, Paris populaire, - qui vivent côté à côté et se penètrent à peine.

[...]

Si l'on veut donc avoir un aperçu de la vie musicale à Paris, il faut tenir compte de la variété des milieux et du mouvement perpétuel des idées, qui jamais ne s'arrête, et dépasse sans cesse le but qu'il semblait s'être fixé.

[...]

Le principe de ces changements est dans l'intelligence parisienne elle-même, aiguë, fiévreuse, toujours en mouvement, avide de connaître, prompte à se lasser, excellant à saisir aujourd'hui les grands côtés d'une oeuvre, et demain ses défauts, aussi rapide à fonder qu'à détruire une renommée, et, malgré ses caprices apparents, toujours logique et presque toujours sincère. (Rolland, s.d., p. 211-212)

O aspecto de Paris é tão complexo e tão mutável que seria algo presunçoso querer retratá-lo. Essa cidade nervosa, de uma inconstância apaixonada, tem gostos bastante instáveis para que não se tenha motivo de recear que um livro que a descreva, verdadeiro na ocasião de ser concebido, não mais o seja no momento da publicação. Ademais, não existe apenas uma Paris; há três ou quatro: Paris mundana, Paris burguesa, Paris intelectual e Paris popular, que convivem lado a lado e mal se interpenetram.

[...]

Se quisermos traçar uma síntese da vida musical parisiense, é preciso levar em conta a diversidade dos meios e do movimento constante das ideias, que nunca é interrompido e ultrapassa incessantemente a meta à qual se propôs.

[...]

O fundamento dessas mudanças reside na própria inteligência parisiense, perspicaz, ardente, sempre em movimento, ávida de conhecimento, pronta a se saturar, destacando-se hoje em ressaltar os méritos de uma obra e, no dia seguinte, os seus defeitos; tão célere tanto em erigir quanto em destruir uma notoriedade e, apesar dos caprichos aparentes, sempre lógica e quase sempre sincera. (T. do A.)

O ingresso no meio artístico e na sociedade parisiense, de hábito, era precedido de "aprovação" em Viena, grande centro cosmopolita da música europeia. Conceituada pela tradição, a cidade onde viveram expoentes do Classicismo como Haydn, Mozart e Beethoven, concentrava tendências musicais diferentes em função dos povos que o vasto Império Austro-Húngaro congregava. Portanto, Viena representava o centro de recomendação para os artistas serem reconhecidos no restante da Europa.

CHOPIN

Frédéric Chopin (Neurdein Frères, France). (Acervo do Autor)

Chopin chegou a Paris, nos meados de setembro de 1831, munido de uma carta de apresentação para Paër, que o pôs em contato com Cherubini, Rossini e Kalkbrenner.

Na ocasião, tornou-se mais conhecido na qualidade de pianista do que na de compositor. Realizava apresentações em casas de emigrantes poloneses, no Hotel Lambert, no salão de Grzymala, além de outros espaços.

Por demais individualista, não se esforçava na convivência com artistas. George Sand, em um depoimento sincero, registrou que ele só compreendia ou queria compreender o que lhe era idêntico. Tal faceta de temperamento se manifestou, a princípio, em nacionalismo exacerbado. Com o passar dos anos, o patriotismo ardoroso juvenil mudou de feição, transformado em nostalgia. Na França, manteve amizade constante com seus conterrâneos, não tanto em função da identidade nacional comum mas por representarem pessoas de educação, nível intelectual e gostos semelhantes aos seus. Aos demais membros da colônia polonesa, ajudava na medida do possível, porém mantendo-os a distância, pois fazia uma nítida distinção entre prestar auxílio aos necessitados, por um lado, e conviver com pessoas indesejáveis e sem nenhuma afinidade com ele, por mais patriotas que fossem, por outro.

O apego às origens eslavas ficou patente em sua correspondência. Foi justamente nas cartas escritas em polonês que revelou ironia, humor, severidade e crítica, ou seja, o Chopin autêntico, com liberdade de expressão nunca encontrada nos textos redigidos em outro idioma.

O nacionalismo obstinado também se estendeu à obra vocal. Apesar de viver a fase adulta na França, junto ao meio literário de escol do Romantismo representado por Victor Hugo, Alfred de Musset, Alfred de Vigny, Lamartine e a própria George Sand, não fez concessão à língua francesa nas canções, compostas com textos em polonês. Ao mesmo tempo que essa atitude revela fervoroso sentimento patriótico, traduz rejeição a qualquer influência externa a seu modo de ser e pensar.

Nesse particular, opunha-se frontalmente a Liszt, eclético por natureza em matéria de estilos, épocas, escolas e amizades, bem como no uso de idiomas. Ao inverso do autor das *Rapsódias Húngaras*, Chopin, retraído, poucas vezes se exibiu em público e quase sempre evitava apresentações em grandes teatros. Intransigente, dizia não assistir a recitais de pianistas contemporâneos para não influírem no seu estilo pessoal.

No entanto, permitia uma exceção: a ópera. O gênero lírico constituía antiga atração para ele. Durante sua primeira estada em Viena (1829), assistiu a encenações de *La Cenerentola* de Rossini; *La Dame Blanche* de Boieldieu; *Les Chevaliers Teutoniques* de Meyerbeer e *Joseph en Egypte* de Méhul.

Recém-chegado a Paris, ficou extasiado ao visitar *l'Opéra*, qualificada por ele como a "Primeira Ópera do Mundo" em carta a Titus Woyciechowsky, e opinião similar foi expressa a respeito do elenco do *Théâtre Italien*. Os elogios incontidos e fartos aos cantores se estenderam a Giuditta Pasta ("...não há nada mais sublime.") e a Maria Malibran ("...subjuga por sua voz miraculosa: maravilha das maravilhas!"). Tamanha exaltação revela quão entusiasta do canto lírico ele era.

Ciente da notória devoção de Chopin ao gênero lírico, o poeta polonês Adam Mickiewicz insistiu para que ele compusesse uma ópera. O empenho seria de grande importância para a "glória da Polônia", com libreto baseado em assunto nacional e ideologia política. No entanto, o pedido, reiterado muitas vezes, irritava o compositor, pois ele não era dotado de imaginação pictórica, figurativa, capaz de encontrar inspiração na Natureza ou em textos dramáticos, requisitos necessários para a elaboração de uma obra de caráter cênico. Seu talento, em essência, voltava-se para a música absoluta (excetuando-se as canções) e são bastante nulas as verdadeiras contribuições do ambiente e de enredos na sua inspiração. Mesmo quando se tratava de evocar a terra natal, não procurou criar retratos paisagísticos da região, mas sentimentos despertados pelas antigas recordações, resultando na pertinente afirmativa de Adolfo Salazar: *La Polonia de Chopin no es sino Chopin mismo* (A Polônia de Chopin não é senão o próprio Chopin) (Salazar, 1941, p. 94).

A convivência com o *bel canto* influenciou-lhe sobremaneira a criação musical e também a interpretação. O famoso *rubato*, o *perlé*, a extensão e a sinuosidade de suas melodias, sem dúvida, provêm da música vocal, em especial da ópera. A melodia *chopiniana*, extremamente pessoal e pianística, deriva do canto. Basta lembrar as recomendações que dava aos alunos para que ouvissem muita música vocal, recurso de grande importância para obterem um fraseado melódico primoroso e um estilo *cantabile*. Chopin insistia nesse ponto, porque, na época, a virtuosidade e o exibicionismo predominavam sobre a expressão[1]. Malgrado o valioso conselho, provindo de um grande músico, até hoje é reduzido o número de pianistas que dedicam suficiente atenção ao repertório vocal e dele retiram algum proveito para a interpretação e o fraseado.

Em face do entusiasmo pelo repertório lírico, é surpreendente que Chopin tenha escrito tão poucas canções em relação ao volume de peças para piano. Isso, ao certo, revela a especificidade do seu pensamento criador voltado para o teclado, permitindo-lhe profunda e inequívoca identificação com o instrumento, ao qual ele transferia o desejo de cantar.

Paradoxalmente, as melodias destinadas ao piano, soando de maneira tão *cantabile* no original, perdem em efeito quando transcritas para voz ou algum instrumento, ou ainda, em arranjos orquestrais. O fato não passou despercebido a vários musicistas. Segundo o crítico inglês John F. Runciman, citado por Huneker (1966), ao ouvirmos música de Chopin em orquestra ou composições de Wagner em piano, temos a sensação de que nenhum deles está se expressando na sua própria língua, aquela que a Natureza lhes destinou. Gerald Abraham atribuiu essa condição à qualidade tímbrica especial do piano e à duração do som produzido. Na música para piano, cada nota tem uma duração breve, declinando rapidamente em função da natureza do instrumento, dando uma ilusão de canto, que, segundo ele, é mais bonita que o próprio canto, e, aí, tem seu meio ideal de expressão a obra de Chopin. Quando as partituras são apresentadas em transcrições para voz ou para instrumentos capazes de sustentar as notas, essa característica *sui generis*, sutil e encantadora, desaparece.

BELLINI

Vincenzo Bellini (Neurdein Frères, France) (Acervo do Autor)

Em agosto de 1833, depois de curta permanência em Londres, onde, naquele momento, sobressaíam três nomes fulgurantes (Paganini, Hummel e Mendelssohn), Vincenzo Bellini, aos 32 anos, fixou-se em Paris, recebido por Cherubini em sua casa no *Faubourg Poissonière*. Entrementes, a ópera italiana imperava na capital francesa. Rossini dominava o cenário e emitia opiniões abalizadas sobre os músicos recém-chegados.

A fama de Vincenzo Bellini já ultrapassara as fronteiras da Itália. Seguindo a trajetória do sucesso, *Il Pirata* havia sido representada com êxito em Viena (1828); *La Sonnambula*, em Londres, poucos meses após a estreia em Milão (1831); *Norma*, em Viena (1833). Além disso, Giuditta Pasta interpretara os seus grandes papéis: *La Sonnambula*, com Rubini e Mariani (1831); *Norma*, ao lado de Grisi e Negrini (1831), e *Beatrice di Tenda*, juntamente com Del Serre, Curione e Cartagenova (1833). Outro nome relevante, em Paris, era a Grisi, que viria obter a maior consagração com *I Puritani*, contracenando com Tamburini, Lablache e Rubini (1835).

Uma imagem do compositor, idealizada e bem ao gosto romântico, foi anotada pelo musicólogo e editor Léon Escudier em suas *Memórias*:

> Havia ao mesmo tempo na sua alma qualquer coisa de Pergolesi e Mozart; se ele fosse pintor em vez de musicista, eu diria haver nele algo de Correggio e de Rafael; vira Rossini subir tão alto, que seu olhar triste e doce mal o podia seguir no voo audaz; cuidou ser a lua daquele sol. Não podendo ser águia, quis ser o cisne. Deus lhe pusera no coração uma lira: ele não soube senão deixá-lo palpitar para desferir os mais melodiosos acordes. (Aniante, s.d., p. 47,48)

Apesar do sucesso conquistado com as óperas e do apoio de Rossini, Bellini tinha poucos amigos. Os encontros com pianistas (Liszt, Kalkbrenner, Hiller) eram esporádicos, limitados a salões e recitais. Nos círculos teatrais, era considerado um pouco arrogante e vaidoso, como ele próprio declarou.

Patriótico[2], dominando mal o idioma francês, voltou a conviver com a princesa Cristina Belgiojoso, de grande beleza e amiga desde os tempos da Itália, e, depois, estabelecida em Paris, na Rue de Montparnasse. Sua residência era o ponto de encontro de exilados políticos italianos. Ali, o músico foi recebido em ambiente familiar e propício às artes, ao lado de figuras importantes das letras e da política: Victor Hugo, Musset, George Sand, Alexandre Dumas (pai), Jules Michelet, Thiers e Thierry, Rossini, Meyerbeer, dentre muitos, e, em meio a essas reuniões, travou conhecimento com Heine e Chopin.

O poeta alemão, sempre mordaz, registrou algumas impressões pessoais sobre o compositor. Não obstante criticar a má pronúncia em francês e tecer comentários jocosos acerca do comportamento social do jovem recém-chegado, não deixou de valorizar o aspecto humano de sua personalidade:

> [...] *su carácter era absolutamente noble y bueno. Su alma se ha mantenido, sin duda, pura e inmaculada de todos los contactos. Tampoco le faltaba la inocente bondad, el infantilismo que no se echa de menos en los hombres geniales, aunque no todo el mundo lo percibía.* (Heine, 1947, p. 27)

> [...] seu caráter era absolutamente nobre e bom. Sem dúvida, sua alma manteve-se pura e imaculada em todos os contatos. Tampouco carecia da bondade ingênua, da infantilidade, que não falta aos homens de gênio, embora nem todos a percebessem. (Heine, 1947, p. 27).

A amizade sincera com Chopin durou pouco, uma vez que Bellini faleceu em setembro de 1835, em Puteaux; porém, a despeito da brevidade, foi intensa, revestida de profunda admiração e cordialidade do primeiro em relação ao músico siciliano, externadas em atitudes e possíveis influências em suas composições para teclado.

Alguns fatos traduzem essa simpatia e distinção particular. Inicialmente, uma observação de Ferdinand Hiller revela que Chopin, durante uma récita de *Norma*, chegou a chorar de emoção durante o final do segundo ato. O narrador se recordava também de ter visto os dois músicos se alternarem ao piano em sarau no salão de Mme. Freppa. Na ocasião, Chopin executou suas próprias criações, e o italiano se acompanhou ao instrumento enquanto cantava.

Ao saber da morte de Bellini, Chopin estava em Marselha e fez questão de participar na missa em intenção do amigo por meio de apresentação no órgão. Ainda um relato oral dizia que ele, juntamente com Rossini, depositou o coração de Bellini na copa, conduzida à catedral de Catânia, e Pierre Brunel admitiu que a célebre *Marcha Fúnebre* de Chopin, composta antes da *Sonata op. 35*, da qual faz parte, pode ter sido concebida sob o impacto da morte do amigo.

Em 1837, a princesa Belgiojoso solicitou a seis renomados pianistas-compositores que escrevessem igual número de variações sobre a *Marcha de I Puritani* de Bellini, falecido havia dois anos. A obra seria executada e editada sem fins lucrativos, e a quantia apurada destinar-se-ia aos pobres, máxime aos exilados italianos em Paris. Assim, surgiu o insólito *Héxameron*, acompanhado do extenso e imponente subtítulo: *Morceau de Concert. Grandes Variations de Bravoure sur la Marche des Puritains de Bellini, Composées pour le Concert de Madame la Princesse Belgiojoso au Bénéfice des Pauvres, par MM. Liszt, Thalberg, Pixes, Herz, Czerny, et Chopin*. Ainda mais um tributo deste último à memória do músico italiano: acedendo ao convite, ele contribuiu com um *Largo* em mi maior.

Aos 15 de outubro de 1849, ou seja, dois dias antes de falecer, Chopin recebeu a visita de Delfina Potocka, de quem ele dizia ser seu amor secreto, e pediu-lhe que interpretasse uma canção, sendo, então, transportado um piano para o recinto. Mais tarde, as declarações das pessoas presentes na ocasião divergiam quanto ao número e aos autores das peças apresentadas: Marcello, Pergolesi, Stradella ou Bellini. Segundo Gutmann, aluno de Chopin, foram interpretados dois números (um salmo de Marcello e uma ária de Pergolesi). De acordo com Franchomme, somente se ouviu uma ária de Bellini, da ópera *Beatrice di Tenda*. Durante muitos anos, esta última declaração mereceu o apoio da tradição, posto que, dentre os músicos citados, se tratava do único contemporâneo de Chopin.

Todos os acontecimentos acima se tornam relevantes ao levarmos em conta que o músico polonês era por demais hermético a qualquer influência musical e bem reservado nas amizades. Sem dúvida, eles provam que o lugar reservado a Bellini, no universo afetivo de Chopin, era sobremodo especial e indelével.

CARACTERES AFINS E INFLUÊNCIAS

Os dois compositores apresentavam algumas características comuns que justificam a aproximação entre eles e a afinidade recíproca. Na verdade, não existe uma identificação em mesmo nível entre Chopin e outro músico contemporâneo. Embora com diferenças étnicas (um, eslavo; outro, italiano), ambos compartilhavam intensa admiração por Mozart, estavam em Paris na condição de imigrantes e apreciavam o convívio com a aristocracia, que os acolhera com simpatia.

A elite sempre atraiu Bellini. Entre os anos 1827 e 1833, passou a maior parte do tempo em Milão, frequentando os círculos sociais mais elevados, convivendo com a princesa Belgiojoso, conde Barbò, duquesa Litta, condessa Apiani, etc. Mais tarde, antes de se fixar em Paris, durante curta temporada em Londres, esteve ao lado de Lady Dudley-Stuart e Lady Hamilton.

Por sua vez, é surpreendente a profusão de nomes preeminentes da alta sociedade e da nobreza nas dedicatórias de muitas composições *chopinianas*, revelando o apreço que o autor votava à classe abastada: condessa d'Apponyi, baronesa de Billing, Srta. de Thun-Hohenstein, condessa Delfina Potocka, conde von Perthius, princesa von Wurtemberg, condessa Skarbek, príncipe Radziwill, princesa Adam Czartoryska, baronesa d'Est, condessa de Flahaut, barão de Stockhausen, condessa de Furstenstein, condessa de Lobau, princesa de Beauvau, baronesa de Rotschild, princesa de Tchernitchef, princesa de Souzzo, grão-duque Constantino, condessa de

Cheremetiev, condessa Czornowska, entre outros. A presença dos artistas nos salões significava mais do que mera atividade social: era o meio seguro de divulgar as próprias obras, estabelecer contatos com pessoas influentes em vários setores e conseguir notável ascensão profissional.

Outro tópico comum aos dois biografados diz respeito ao método de trabalho, minucioso e aprimorado, requerendo algum tempo para que a obra fosse concluída e julgada digna de vir a público.

Chopin era perseverante na busca da perfeição. Muitos temas lhe surgiam espontaneamente durante um passeio, ou em momentos de reflexão, ou ainda quando se posicionava ao piano, percorrendo o teclado a esmo. Nesse contexto, procurava a tonalidade que melhor parecia corresponder àquele instante, denominada *nota azul;* então, iniciava a composição. Concebida a obra, era retocada com cuidado redobrado. O processo criativo, por ele utilizado, desfaz o mito romântico, popular, tão idealizado, da inspiração soberana e completa, fazendo crer que o artista, dominado por um ímpeto criador, gera, de chofre, uma obra na íntegra e perfeita em sua forma definitiva, tal como a conhecemos hoje, subtraindo-se aos princípios estéticos e formais, bem como a inúmeras modificações e aperfeiçoamentos. As duas declarações abaixo vêm ressaltar a importância do esforço e do raciocínio necessários para a produção de qualquer obra de arte.

George Sand nos legou valioso testemunho desse processo criativo sofrido, lento e extenuante, ao anotar acerca de Chopin:

> Sua criação era espontânea, miraculosa. Encontrava-a sem a procurar, sem a prever. Brotava de improviso do piano, completa, sublime, ou ficava a cantar-lhe na mente durante um passeio, e ele se apressava em reproduzi-la no teclado, para poder ouvi-la. Mas nesse instante começava o mais aflitivo labor a que jamais presenciei. Resumia-se numa série de esforços, de irresoluções e de impaciências provenientes da ânsia de tornar a apanhar certos pormenores do tema imaginado -- o que compusera de um jato, sofria uma análise exagerada ao ser passado para o papel, e o desgosto de não ter conseguido, a seu ver, guardar com precisão o motivo original, lançava-o a uma espécie de desespero. Fechava-se em seu quarto dias inteiros, chorando, andando de um lado para o outro, quebrando penas, repetindo e cantarolando mil vezes um compasso, escrevendo-o, apagando-o outras tantas vezes, para recomeçar no dia seguinte com desesperada e minuciosa perseverança. Passava seis semanas corrigindo uma página, para acabar escrevendo-a exatamente como a escrevera ao primeiro impulso da inspiração. (Sand, 1947, p. 422)

Outro relato, esta vez registrado pelo discípulo de Chopin, Karl Filtsch (1842), vem ao encontro do anterior:

> Há alguns dias na casa de George Sand, ouvi Chopin improvisando. É maravilhoso ouvir Chopin compondo desta maneira: sua inspiração é tão imediata e tão completa que ele toca sem hesitação como se não pudesse ser de outra maneira. Mas quando chega a hora de escrever e recapturar o pensamento original em todos os seus detalhes, ele passa dias e dias de tensão nervosa e de desespero quase terrível. (Temperley, 1989, p. 51,52)

Tal atividade elaborada nos mínimos detalhes transparece perfeitamente em muitos aspectos do universo pianístico do compositor: o esmero na busca da sonoridade; o perfeito emprego do silêncio; a originalidade e a elegância das frases melódicas; o rico cromatismo, em especial nos *Noturnos* e nas *Mazurcas*; a minuciosa subdivisão dos tempos nos *Noturnos*, nos quais cada duração é registrada com notável clareza e precisão –, itens que jamais seriam concebidos de imediato sem um complicado processo de elaboração e análise.

Embora dedicado a um gênero musical diferente, Bellini também amadurecia as ideias de maneira vagarosa. Foi esse argumento que utilizou, em 1832, para justificar as quantias elevadas exigidas por seus trabalhos, pois tencionava compor uma só ópera por ano. Em período idêntico, vários músicos escreviam duas ou três. Por exemplo, Donizetti produziu quarenta e três óperas no mesmo tempo em que Bellini aprontou apenas onze.

O traço mais notório na sua obra é, sem dúvida, a riqueza melódica, em função da qual o compositor sacrificou outros componentes da música. Tamanha verve sempre foi exaltada por grandes mestres, como Verdi e Stravinsky, entre tantos outros. O primeiro, próximo ao fim da vida, ainda se mostrava impressionado com as extensas linhas melódicas de Bellini, sem predecessores quanto ao referido quesito, conforme registrado em carta a Camille Bellaigue (1898).

Domeni de Paoli, com muita propriedade, sintetizou essa característica particular:

> A melodia parte e se desenrola sem jamais retornar a si mesma: cada nota parece surgir da precedente como um fruto surge da flor, sempre nova, sempre imprevista, sempre lógica, chegando à resolução sem que tenha sido necessário retomar uma só de suas frases. (Coelho, 2002, p. 272)

Wilfrid Mellers também citou o caráter amplo e peculiar da referida melodia, ressaltando a notável ambivalência clássico-romântica resultante de sua estrutura especial:

> All Bellini's melodies follow this arch-shaped contour, proceeding basically by scale-wise steps, however much vocal leaps may intensify the conjunct movement. This is why his music seems both sighfully romantic and classically poised; at once melancholy and serene. (Mellers, 1969, p. 205)

> Todas as melodias de Bellini seguem um padrão arciforme, evoluindo basicamente por graus conjuntos das escalas, embora muitos saltos vocais possam intensificar o movimento do conjunto. Em função disso, na sua música tanto transparece um romantismo impregnado de suspiros quanto um equilíbrio clássico; é ao mesmo tempo melancólica e serena. (T. do A.)

Esse surpreendente dom é capaz de induzir os ouvintes menos avisados a crer que Bellini não tivesse trabalhado com afinco. Ao contrário, sempre buscava o refinamento e a beleza da música em todos os pormenores. À semelhança de Chopin, considerava a virtuosidade legítimo recurso expressivo, e não mero artifício destinado à demonstração da técnica do intérprete. No caso, a *coloratura* decorre natural e espontaneamente da situação dramática e do respectivo clima emocional. Nesse particular, ele se distancia de Rossini, que empregava os melismas, em abundância, para atender ao gosto do público e permitir a exibição dos dotes virtuosísticos dos renomados cantores da época.

Pode-se admitir *Casta Diva* como protótipo da melodia *belliniana*. Encantando gerações desde o início, tem sido parte integrante do repertório das grandes prima-donas. No dizer de David Boyden, "uma experiência inesquecível quando interpretada por uma soprano de gabarito". Muitos outros musicólogos foram igualmente sensibilizados por tamanha beleza. É o caso de Guido Pannain, que a descreveu como "esculpida em mármore de Paros[3], inundada de luar". A última citação nos remete a interessante característica, presente em toda a extensão de *Norma*: uma ópera romântica mantendo equilíbrio clássico, cujas personagens se aproximam de um ideal das antigas tragédias gregas. Eis porque o musicólogo comparou essa ária a uma estátua de mármore grego.

Também Camille Bellaigue, não obstante se opor à estética *belliniana*, não permaneceu insensível diante desse excerto e, no seu poético dizer, os dez primeiros compassos

> [...] *sont peut-être la plus belle invocation qu'ait jamais entendue la lune – et vous savez si elle en a entendu! Jamais rien de plus chaste ne lui fut chanté, rien de plus nocturne et de plus doux, rien enfin qui lui ressemble davantage.* (Bellaigue, 1898, p. 387)

> [...] são, talvez, a mais bela invocação que a lua já tenha escutado – e sabeis se ela escutou! Nada mais casto nunca lhe foi cantado, nada mais noturno e mais suave; nada, enfim, que se lhe assemelhe em maior grau. (T. do A.)

A linha melódica ampla e flexível alia extrema simplicidade a equilíbrio e nobreza. Nos compassos iniciais, gravita em torno de um centro representado pela primeira nota do canto, provocando movimento oscilante da frase em direção à tônica:

Uma peculiaridade de Bellini é o uso sistemático de um semitom inferior precedendo a última nota da frase ou de membro de frase, como aparece no fragmento abaixo, extraído da mesma ária:

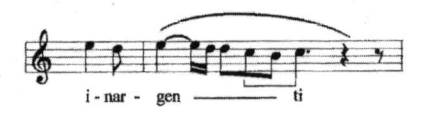

Quando se trata de um andamento rápido, no caso da *Abertura* de *Il Pirata*, gera um acento rítmico de importância fundamental reforçado pela síncope:

O extraordinário talento melódico de Bellini, tão enaltecido por musicistas em várias décadas, tem suscitado inúmeras críticas quanto à deficiência de instrumentação nos acompanhamentos, à simplicidade da harmonia e à falta de recursos musicais elaborados para servir de apoio ao canto. Com o intuito de realçar esse elemento nas grandes árias, em geral ele eliminou os contracantos, permitindo à melodia expandir-se com plena liberdade e sobressair de maneira absoluta. No caso, qualquer concepção contrapontística densa ou outro meio musical destinado a complementar a instrumentação resulta em destruição da sua beleza e de seu equilíbrio, alterando-lhe a nobreza e, ao mesmo tempo, a singeleza. Para tanto, basta recordar a infrutífera tentativa de Bizet em criar uma nova orquestração para *Norma*; logo desistiu do intuito e concluiu que "a única orquestração correta e adequada é aquela concebida por Bellini". Portanto, na opinião de Wilfrid Mellers, tais recursos musicais considerados "parcos", em lugar de deficiências, são meios apropriados para se atingir um determinado fim.

As partituras *bellinianas* provocaram admiração até em compositores avessos à ópera italiana, tais como Wagner que, ainda estudante em Leipzig, demonstrou imenso entusiasmo em relação a *I Capuletti ed i Montecchi*, não excluindo *Norma*, da qual preparou uma encenação na Ópera Alemã de Riga (1837), anos depois, quando regente, além de publicar comentário anônimo com elogios à obra.

Chopin e Bellini trouxeram contribuição original para a evolução da melodia no século XIX. Além da maior extensão, do extremo lirismo associado à sobriedade, ao equilíbrio e à plasticidade das frases, romperam com o modelo clássico preestabelecido, ainda em vigor quer na música vocal, quer na instrumental.

Habitualmente, Chopin respeitava a quadratura tradicional, compondo frases de quatro ou oito compassos. Porém, mantendo esse padrão, no *Noturno op. 9 n. 2*, ele elaborou uma melodia ampla, ondulante, completa em si mesma, dotada de expressão própria, ímpar, diferente de qualquer modelo anterior. Entretanto, na primeira seção do *Estudo op. 10 n. 3*, cujo tema era um dos favoritos do autor, desconsiderou a uniformidade dos períodos, fazendo uso de unidades irregulares de cinco, três, cinco e sete e meio compassos.

Por sua vez, em dado momento, Bellini se afastou da tradição operística vigente, segundo a qual a frase melódica derivava de uma célula repetida, conservando a simetria rítmica. De acordo com a nova concepção, em *Ah! Non credea mirarti*, de *La Sonnambula* (1831), o padrão rítmico das unidades que o compõem é original em cada um dos onze compassos iniciais, ou seja, não se repete em nenhum deles. O mesmo se observa no dueto *In mia man alfin tu sei*, de *Norma*: a longa frase melódica inicial do canto, distribuída alternadamente entre a soprano e o tenor, é formada de modelos diferentes em nove compassos.

Outra inovação introduzida por ele, insuspeitada na ópera italiana, *circa* 1830, foi reservar o clímax melódico para o final do número musical. Ademais, a surpreendente e arrebatadora conclusão de *Norma*, assinalada por notável e gradual progressão harmônica ascendente, serviu de modelo para o *Dueto de Amor* do *Tristão e Isolda*, bem como para a *Morte de Isolda*. Ainda encontramos a permanência desse recurso em grandes óperas posteriores: no dueto final de *Taís* de Massenet e no desfecho de *Der Rosenkavalier* de Richard Strauss.

Juan Francisco Giacobbe, ao comparar os dois gênios, valorizou o aspecto inovador de ambos e as respectivas influências sobre Wagner:

> *Al siciliano pertenecen la creación del recitativo moderado, la articulación de la pasión dramática sobre nuevos módulos, la creación de una línea de teatro de amplias perspectivas y los atisbos de muchas sugerencias armónicas y melódicas que hallarán un múltiple desarrollo bajo diversos climas artísticos. A Chopin corresponde la creación de un cierto soliloquio instrumental, del que oportunamente hablaremos, la articulación de una nueva imagen melódica instrumental, la creación de varios tipos melódicos y armónicos. Los dos, Bellini y Chopin, tienen en sus diversos campos, puntos de una similitud gemela; los dos son dos insatisfechos de canto y de armonía, los dos buscan espacio musical para las necesidades cromáticas del alma y los dos allanarán el camino de las búsquedas sensitivas para que el genio de Wagner, constructor de grandes delirios cromáticos y vastos soliloquios teatrales, aparezca. El uno, Bellini, es un dórico que resucita en pleno Romanticismo; Chopin, es un eslavo que nace como una aurora ante la conciencia del Romanticismo occidental, creando el nacionalismo estético.* (Giacobbe, 1951, p. 72)

Ao siciliano, cabem a criação do recitativo moderado, a articulação da paixão dramática sob novos módulos, a criação de uma linha de teatro com amplas perspectivas e os vislumbres de muitas sugestões harmônicas e melódicas que apresentarão múltiplo desenvolvimento em diversos âmbitos artísticos. A Chopin, corresponde a criação de um determinado solilóquio instrumental, do qual falaremos oportunamente, a articulação de uma nova imagem melódica instrumental, a criação de vários tipos melódicos e harmônicos. Ambos, Bellini e Chopin, possuem, em seus diferentes gêneros musicais, pontos similares geminados; são ávidos de canto e de harmonia; procuram espaço musical para as exigências cromáticas da alma e prepararão o caminho das buscas sensitivas para o surgimento do gênio de Wagner, construtor de grandes delírios cromáticos e amplos solilóquios teatrais. Um – Bellini – é um dórico que ressuscita em pleno Romantismo; Chopin, um eslavo que desponta como uma aurora diante da consciência do Romantismo ocidental, dando origem ao nacionalismo estético. (T. do A.)

Além da sensibilidade pessoal e da criação melódica, o maior ponto comum a ambos era a ópera. Chopin, admirador entusiasta; Bellini, compositor conceituado. Nesse contexto, se complementavam, justificando a tão propalada influência *belliniana* na obra do pianista.

Tal contribuição, apesar de aceita pela maioria dos autores, na realidade é assunto controvertido até nossos dias. Os próprios contemporâneos perceberam a comunhão de ideias musicais entre os dois. Schumann afirmou que, na qualidade de amigos, Chopin e Bellini mostravam as composições, um ao outro e, provavelmente, compartilhavam uma influência recíproca.

Muitos dados favorecem tal ponto de vista. Em primeiro lugar, a comparação do dueto *Io fui così rapita*, de *Norma* (ex. A), com o *Noturno op. 32 n. 2* (1837) de Chopin, revela nítida similaridade na extensão e plasticidade das frases melódicas e no caráter expressivo (ex. B):

Até mesmo, se a partitura do dueto acima for executada na versão para piano, soa como um noturno *chopiniano*:

A similitude, algumas vezes, pode ser bem mais evidente. Chopin, no *Estudo op. 25 n. 7* (ex. C), composto em 1834 e publicado em 1837, empregou um tema na mão esquerda que apresenta inegável identidade com outro existente no início do segundo ato de *Norma* (ex. D) (1831). A coincidência se torna por demais significativa, porquanto a melodia, na ópera, é exposta inicialmente pelos violoncelos, e Chopin, por sua vez, usou um registro do piano correspondente ao som daqueles instrumentos de corda:

(C)

(D)

A referida nota que, em Bellini, antecede o término de uma frase ou de um membro de frase, aparece também nas composições do músico polonês. O ex. E (fragmento de *Casta Diva*) e os seguintes (ex. F, G), extraídos respectivamente do *Scherzo* op. 31 (comp.1837) e da *Balada* op. 23 (comp.1835) de Chopin, ilustram bem a situação:

(E) Sa-cre an-ti-che pian-te

(F)

(G)

Um fragmento melódico encontrado em *Ah! Non credea mirarti* (ex. H) de *La Sonnambula* e no dueto *In mia man alfin tu sei* de *Norma* (ex. I), se repete na *Valsa op. 69 n.1* (ex. J) (comp.1835) e na *Balada op. 23* (ex. K) de Chopin.

(H)

(I) In mia man al-fin tu se-i

(J)

(K)

Diante dos exemplos expostos, indagamos: Onde, Chopin? Onde, Bellini?

Na opinião de Brunel, a canção de Bellini, intitulada *Il Fervido Desiderio*, é digna de figurar ao lado dos *Noturnos* de Field e de Chopin (máxime, junto ao célebre op. 9 n. 2). Ademais, o mesmo biógrafo salientou que, na cena em que Norma ameaça espalhar torrentes de sangue, o acompanhamento orquestral executa um *presto* em mi bemol menor, muito semelhante ao tumultuoso *Prelúdio em Mi Bemol Menor* (1837-1838) de Chopin. Coincidência até na tonalidade?

De acordo com a musicóloga polonesa Windakiewiczewa, entre as várias influências encontradas na obra de Chopin, está o folclore polonês, além de outras. Nesse último grupo, a mais importante é a linha melódica de Bellini (Carpeaux, 1967).

Uma possível ocorrência *chopiniana* em *I Puritani* foi assinalada por Wilfrid Mellers, mais especificamente no dueto do segundo ato. Há uma sequência de sétimas da dominante, por ele atribuída à influência do compositor polonês.

Apesar dos dados apresentados acima, a importância de Bellini na obra de Chopin foi superestimada, induzindo musicólogos e biógrafos a estabelecer falsas analogias sem levar em consideração as datas de composição das respectivas obras. Foi o que aconteceu com I. Valetta, quando admitiu certa semelhança entre as *Variações op. 2* de Chopin e *Vergin Vezzosa* de *I Puritani* (1835) e insinuou uma "presença *belliniana*" no primeiro caso, desconhecendo que a peça para piano antecedeu de oito anos a ópera citada.

Arthur Hedley (1947), bastante criterioso, insurgiu-se contra tais excessos. Ele citou, a título de exemplo de exagero, uma comunicação descuidada e, por conseguinte, inverídica: o tema do *Allegro de Concerto op. 46* de Chopin (publicado em 1842) como sendo originário de *I Puritani*. O excerto em questão foi concebido em 1832, sob a forma de um movimento de concerto para piano; portanto, caracteriza a improcedência da relação entre as duas obras.

O "italianismo" de Chopin, patente nas amplas frases melódicas no estilo *cantabile* e no delicado uso de ornamentos, estava presente antes de o músico polonês conhecer as composições de Bellini ou travar relações pessoais com ele. A evidência dessa afirmativa está clara nos movimentos lentos de seus dois concertos para piano e orquestra. Em Varsóvia, durante sua juventude, era comum se ouvir muita ópera italiana, parte importante do cenário musical, e, com toda certeza, ele estava familiarizado com o canto lírico, a conselho de seu mestre de piano Joseph Elsner. No entanto, a capital polonesa só teve a oportunidade de assistir a uma ópera de Bellini uma década depois da partida de Chopin.

Ademais, a influência da ópera na música para piano se fazia sentir desde anos anteriores. Foi o caso de Hummel e Field que, de maneira rudimentar, apresentavam texturas melódicas provenientes do canto lírico. Segundo Wilfrid Mellers, até os temas das sonatas de Weber são operísticos e revelam um "italianismo" especial, derivado de Mozart e Rossini, porém tornado mais realista no seu apelo emocional.

Fundamentado nos argumentos expostos, Hedley concluiu de maneira categórica que, embora a dívida de Chopin com a ópera italiana seja enorme, ele nada deve a Bellini especificamente.

Em suma, apesar das coincidências assinaladas ao longo do presente texto, acredita-se que, se houve a participação musical direta entre os dois compositores, não tenha contribuído de maneira tão essencial para o estilo de cada um. Parece tratar-se, antes, de uma confluência de sensibilidades, que permitiu a incorporação de um padrão melódico peculiar, resultando em certo grau de semelhança estilística. Com efeito, Bellini possuía uma maneira própria de se expressar muito antes de residir na França e, sem dúvida, naquela época ainda não tinha grande conhecimento das obras do colega polonês. Se chegou a existir alguma influência real, ocorreu mais como contribuição unilateral em Chopin do que no inspirado compositor siciliano.

NOTAS

|1| Conselho idêntico era recomendado por Mendelssohn:
If you want to play with true feeling, you must listen to good singers. You will learn far more from them than from any players you are likely to meet with. (Zoff, 1951, p. 213)
Se quiser tocar com verdadeiro sentimento, deverá ouvir bons cantores. Você aprenderá muito mais com eles do que com qualquer intérprete com o qual você, possivelmente, entrará em contato. (T. do A.)

|2| Naquele tempo tinham lugar as óperas de cunho político, nas quais os protestos reais de um povo oprimido por qualquer regime e o desejo indômito de liberdade se manifestavam de maneira dissimulada nos libretos. Parte do êxito conquistado por *Norma*, sem desmerecer a inegável e suprema beleza musical, deveu-se a uma alusão à repulsa dos italianos contra o domínio austríaco, simbolizada nas manifestações dos druidas em favor da expulsão dos romanos que lhes ocupavam o território. No mesmo grupo de óperas de Bellini, podemos incluir *Bianca e Fernando*, além de *Beatrice di Tenda*.

|3| Ilha grega, onde existe admirável qualidade de mármore branco, utilizado pelos antigos escultores em suas obras de arte. Vale lembrar a existência de inscrições em peças de mármore da região (*Crônica de Paros*), revelando os principais acontecimentos do passado helênico, a fundação de Atenas e outros importantes relatos antigos da região.

BIBLIOGRAFIA

ANIANTE, António. *Vida amorosa de Bellini*. Trad. Carlos de Aragão. São Paulo: Atena, s.d.

BAILBÉ, Joseph-Marc. *Berlioz et l'art lyrique. Essai d'interprétation à l'usage de notre temps*. Berne/Francfort M./Los Angeles: Peter Lang, 1981.

BAL Y GAY, Jesús. *Chopin*. México/Buenos Aires: Fondo de Cultura Económica, 1959.

BELLAIGUE, Camille. *Études musicales et nouvelles silhouettes de musiciens*. Paris: Ch. Delagrave, 1898.

BIDOU, H. *Chopin*. Trad. Aurelio Pinheiro. Rio de Janeiro: Guanabara, Waissman, Koogan, 1935.

BOURNIQUEL, Camille. *Chopin*. Paris: Seuil, 1960.

BOYDEN, David D. *An introduction to music*. London: Faber & Faber, 1973.

BOYDEN, Matthew. *The Rough guide to opera*. London: Rough Guides, 2002.

BRUNEL, Pierre. *Aimer Chopin*. Paris: Presses Universitaires de France, 1999.

_____. *Vincenzo Bellini*. Paris: Fayard, 1981.

CARPEAUX, Otto Maria. *Uma nova história da música*. Rio de Janeiro: José Olympio, 1967.

CHANTAVOINE, Jean; GAUDEFROY-DEMOMBYNES, Jean. *Le romantisme dans la musique européenne*. Paris: Albin Michel, 1955.

CICCONETTI, Filippo. *Vita di Vincenzo Bellini*. Prato: F. Alberghetti, 1859.

COELHO, Lauro Machado. *A ópera romântica italiana*. São Paulo: Perspectiva, 2002.

CORTOT, Alfred. *Aspectos de Chopin*. Trad. Angeles Caso Machicado. Madrid: Alianza, 1986.

DELEDICQUE, Michel Raux. *La vida romántica de Federico Chopin*. Buenos Aires: Hachette, 1948.

DENT, Edward J. *Ópera*. Trad. José Blanc de Portugal. Lisboa/Rio de Janeiro: Ulisseia, s.d.

FARAVELLI, Danilo. *Bellini*. Milano: Ricordi, 1995.

GANCHE, Édouard. *Dans le souvenir de Frédéric Chopin*. Paris: Mercure de France, 1925.

GAUDEFROY-DEMOMBYNES, Jean. *Histoire de la musique française*. Paris: Payot, 1945.

GAVOTY, Bernard. Frédéric *Chopin*. Paris: Bernard Grasset, 1980.

GIACOBBE, Juan Francisco. *Chopin*. Buenos Aires: Ricordi Americana, 1951.

HADDEN, J. CUTHBERT. *Chopin*. Trad. Eugenio Ingster. Buenos Aires: Kier, 1946.

HEDLEY, Arthur. *Chopin*. London: J.M. Dent & Sons, 1947.

HEINE, Enrique. *Noches florentinas y espíritus elementales*. Buenos Aires/México: Espasa-Calpe Argentina, 1947.

HUNEKER, James. *Chopin*. The man and his music. New York: Dover, 1966.

JACHIMECKI, Zdislas. *Frédéric Chopin et son oeuvre*. Paris: Delagrave, 1930.

KELLEY, Edgar Stillman. *Chopin*. The composer. His structural art and its influence on contemporaneous music. New York: G. Schirmer, 1913.

LIPPMANN, Friedrich. Vincenzo Bellini. *In: Os mestres da ópera italiana*. Trad. Magda Lopes. Porto Alegre: L&PM, 1989.

LISZT, Franz. *Chopin*. Rio de Janeiro: Americ, s.d.

MAREK, George R.; GORDON-SMITH, Maria. *Chopin*. New York: Harper & Row, 1978.

MASO, Gonzalo Badenes. *Norma*. Trad. Andrea Soccorso. Lisboa: Notícias, 1987.

MELLERS, Wilfrid. *Man and his music*. The story of musical experience in the West. V. 3: *The sonata principle*. New York: Schocken, 1969.

_____. *Man and his music*. The story of musical experience in the West. V. 4: *Romanticism and the Twentieth Century*. New York: Schocken, 1973.

MILA, Massimo. *Cent'anni di musica moderna*. Torino: Edizioni di Torino, 1981.

ORGA, Ates. *Chopin*. Trad. Eduardo Francisco Alves. Rio de Janeiro: Ediouro, 1992.

ORREY, Leslie. *A concise history of opera*. London: Thames and Hudson, 1972.

POURTALÈS, Guy de. *Chopin ou le poète*. Paris: Gallimard, 1929.

ROLLAND, Romain. *Musiciens d'aujourd'hui*. Paris: Hachette, s.d.

ROSSELLI, John. *Vida de Bellini*. Trad. Albert Estany de la Torre. Madrid: Cambridge University Press, 1999.

SALAZAR, Adolfo. *Forma y expresión en la música*. Ensayo sobre la formación de los géneros en la música instrumental. México: Fondo de Cultura Económica, 1941.

SAND, George. *História de minha vida*. V. 5: Vida literária e vida íntima (1832-1850). Trad. Gulnara Lobato de Morais Pereira. Rio de Janeiro/São Paulo: José Olympio, 1947.

SCHAUFFLER, Robert Haven. *Florestan*. The life and work of Robert Schumann. New York: Dover, 1963.

TEMPERLEY, Nicholas. *Chopin*. Trad. Celso Loureiro Chaves. Porto Alegre: L&PM, 1989.

TOMASI, Gioacchino Lanza. *Vincenzo Bellini*. Palermo: Sellerio, 2001.

WALKER, Alan. (Org.) *The Chopin companion*. New York: W.W. Norton, 1973.

WEINSTOCK, Herbert. *Chopin*. The man and his music. New York: Alfred A. Knopf, 1949.

WIERZYNSKI, Casimir. *Vida y muerte de Chopin*. Trad. Josefina Martínez Alinari. Buenos Aires: Sudamericana, 1952.

ZOFF, Otto. *Great composers*. Through the eyes of their contemporaries. Trad. Phoebe Rogoff Cave. New York: E. P. Dutton, 1951.

Texto publicado de forma resumida na *Revista da Academia Nacional de Música*, Rio de Janeiro, v. XIV, 2003.

ASPECTOS RELIGIOSOS E TRANSCENDENTES NA MÚSICA DE FRANZ LISZT PARA PIANO

> *En efecto, Liszt tendía hacia lo inalcanzable,*
> *la unión de las esferas del virtuosismo y de la religiosidad.*
> (Rudolf Stephan, 1964, p. 248)
>
> Com efeito, Liszt tendia ao inatingível,
> a união dos domínios do virtuosismo e da religiosidade.

Decorridos pouco mais de cento e vinte anos do desaparecimento de Liszt, a maior parte de sua obra pianística ainda permanece ignorada pelo grande público. O número de peças apresentadas em recitais é limitado, em geral repetitivo, restringindo-se mormente àquelas composições que permitem ao intérprete exibição de técnica exuberante.

Existe como que um "acordo silencioso" entre público e executante, de modo que, quando o nome do autor das *Rapsódias Húngaras* figura em qualquer programa, estaria implícito determinado momento de virtuosidade.

Tal expectativa, mantida durante décadas desde a vida do compositor, relegou a segundo plano todas as suas composições de caráter íntimo e reflexivo, isto é, impediu o conhecimento de outra dimensão dessa notável, imperiosa e plurivalente personalidade, em favor do estereótipo estabelecido a partir da excepcional carreira de virtuose.

Dentre as múltiplas facetas de Liszt, destaca-se o amplo e constante empenho em apresentar obras de autoria de seus contemporâneos, muitos deles ainda praticamente desconhecidos. O desvelo, não só nessa divulgação, mas no estímulo dado a compositores jovens, abrangeu Gounod, Franck, Raff, Albéniz, Chopin, Saint-Saëns, Schumann, Mendelssohn, Meyerbeer, Halévy, Grieg, Verdi, Cornelius, Massenet, Smetana, Mussorgsky, Borodin e o paranaense Brasílio Itiberê. No entanto, Brahms e Tchaikowsky não tiveram a mesma acolhida, pois ele nunca conseguiu manter boas relações pessoais com ambos e nem demonstrou admiração pelas respectivas obras. A recíproca era verdadeira no caso do autor do *Réquiem Alemão*. Liszt incluía também, nos recitais, músicas de compositores antigos como Schubert, Gluck, Hérold, Spohr, entre outros.

Na realidade, foi ele quem revelou importantes obras de Chopin aos próprios poloneses, quando esteve em Varsóvia, além de cidades em outros países. Em 1840, o editor inglês Wessel publicou partituras do gênio polonês, mas, em lugar de obter sucesso, teve prejuízo superior a duzentos luíses. Lamentava que poucas delas tivessem despertado interesse em Londres, exceto algumas valsas e mazurcas, e solicitou a Liszt que incluísse nas apresentações peças do colega compositor.

O referido empenho é único na história da música. Não existiu outro grande compositor com tamanho entusiasmo e tanta dedicação em impor criações de seus contemporâneos, além dos próprios trabalhos. Nessa atitude, transparecem muitos detalhes. Embora por demais vaidoso, parecia não temer rivalidades, mesmo sujeito a ser ofuscado por outro gênio cujo talento seria capaz de suplantá-lo. Ao mesmo tempo, mostrou-se muito versátil quanto à compreensão de estilos, concepções estéticas e regionalismos. Eclético ao extremo, cosmopolita na maneira de apreciar e integrar todas as formas de arte, sempre dinâmico, voltado mais ao futuro do que ao passado. Sem desprezar os predecessores, partindo de uma formação rígida, clássica, inculcada pelo pai e, depois, por Czerny, ele conseguiu acompanhar todos os rumos que a música tomou no século XIX, demonstrando tendências pré-impressionistas e até atonais. Dotado de grande discernimento estético, preconizava que o futuro da música seria a ruptura de todo o sistema tonal e das formas e modelos preestabelecidos. Sem dúvida, coube a ele abrir as portas da música do século seguinte. No entanto, o enorme tributo que lhe é devido pela posteridade acaba, por vezes, sendo menosprezado injustamente. Daí, a pertinente observação de Roland de Candé (1980), ressaltando que admiramos em Wagner as inovações arrojadas que recusamos ouvir em Liszt.

Em decorrência da ampla capacidade de incorporação de diferentes correntes estéticas, é difícil situar seu estilo em algum padrão definido. De acordo com a fase, nele existem traços ciganos, franceses, espanhóis, italianos, vienenses e alemães, ou, ainda, românticos, gregorianos, *wagnerianos*, impressionistas e atonais.

Diante de tamanha variedade musical, Liszt pode parecer uma personalidade indefinida, sem características próprias, porém, de maneira surpreendente, manifestou notável individualidade em meio a essa multiplicidade de facetas. De imediato, sua música se distingue daquela de seus contemporâneos, e a identificamos por características próprias, exemplo de **legítima unidade na diversidade**.

Um detalhe importante que contribui para a compreensão da sua obra é o fato de Liszt se intitular "músico-filósofo". Em cartas dirigidas a Marie d'Agoult, ele se denominou "pleno de conhecimento". Tais designações, que nos soam de maneira presunçosa, irreal, grandiloquente, na verdade contêm a chave da compreensão de seu pensamento musical: o produto de reflexão estética ou filosófica a respeito de elementos diversos, como figuras relevantes, leituras edificantes, acontecimentos especiais, costumes, paisagens, manifestações religiosas, artes plásticas, fenômenos da Natureza, entre tantas outras impressões. Não é raro encontrarmos em sua produção um contexto extramusical. Nesse ser multifacetado, complexo, o elemento constante em todas as etapas da vida, permeadas de múltiplas situações, questionamentos, dúvidas, foi o espírito religioso, ora exacerbado, ora recluso. Nele devemos buscar a verdadeira essência de Liszt; portanto, a parte mais íntima de sua individualidade.

Durante a juventude, ele percorreu com avidez obras de Dante, Shakespeare, Byron, Lamartine, Tasso, Petrarca, Walter Scott, Goethe, Schiller, Kant e outros mais. Liszt, além de músico, deve ser compreendido como *humanista* no sentido próprio, atribuído ao termo na Renascença. Ao criar o *master-class*, hoje tão em voga, mas desvirtuado do conceito inicial concebido por Liszt, pretendia dar ao pianista uma visão humanitária, plena de experiência de vida, segundo ele, fundamental para perfeita compreensão da arte. Os "alunos" deveriam entrar em contato com pessoas de várias atividades, como escritores, dramaturgos, artistas plásticos, cientistas e políticos, dessa experiência extraindo uma visão totalitária do mundo, e não apenas limitada ao universo da música. "Acreditava que tocar piano não devia ser confundido com mera destreza dos dedos, mas envolvia todo o indivíduo e, para aperfeiçoar uma, você tinha de desenvolver o outro" (Coelho, 2009, p. 193).

Aliás, a concepção de ensino, fundamentada em vivência globalizante, estava presente nas aulas por ele ministradas durante muitos anos. O seguinte parágrafo, extraído do diário de Valérie Boissier (1832), aluna de Liszt, vem confirmar o amplo sentido humanístico e eclético do compositor, ainda com a idade de vinte e um anos:

> Liszt recherche évidemment toutes les émotions. Il visite les hôpitaux, les maisons de jeux, les maisons de fous. Il descend dans les cachots. Il a même vu des condamnés à mort. C'est un jeune homme qui pense beaucoup, qui rêve, qui creuse toutes choses. Il a le cerveau aussi exercé, aussi extraordinaire que les doigts, et s'il n'eût pas été un musicien habile, il eût été un philosophe, un littérateur distingué...
> (Rostand, 1960, p. 124,125)

Liszt busca de maneira evidente todas as emoções. Visita os hospitais, as casas de jogo, os manicômios. Desce até os cárceres. Ele até viu condenados à morte. É um jovem que reflete muito, que sonha, que se aprofunda em todas as coisas. Ele tem o cérebro tão aprimorado, tão extraordinário quanto os dedos, e se não tivesse sido um músico destro, teria sido um filósofo, um literato conceituado... (T. do A.)

Vivência notável e rara, na época, para um jovem de apenas vinte ou vinte e um anos. Por tal comportamento e tendência natural, seu pensamento não se restringia à música. Portanto, sua obra deve ser entendida como manifestação sonora, cujo contexto ultrapassa os limites dos sons. Se, por um lado, ela evoca impressões da Natureza, de outras artes ou de ocorrências históricas e de sentimentos, por outro, encerra um sentido mais amplo, além da simples representação sonora.

RELIGIOSIDADE

Apenas três traços da personalidade de Liszt permaneceram constantes durante toda a sua existência: gosto pela leitura e reflexão, música e fervor religioso. A origem da sua religiosidade remonta à infância e até mesmo ao pai. Adam Liszt, após concluir os estudos no Real Ginásio Católico de Pressburg, ingressou como noviço em uma ordem franciscana, em Malacka (1795), porém não se adaptou à vida monástica em razão do temperamento inconstante.

Após a morte do pai, ocorrida em 1827, Liszt morou em Paris, em companhia da mãe, e, pouco tempo depois, apresentou forte crise depressiva durante praticamente dois anos. Nesse tempo, desenvolveu intenso pendor místico, passando dias inteiros na Igreja de S. Vicente de Paulo, além da leitura de livros de filosofia e teologia. Em suas anotações, quando ainda estava com quinze anos, encontramos trechos extraídos dos escritos de São Paulo e Santo Agostinho.

A devoção religiosa esteve presente amiúde em muitas declarações do autor das *Rapsódias Húngaras*. Em 1833, confessou:

Mon Dieu, vous connaissez à peu près ce que j'appelle ma vie qui n'est que le développement d'une idée: cette idée, c'est Dieu. (Ollivier, 1933, p. 30)

Senhor, vós conheceis mais ou menos o que chamo minha vida, que é apenas o desenvolvimento de um pensamento: este pensamento é Deus. (T. do A.)

No ano seguinte, revelou sua crença inabalável:

Je sens ma foi augmenter de plus en plus chaque jour. (Ollivier, 1933, p. 94)

Sinto minha fé aumentar cada vez mais, a cada dia. (T. do A.)

Com efeito, ele buscava avidamente todas as correntes do pensamento religioso e filosófico existentes em Paris, na década de 1830.

O primeiro movimento que conseguiu atrair sua atenção foi o dos discípulos do conde Claude-Henri de Saint-Simon. Filósofo francês, preconizava o fim da desigualdade social mediante a distribuição ponderada, pelo Estado, das heranças à população, de acordo com as necessidades e as capacidades individuais. Pregava também a formação de nova religião, mais atuante e influente que aquelas existentes, a ausência de preconceitos de raça ou classes sociais e a emancipação das mulheres. Prenunciando a expansão e o domínio da tecnologia, tinha intenção de torná-la mais humana por meio da inclusão de novos métodos nos projetos de utilidade pública. Na verdade, prevendo o crescimento da era industrial, sua teoria se voltava mais para a ciência do que, propriamente, para a religião.

Após o desaparecimento de Saint-Simon, os seguidores levaram seus conceitos ao extremo, mas discordaram do excesso de racionalismo contido nas teorias. Então, um deles, Prosper Enfantin, criou um núcleo isolado, conjugando as propostas simonitas com o catolicismo radical. Admite-se que Liszt o tenha acompanhado, entrando em contato com os princípios desse mentor religioso. Os adeptos de Saint-Simon foram perseguidos pelas autoridades locais e, afinal, se dispersaram em 1832.

De maior importância para a formação religiosa de Liszt foi a convivência com Félicité de Lamennais. Ordenado padre aos trinta e quatro anos e autor de textos religiosos, o teólogo francês conseguiu atrair para sua convivência a elite católica jovem e liberal. Após a revolução de 1830, fundou o periódico *L'Avenir*, no qual divulgava ideias contestadoras e protestos veementes contra os dogmas da Igreja, que acabaram sendo desaprovados e condenados publicamente pelo Papa Gregório XVI. Desde logo, passou cada vez mais a se afastar do catolicismo, expondo teorias socialistas de esquerda. Liszt, de temperamento exaltado, sempre insatisfeito com os preceitos estabelecidos, em busca de novas concepções, defensor da liberdade de pensamento e sequioso por alguma revelação mística especial, de imediato ficou imbuído das concepções renovadoras e libertárias de Lamennais, de quem se tornou discípulo predileto.

Em carta a Marie d'Agoult (1834), legou-nos traços da personalidade do influente mentor:

> *Elévation, dévouement, ardeur passioné, esprit perspicace, jugement profond et large, simplicité d'enfant, sublimités des pensées et des puissances de l'âme, tout ce qui fait l'homme à l'image de Dieu est en lui.Jamais ne lui ai encore entendu dire: moi. Toujours le Christ, toujours le sacrifice aux autres et l'acceptation volontaire de l'opprobre, du mépris, de la misère et de la mort!* (Ollivier, 1933, p. 120)

Elevação, dedicação, ardor apaixonado, espírito perspicaz, julgamento profundo e amplo, simplicidade infantil, elevação de pensamentos e de forças da alma, tudo o que torna o homem imagem de Deus está nele. Jamais eu o ouvi ainda dizer: eu. Sempre Cristo, sempre o sacrifício em relação ao próximo e a aceitação voluntária do opróbrio, do desprezo, da miséria e da morte! (T. do A.)

Marie d'Agoult, poucos anos depois, registrou minuciosa descrição do teólogo, embora menos lisonjeira e com alguns aspectos conflitantes em relação à declaração acima. Apesar de extensa, merece ser transcrita, ainda que parcialmente, dada a grande importância do teólogo no desenvolvimento do pensamento místico do músico:

> *Félicité de Lamennais, monsieur Féli, comme l'appelaient entre eux ses jeunes disciples, devait avoir à cette époque environ soixante-cinq ans. Il était de petite taille, d'aspect étroit et mesquin; son visage était creusé de rides effrayantes. Son grand nez aquiline, son oeil oblique, percent, lui donnaient quelque chose de la bête de proie. Aucune tranquillité, aucune harmonie dans aucune partie de sa personne, ni dans son attitude qui changeait à chaque instant, ni dans les gestes crispés de sa main aux longs cheveux grisonnants, qui se plissait à la moindre apparence de contradiction, ni dans son sourire contracté, ni dans sa parole qui tantôt se précipitait comme un torrent et tantôt s'embarrassait et s'obstruait.*
>
> *Cependant, après un premier étonnement à le voir si peu semblable à l'image qu'on s'était faite, on sentait en lui une force, une puissance de domination qui, peu à peu, commandaient et s'imposaient. Il se mêlait à cette force, dont les dehors n'avaient rien qui altérât sa bonté d'âme, une naturelle tendresse, des candeurs, des elements de bienveillance et de sympathie, avec un désir d'aimer et d'être aimé, qui donnaient à ce vieillard sur la jeunesse qu'il appelait à lui un empire sans borne. Sous les ombrages de La Chênnaie[1], il rassemblait, il enthousiasmait, il évangélisait de jeunes hommes qui pour lui auraient tout bravé et donné mille fois leur vie. Des esprits, des coeurs, tels que les Lacordaire, les Montalembert, les Gerbet formaient autour de lui une église ardente, qui l'adorait comme un saint des temps primitives, comme le divin précurseur d'une incarnation nouvelle.*

Franz, sans s'être engagé dans cette église, y trouvait l'accueil le plus tendre. Monsieur Féli, charmé par son beau génie, lui marquait d'une prédilection toute paternelle; il aimait ces âmes troublées que rien ici ne satisfait; il avait pour les égarements de la passion les indulgences du confesseur catholique, avec quelque chose de plus que lui inspiraient peut-être de douloureux souvenirs. On lui cachait peu de chose. Ce qu'on ne lui disait pas, il le devinait. Il avait déviné à quelques faibles indices une crise prochaine dans l'âme et l'existence de Franz. Confirmé dans ses apréhensions par quelques bruits venus du dehors, il s'était alarmé pour ce fils de prédilection. (Agoult, 1927, p. 198-199)

[...]

Il était d'un tempérament bilieux, violent, soupçonneux ensemble et crédule; il portait dans ses affections une fougue, des revirements brusques qui jettaient dans des injustices criantes. Jamais de mesure, rien de tempéré, peu d'attention, peu de réflexion. Ange ou démon, on n'était jamais à ses yeux un simple mortel. (Idem, p. 203)

Félicité de Lamennais, senhor Féli, como era chamado entre os jovens discípulos, devia ter nessa época cerca de sessenta e cinco anos. Era baixo, de aparência magra e franzina; seu rosto era sulcado de rugas aterradoras. O grande nariz aquilino e o olhar de soslaio, penetrante, conferiam-lhe algo de um animal predador. Nenhuma tranquilidade nem harmonia em qualquer parte de sua pessoa, quer na atitude, que mudava a cada instante, quer nos gestos crispados de sua mão nos cabelos grisalhos, a qual se contraía ao menor sinal de contradição, quer no sorriso contraído, quer na fala, que, ora se precipitava como uma torrente, ora se embaraçava e se calava.

Entretanto, depois de um choque inicial, ao vê-lo tão diferente da imagem que dele se fez, sentia-se uma força, um poder de dominação que, aos poucos, comandava e se impunha. Ele se agregava a essa força, da qual nada no exterior era capaz de alterar a bondade de alma, ternura natural, candura, elementos de benevolência e de simpatia com um desejo de amar e de ser amado, que conferiam a esse ancião um domínio sem limites sobre a juventude que ele atraía. Sob as sombras de La Chênnaie, reunia, entusiasmava, evangelizava jovens, os quais por ele teriam desafiado tudo e dado sua vida mil vezes. Espíritos, corações, tais como os Lacordaire, os Montalembert, os Gerbet, formavam em torno de sua pessoa uma igreja fervorosa, que o adorava como um santo dos tempos primitivos, como um precursor divino de uma nova encarnação.

Franz, sem estar engajado nessa igreja, ali encontrava o mais terno acolhimento. Senhor Féli, encantado pelo belo gênio [de Liszt], votava-lhe uma predileção paternal. Ele amava essas almas agitadas, às quais nada satisfaz nesse mundo; tinha pelas perdições da paixão as indulgências do confessor católico, com algo a mais que lhe inspiravam talvez dolorosas recordações. Pouca coisa lhe era ocultada. O que não era dito, ele adivinhava. Ele percebeu por meio de pequenos indícios uma crise próxima na alma e na vida de Franz. Seguro de suas apreensões através de alguns rumores exteriores, ele ficou alarmado por esse filho predileto.

[...]

Ele possuía um temperamento colérico, violento, desconfiado e crédulo; colocava, nos próprios afetos, ardor, mudanças bruscas, que o levavam a cometer injustiças revoltantes. Nunca havia medida, nada de equilíbrio, pouca atenção, pouca reflexão. Anjo ou demônio – na sua opinião, jamais alguém era um simples mortal. (T. do A.)

No entanto, a exuberante juventude, os sonhos infindos, o desejo impetuoso, a inquietação diante das contingências da vida, a enorme solicitação do público, não permitiram a Liszt concentração e paz suficientes para se dedicar à vida religiosa de maneira absoluta:

Quoi qu'il fût encore, d'imagination du moins, très catholique, et que le bruit qui le faisait entrer dans les orders ne fût pas sans quelque fondement, l'inquiétude de son esprit le poussait aux hérésies[2]. *Il avait assidûment suivi, en ces dernières années, les prédications des sectes et des écoles qui annonçaient des révélations nouvelles. Il fréquentait les assemblées des disciples de Saint-Simon. Sous les ombrages de la Chênnaie, il avait encore écouté d'un oreille avide les enseignements de ce* Croyant *illustre que déjà Rome condamnait.* (Idem, p. 26)

Não obstante ser, ele, ainda, muito católico, pelo menos quanto à ideologia, e a agitação que o levava a ingressar nas ordens não ser infundada, a inquietação de seu espírito o impelia a *heresias*. Ele seguiu, nesses últimos anos, as pregações das seitas e das escolas que anunciavam novas revelações. Frequentava as assembleias dos discípulos de Saint-Simon. Nas sombras de La Chênnaie, ouvira ainda, com atenção, os ensinamentos desse *crente* ilustre, já condenado por Roma. (T. do A.)

O lado mundano, superficial, aparente, apresentado por ele à sociedade, e que, até hoje, permanece cultuado e enaltecido pelo público em geral, ocultava uma faceta mais profunda, à qual só as pessoas muito próximas tinham acesso:

On le croit ambitieux; il ne l'est pas car il connaît les bornes de toutes choses, et le sentiment de l'infini emporte son âme bien au delà de toute gloire et de toute joie terrestre. Nature prédestinée! Dieu l'a visiblement marqué d'un sceau mystérieux! (Idem, p. 77)

Julgam-no ambicioso; ele não o é, pois conhece os limites de todas as coisas, e o sentimento do infinito conduz sua alma bem longe de toda glória e de toda alegria terrestre. Natureza predestinada! Deus o distinguiu com um sinal misterioso! (T. do A.)

ANGÚSTIA E DEPRESSÃO

Ao contrário da imagem transmitida por várias gerações, isto é, um ser feliz, plenamente satisfeito com o sucesso obtido, Liszt, desde a juventude, era acometido por fortes crises de depressão, insatisfação e profundos questionamentos acerca da vida e do destino. Até mesmo em meio a estrondosos êxitos, vivenciava momentos de imensa angústia, constatados pelos que privaram da sua intimidade, além das próprias palavras que ele registrou em diários e correspondência. Para avaliarmos a intensidade dos conflitos internos, seguem-se declarações por demais esclarecedoras, colhidas de contemporâneos e do próprio músico.

De George Sand :

Artiste puissant, sublime dans les grandes choses, toujours supérieur dans les petites. Triste pourtant et rongé d'une plaie secrète. Homme heureux, aimé d'une femme belle, généreuse, intelligente et chaste. Que te faut-il, misérable ingrat! (Sand, 1999, p. 102)

Artista poderoso, sublime nas grandes coisas, sempre superior nas pequenas; apesar disso, triste e devorado por uma chaga secreta. Homem feliz, amado por uma bela mulher, generosa, inteligente e casta. Que te falta, miserável ingrato?! (T. do A.)

De Liszt (1833):

De tous les sentiments de ma jeunesse il ne m'est reste qu'une sombre confiance dans un avenir indéterminé, mais prochain... Je ne vis plus... Je n'espère même plus vivre... qu'importe!... L'idée de mettre fin à tous ces rapports pénibles et faux m'a souvent tourmenté ces jours derniers. (Ollivier, 1933, p. 52)

De todos os sentimentos de minha juventude, só me resta uma sombria confiança em um futuro incerto, porém próximo... Não mais vivo... até não mais tenho esperança de viver... que importa?!... O pensamento de dar fim a todas essas relações sofridas e falsas me tem atormentado amiúde nesses últimos dias. (T. do A.)

De Marie d'Agoult (1837):

"Dût-il y avoir une seule âme damnée", me disait-il un jour,"je voudrais être celle-là." Mot sublime dit dans toute la simplicité et la verité du coeur. Sa charité des saint Vincent et des saint François n'a pas surpassé cet élan surhumain. (Agoult, 1927, p. 78-79)

"Caso existisse uma única alma danada", dizia-me ele, um dia, "eu queria ser ela". Dito sublime, pronunciado com toda a simplicidade e sinceridade do coração. Sua caridade dos S. Vicentes e dos S. Franciscos não ultrapassou esse impulso sobre-humano. (T. do A.)

De Liszt (1838):

Il y a de l'orage dans l'air, mes nerfs sont irrités, horriblement irrités. Il me faudrait une proie. Je sens les serres de l'aigle au dedans de ma poitrine, ma langue est desséchée. Deus forces contraires se combattent en moi: l'une me pousse dans l'immensité de l'espace indéfini, là-haut, toujours plus haut, par delà tous les soleils et sous les cieux; l'autre m'attire vers les plus basses, les plus ténébreuses régions du calme, de la mort, du néant. Et je reste cloué sur ma chaise, également misérable de ma force et de ma faiblesse, ne sachant que devenir.

Le café et le thé ont une bonne part dans mes tristesses et mes irritations. Le tabac y contribue beaucoup aussi. Ces deux choses (le café et le tabac) me sont devenues absolumment necessaries. Je ne savais vivre sans elles. Le plus souvent elles me font du bien.Parfois je m'en ennuie (comme de mes meilleurs amis) et, de loin en loin, elles m'agitent et me tourmentent d'une étrange façon. (Idem, p. 174-175)

Há tempestade no ar, meus nervos estão irritados, terrivelmente irritados. Necessitaria de uma presa. Sinto as garras da águia em meu peito, minha língua está seca. Duas forças contrárias combatem em meu íntimo: uma me impele na imensidão do espaço infinito, bem alto, sempre mais alto, além dos sóis e abaixo dos céus; a outra me atrai para as mais inferiores, as mais tenebrosas regiões da calma, da morte, do nada. E permaneço preso à minha cadeira, igualmente miserável diante de minha força e de minha fraqueza, não sabendo o que me devo tornar.

O café e o chá têm um lugar especial nas minhas tristezas e irritações. O fumo também contribui muito nisso. As duas coisas (o café e o fumo) se tornaram absolutamente imprescindíveis para mim. Não saberia viver sem elas. Na maioria das vezes, me fazem bem. De vez em quando, me entedio delas (como de meus melhores amigos) e, esporadicamente, elas me agitam e me atormentam de maneira estranha. (T. do A.)

De Liszt a Marie d'Agoult (1838):

> *Et moi aussi, mon pauvre ange, je suis mortellement triste. Le tourment des grandes pensées, la soif de l'impossible, la sauvage et ardente aspiration vers ce qui ne peut être,ne sont donc pas les plus cuisantes afflictions de notre pauvre nature? Non, jamais je n'ai tant souffert de toutes mes solitaires folies, que depuis une huitaine de jours. Ce bruit extérieur de la Renommée (c'est ainsi que cela s'appelle), ces mille regards que se fixent incessamment sur moi, me font plus amèrement sentir encore l'absolu isolement de mon coeur.* (Ollivier, 1933, p. 230)

> Eu também, meu pobre anjo, estou profundamente triste. O tormento dos grandes pensamentos, a sede do impossível, a aspiração selvagem e ardorosa ao irrealizável, não são as mais cruciais aflições de nossa pobre natureza? Nunca sofri tanto com minhas fantasias solitárias como nos últimos oito dias. Esse ruído exterior da fama (é assim que se chama), esses mil olhares que se fixam em mim de modo incessante, fazem-me sentir ainda com mais amargor o absoluto isolamento de meu coração. (T. do A.)

Declaração sobremodo sincera. Insatisfação, irrealização, ânsia por alterar o rumo da vida, tudo isso invisível no estereótipo criado no século XIX e mantido, durante décadas, a respeito de um Liszt apenas exibicionista, virtuosístico, bem-sucedido e fascinado pelo sucesso. Se tal fosse, caberia a pergunta: Por que ele encerrou, em tempo tão precoce, isto é, cerca dos trinta e sete anos, a notável carreira de pianista? Qual a causa de tanta irritação com a fama?

Por esse tempo, ele questionava em carta a um amigo se, da mesma forma que Mazeppa, estaria "condenado a correr de um lado para o outro, deitado em meu piano, amarrado e pregado nele". (Coelho, 2009, p. 136)

Ao se comparar com Mazeppa, forneceu-nos uma informação sobremodo reveladora. Diz a lenda que o personagem ucraniano que inspirou poemas de Byron e Victor Hugo, foi atrelado ao dorso de um cavalo, solto na estepe, sem destino definido, até ser encontrado por camponeses. Tratava-se da vingança de um marido traído. O texto deve ter impressionado a Liszt, sendo transformado em peça para piano e poema sinfônico. Teria ele se encontrado nesse personagem inquieto, percorrendo o mundo de cidade em cidade, sem repouso, de récita em récita, dependente da atividade que não mais o satisfazia?

Abade Franz Liszt
(Neurdein Frères, France).
(Acervo do Autor)

A ideia de abandonar a condição de intérprete estava germinando em sua mente desde 1843, quando, no 1º. de fevereiro, escreveu a Marie d'Agoult: "Cheguei à conclusão de que em breve precisarei renunciar à carreira de virtuose" (Coelho, 2009, p. 136).

A insatisfação de Liszt era tão pronunciada em relação à vida de concertista e à fama, que Marie d'Agoult registrou o quanto a situação o atormentava:

> *Franz, lassé et en quelque sort humilié d'une célébrité dont il ne resterait rien apès lui, tourmenté d'ambitions plus hautes, souhaitait que le silence se fît autour de son nom et de sa vie afin de se livrer sans trouble à l'étude sérieuse des maîtres et à la composition d'une grande oeuvre d'art.* (Aragonnès, 1938, p. 76)

> Franz, fatigado e, de alguma maneira, humilhado de uma celebridade da qual nada restaria depois dele, atormentado por ambições mais elevadas, desejava o silêncio em torno de seu nome e de sua vida para se dedicar, com calma, ao estudo sério dos mestres e à composição de uma grande obra de arte. (T. do A.)

As últimas declarações acima nos colocam diante da antítese da imagem forjada no século XIX e mantida ao longo do século seguinte, que apresentava Liszt satisfeito com o exibicionismo virtuosístico e com o sucesso conquistado. Crer apenas nisso seria não só falta de compreensão da verdadeira natureza do artista como também depreciar seu valor como compositor, reduzindo-o a exibidor de efeitos ruidosos e de recursos técnicos, imagem que tanto o desgostou em fases posteriores da vida.

CONVERSÃO

Um testemunho das profundas crises depressivas, vivenciadas por Liszt, encontra-se nas seguintes palavras por ele anotadas:

> Estou mortalmente triste; não consigo dizer nada, nem prestar atenção em nada. Só as preces me consolam, e isso mesmo de vez em quando, pois também não consigo mais orar com continuidade, por mais que sinta a necessidade imperiosa de fazê-lo. Que Deus me conceda a graça de superar essa crise moral; que a luz de sua Piedade possa clarear minha escuridão... (Morrison, 1992, p. 87-88)

No excerto citado, ficou patente a busca da religião como único meio de mitigar o sofrimento que lhe pesava na alma.

Como bem assinalou Ivan Gobry (1959):

> A conversão é uma experiência feita pacientemente, como que às apalpadelas, realizando-se graças a correções e transformações sucessivas. Sem dúvida, acontece ao espectador receber a impressão de um resultado imediato e decisivo; é que, nesse caso, o progredir da graça e a lenta iluminação da alma se operam em segredo. Não são, porém, menos laboriosos e crucificantes. (Gobry, 1959, p. 21)

O processo de conversão, em Liszt, se quadrou exatamente ao parágrafo acima: gradual, constante e progressivo, cujas raízes se encontram na adolescência. Oculto sob a aura da carreira fulgurante, tolhido na retórica musical exuberante, permaneceu latente ao longo da maior parte da vida do compositor.

No entanto, além dos escritos supracitados, alguns outros dados comportamentais revelam a trajetória dessa evolução. Em primeiro lugar, a profunda insatisfação do músico em face do sucesso, culminando com um fato raro na vida de qualquer renomado pianista: o abandono da carreira de recitalista em pleno apogeu. Suas obras para teclado mudaram de caráter, buscando em Bach e em temas religiosos maior subjetividade, misticismo e menos efeitos exteriores. Os recursos técnicos passaram a adquirir sentido musical próprio, destinado à transmissão de mensagens reflexivas, e não meros artifícios para agradar ao público ou voltados à simples exibição virtuosística.

Outra condição alimentou o pensamento filosófico-religioso de Liszt. As duas mulheres a quem se uniu por maior tempo, a condessa Marie d'Agoult e a princesa Carolyne von Sayn-Wittgenstein, embora com temperamentos e opiniões divergentes, eram voltadas a assuntos filosóficos e místicos, permitindo ao músico discutir e amadurecer os próprios conceitos acerca dos temas em questão. A última foi pessoa influente na decisão de Liszt ingressar em uma ordem religiosa. Firme em seus pontos de vista, a princesa não provocava discussões calorosas nem controvérsias acirradas; de índole calma, mantinha clima de contenção. Dotada de fé inabalável, adequou-se perfeitamente às necessidades psicoafetivas do músico na época. Ao mesmo tempo, direcionou-lhe o pensamento criador para atividades mais diversificadas como regência e ensino, além de fortalecer de maneira extraordinária as convicções religiosas.

O papel de Carolyne no recrudescimento do espírito cristão de Liszt transparece na seguinte frase do compositor:

> À 8h, j'ai communié à ce même autel ou après de longues années vous m'avez fait retrouver le Dieu de mon enfance. (Stricker, 1993, p. 92; grifo nosso)

> Às oito horas, comunguei nesse mesmo altar, onde, depois de longos anos, *me fizestes reencontrar o Deus da minha infância*. (T. do A.; grifo nosso)

Por volta dos cinquenta anos, a conjunção de acontecimentos dramáticos agravou muito as antigas e frequentes depressões, precipitando, como única forma de solução, o recolhimento, a oração e, por fim, o refúgio na Divindade. As mortes dos filhos Daniel (Berlim, 1859) e Blandine (Saint-Tropez, 1863), acrescidas da impossibilidade de matrimônio com a princesa e do declínio da vida musical em Weimar, onde Liszt atuava como regente (chegou a enfrentar severas críticas acerca do repertório apresentado), tudo o levou a tomar a resolução de pertencer a uma ordem religiosa.

A decisão definitiva foi precedida de três etapas experimentais: a princípio, como hóspede do Vaticano, residiu em frente à *Loggia* de Rafael; a seguir, permaneceu em retiro transitório no Claustro de *Santa Francesca Romana*; por fim, alojou-se junto aos frades dominicanos no *Mosteiro da Madonna Del Rosario*, no Monte Mario, onde passou a receber visitas do Papa Pio IX. Afinal, em 1865, ingressou na Ordem de São Francisco, tendo recebido as Ordens Menores, o título de abade e quatro dos sete graus do sacerdócio (porteiro, leitor, exorcista e acólito).

A atitude, aparentemente abrupta, pareceu fictícia a muitas pessoas, ou seja, mais um daqueles atos de exibicionismo, bombásticos, imprevistos, com que Liszt surpreendia o público. Incompreendido por todos aqueles que desconheciam suas legítimas convicções, circundado por indivíduos ainda fixados em antigas imagens por ele criadas e alimentadas no decurso dos anos de virtuose, viu a decisão vilipendiada por opiniões e julgamentos em total desacordo com a realidade e a sinceridade da vocação religiosa manifesta, haja vista o sarcástico e maledicente testemunho do padre Ferdinand Gregorovius:

> Ontem vi Liszt vestido como um abade. Estava saltando de uma carruagem de aluguel, sua batina de seda preta esvoaçando ironicamente enquanto ele caminhava. Mefistófeles disfarçado de abade. (Morrison, 1992, p. 95)

MÚSICA DE CUNHO RELIGIOSO PARA PIANO

> Os estímulos da sua arte musical foram literários; os impulsos, filosóficos e religiosos. (Carpeaux, 1967, p. 185)

Em âmbito geral, Liszt compôs maior número de obras sacras do que qualquer outro grande músico do século XIX. Nos últimos anos de vida, sua produção praticamente ficou restrita a esse gênero em trabalhos corais, orquestrais, além de peças para órgão e para piano.

Quanto à cronologia das partituras, se levarmos em conta apenas o repertório tradicionalmente classificado como religioso, podemos incidir em erro ao estabelecermos datas tardias. Como já demonstrado nos escritos de Liszt e em depoimentos de seus contemporâneos, tais criações ocorreram em todas as fases de sua vida. Basta lembrar que a primeira composição, aos onze anos de idade, foi um coro litúrgico. Mais revelador é o fato de o primeiro artigo sobre música que ele publicou (1834) ter sido *De l'Avenir de la Musique Religieuse* (Do Futuro da Música Religiosa). Isso adquire relevância ao considerarmos que, na época, Liszt desenvolvia intensa atividade pianística tanto no campo didático quanto no de recitalista. Portanto, era de se esperar a abordagem de assunto relativo ao seu instrumento.

Confirmando o interesse do jovem pianista pela música religiosa, Marie d'Agoult anotou no próprio diário:

> *L'art religieux le préoccupait au-dessus de tout. Les sujets bibliques, les légendes chrétiennes, et même à certains moments, quand son génie parlait plus haut que ses doutes, la Passion du Sauveur des hommes, sollicitaient sa pensée. Remettre*

dans le temple la musique sacrée que les goûts profanes du siècle en avaient bannie; rendre à Dieu dans le plus idéal des arts un culte épuré, émouvoir, entraîner les foules, les pénétrer d'adoration et d'amour divin: tel était l'espoir secret qui nourissait Franz, et qu'il me laissait voir dans ces instants, trop rares, où près de moi, confiante et heureux, il s'abandonnait à ses rêves. (Agoult, 1927, p. 43-44)

A arte religiosa preocupava-o acima de tudo. Os assuntos bíblicos, as lendas cristãs e mesmo, em certos momentos, quando o gênio falava mais alto que as dúvidas, a Paixão do Senhor, tudo lhe ocupava o espírito. Recuperar nos templos a música sacra, que o gosto profano do século havia banido; restituir a Deus, na mais idealizada das artes, um culto depurado; comover, seduzir as multidões, impregná-las de adoração e de amor divino: tal era a esperança secreta que Liszt nutria e que me deixava entrever, nesses instantes por demais raros, quando, ao meu lado, se entregava aos próprios devaneios, confiante e feliz. (T. do A.)

Frontispício de *Années de Pèlerinage* (antiga edição Schott).
(Acervo do Autor)

De maneira interessante, podemos observar o longo processo evolutivo do pensamento religioso de Liszt na obra para piano. Por exemplo, as três coletâneas dos *Anos de Peregrinação* (*Années de Pèlerinage*), com longa defasagem entre as duas primeiras e a última, permitem-nos constatar nítida e expressiva mudança de estilo, reflexo dos conceitos filosóficos do autor.

Nas duas primeiras séries, referentes, respectivamente, à Suíça e à Itália, predominam ideias cristãs ao lado de uma concepção panteísta, não ortodoxa, de Deus, afastada de qualquer dogma fixado pela Igreja Católica.

A primeira coletânea é formada de impressões musicais registradas durante sua permanência na terra de Guilherme Tell e representa notável e ímpar tributo musical ao país. Não é comum encontrarmos, no repertório erudito de outro grande compositor para piano, coletânea similar no que diz respeito à região helvética, que, na época, representava o paraíso dos apaixonados.

Dificilmente, algum estrangeiro seria capaz de incorporar o sentido contemplativo, simbólico e um tanto mítico, que representam os lagos e as montanhas na psique dos habitantes daquela região. A natureza exuberante e o relevo acidentado confinam a população em porções de terra cercadas de elevações e lagos, formando verdadeira unidade simbólica, difícil de ser rompida. Para tanto, vale recordar esse particular nas palavras de Paul André:

> *Quel canton suisse n'a son lac ou son bout de lac? Bleu ou vert, avec des montagnes renversées à l'intérieur — ce qui est, me semble-t-il, un symbole.*
>
> *Tout lac, même encastré dans la montagne, en est réellement l'inverse. C'est la ligne horizontale par rapport à la verticale. Il y a une éducation du lac comme il y a l'éducation de la montagne, mais très distincte, sans lui être opposée. Essayez de vous rappeler l'émotion ressentie à votre premier bain dans la grande nappe. [...] Le lac vous prenait lentement, énigmatique et délicieux, insondable, sans fond. Vous pouvez être certain qu'il le reste pour ceux qui passent leur vie sur ses bords ou sur ses eaux. Ils le regardent encore comme un autre eux-mêmes, mais avec un abîme entre eux et sans le connaître assez pour en être jamais sûr.* (André, 1968, p. 377).

Qual cantão suíço não possui um lago ou uma porção de lago? Azul ou verde, com montanhas voltadas para o interior — o que, na minha opinião, constitui um símbolo.

Todo lago, mesmo encastoado na montanha, é, na realidade, o inverso dela. É a linha horizontal em relação à vertical. Há uma educação segundo o lago, tal como há uma educação segundo a montanha, porém muito diferente, sem lhe ser oposta. Tentem lembrar-se da emoção experimentada por ocasião de seu primeiro banho na grande extensão de água [...]. O lago os recebia lentamente, enigmático e silencioso, insondável, sem fundo. Vocês podem estar certos de que ele permanece da mesma maneira para os que passam a vida nas suas margens ou em suas águas. Eles o veem ainda como um *alter-ego*, mas permanece um abismo entre ambos, que não é conhecido o bastante para que dele alguém possa estar seguro. (T. do A.)

Liszt, em função de acurada compreensão e rara sensibilidade, aliadas a profundo conhecimento resultante da leitura de vários gêneros literários e místicos, foi capaz de captar o segredo que permeia todos os elementos da natureza helvética, revelado apenas aos que com ela convivem durante longo tempo.

Na peça *Les Cloches de Genève*, reforçando a intensa integração homem-Natureza, incluiu em epígrafe dois versos de Byron, extraídos do *Child Harold*:

I live not in myself but I become
Portion of that around me.

Eu não vivo em mim mesmo,
Pois me torno parte daquilo que me cerca. (T. do A.)

Cabe-nos indagar o porquê das palavras incluídas nessa peça. Qual a impressão despertada nele pelo soar dos sinos naquela cidade? É digno de nota o fato de os versos estarem na primeira pessoa. Posto ser o último número da primeira coletânea, adquire o sentido de mensagem final, personalíssima, a permanecer na memória dos intérpretes e ouvintes.

O 2º. *Ano de Peregrinação* (Itália), com exceção de *Spozalizio* e *Il Pensieroso*, soa-nos menos contemplativo que o anterior. Das duas partituras, a primeira é um exemplo de temática religiosa. A inspiração foi despertada em Liszt ao conhecer a tela de Rafael intitulada *Spozalizio della Vergine* (Núpcias da Virgem Maria), datada de 1504 e existente no Palácio Brera (Milão).

O cunho transcendente dos *Anos de Peregrinação* não passou despercebido a Alfred Leroy, o qual resumiu suas impressões nos seguintes termos:

À l'élément descriptif, narratif, s'unit étroitement un élément psychologique, affectif et émotif, intuition de ce qui rattache le réel à l'Éternel, le périssable à l'Impérissable, la créature à son Créateur. (Leroy, 1964, p. 151)

> Ao elemento descritivo, narrativo, une-se estreitamente um elemento psicológico, afetivo e emocional, intuição do que une o real ao Eterno, o perecível ao Imperecível, a criatura ao Criador. (T. do A.)

Na mesma página, acrescentou que a coletânea representa ao mesmo tempo *"une incursion à travers le monde et une évasion au-delà de ce monde"* (uma incursão através desse mundo e uma evasão além dele).

Exatamente a citada evasão adquire inegável evidência na última série, anos mais tarde. Distante das duas primeiras, traz no título a noção de peregrinação, porém, de modo diverso das anteriores: a música, em sua maioria, expressa sentimentos religiosos e lúgubres. Liszt, então, se mostrava longe das inspirações exteriores. No caso, podemos interpretar o título como uma peregrinação muito mais ao âmago do ser do que estimulada por viagens e observações do mundo circundante, como ocorreu nas duas outras coletâneas.

Na fase tardia da vida, a música tornou-se solilóquio. Liszt começou a desprezar qualquer efeito exterior, supérfluo, adquirindo, então, transcendência rara aos pianistas da época. Sua obra passou a ser o reflexo de pensamentos elevados, imbuídos de religiosidade, além de tentativa de explorar novas concepções estéticas.

Tal impressão ficou registrada nas palavras de um admirador, ao comparar a *performance* de Liszt em dois tempos bastante afastados:

> À medida que ele foi envelhecendo, sua execução parecia infinitamente mais significativa do que quando o ouvi na época de seus grandes sucessos em concerto. Imensa calma, imensa profundidade espiritual irradiavam-se por sua execução e a transfiguravam, assim como pareciam libertá-lo das limitações do instrumento e enchê-lo com uma magia que nunca encontrei em nenhum outro pianista que ouvi. (Morrison, 1992, p. 107)

Com muita propriedade, Mellers, em comentário acerca das últimas obras de Liszt para piano, ressaltou o afastamento de qualquer exploração tímbrica, outrora tão importante para ele. Surgiu, então, novo universo, mais abstrato, desprovido de exuberâncias técnicas e dotado de sonoridade própria, peculiar, sóbria e altamente pessoal:

> *It is significant that the last pieces are not especially pianistic, not do they suggest any instrument except possibly a spectre of the human voice. At the end of his life Liszt the play-actor no longer addresses an audience. He talks to himself, as did Bach in the Art of Fuge or Mozart in his last chamber works.* (Mellers, 1973, p. 45)

É significativo que as últimas peças não são especialmente pianísticas, nem sugerem nenhum instrumento, salvo, possivelmente, um espectro da voz humana. No final da vida, Liszt, o exibicionista, não mais se dirige a uma plateia. Ele estabelece um monólogo consigo mesmo, como o fez Bach na *Arte da Fuga* ou Mozart em suas derradeiras obras de câmara. (T. do A.)

A propósito da condição envolvendo a libertação interior do ser humano ao se afastar da vida mundana, podemos tomar de empréstimo o dizer de Eni Orlandi:

Assim é o homem. O mundo está nele. E quando ele se retira, não é somente da multidão exterior que ele se distancia, mas dessa multidão enorme que faz nele sua morada. (Orlandi, 1997, p. 65)

Outra série de peças de cunho contemplativo, *Harmonies Poétiques et Religieuses,* foi inspirada em poemas de Lamartine. Nesse conjunto, partituras trazem em epígrafe versos do poeta francês que lhe serviram de inspiração, tendo como tema a integração do homem com a natureza e com Deus. Por exemplo, a partitura de *Invocation* se acompanha do seguinte texto:

Élevez-vous, voix de mon âme,
Avec l'aurore, avec la nuit!
Élancez-vous, comme la flame,
Répandez-vous, comme le bruit!
Flottez sur l'aile des nuages,
Mêlez-vous aux vents, aux orages,
Au tonerres, au fracas des flots!

Erguei-vos, vozes de minha alma,
Com a aurora, com a noite!
Lançai-vos, como a chama,
Expandi-vos, como o som!
Flutuai nas asas das nuvens,
Integrai-vos aos ventos, às tempestades,
Aos trovões, ao ruído das ondas! (T. do A.)

Nessa coletânea, encontra-se uma das mais belas e expressivas criações de Liszt para piano: *Bénédiction de Dieu dans la Solitude*. Humphrey Searle (1954) considerou-a concepção única no que diz respeito à expressão de contemplação mística, igual àquela alcançada por Beethoven na última fase e raramente encontrada na música. Baseada no poema homônimo de Lamartine, revela nos primeiros versos o clima que permeia toda a peça:

> *D'où me vient, O mon Dieu, cette paix qui m'inonde?*
> *D'où me vient cette foi dont mon coeur surabonde?*
>
> De onde vem, Senhor, esta paz que me preenche?
> Do onde vem esta fé que transborda de meu coração? (T. do A.)

Até em certas peças para piano, de contexto aparentemente desvinculado de qualquer intenção religiosa, existe algum detalhe que nos fornece uma indicação do significado místico da composição. É ocaso de *Les Jeux d'Eaux à la Villa d'Este* (3º. Ano de Peregrinação). Embora, como o título indica, a música evoque os repuxos de água existentes na bela localidade romana, Liszt, no compasso 144, acrescentou a seguinte citação do *Evangelho segundo S. João* (4, 14): "[...] a água que eu lhe der será para ele uma fonte a jorrar para a vida eterna"(Watson, 1994, p. 212).

Na produção destinada ao piano, o elemento religioso aparece com frequência incomum, rara nas obras dedicadas ao instrumento por outros compositores. Não obstante a ocorrência de temas de contexto místico, ele nunca conseguiu conquistar em plenitude a paz interna.

Vale acrescentar outro aspecto, assaz curioso, na obra de Liszt: a presença dos elementos satânico e lúgubre. À medida que a temática cristã conquistava espaço em sua produção, ocorria a abordagem de Mefistófeles e de motivos relacionados com a morte, pouco explorados em todo o repertório para piano ao longo do tempo até os dias atuais.

A fixação pela morte, por ele demonstrada, era antiga. Admite-se ter surgido durante a epidemia de cólera que grassou em Paris (1832). Nas memórias da condessa Dash, consta a reunião dos moradores de um prédio, onde o músico residia, com o intuito de expulsá-lo, depois de ficarem acordados durante toda uma noite, na qual ele permaneceu ao piano, tocando variações do *Dies Irae* (Coelho, 2009). Ainda devem ser lembradas outras condições por ele vivenciadas durante a juventude. Os contatos com doentes, muitas vezes graves, nos hospitais, psicopatas nos hospícios, prisioneiros e condenados à morte, conforme relato de Valérie Boissier, além de leituras filosóficas, também justificam a fixação pela temática lúgubre.

Por seu turno, a atração pelo demoníaco pode ter resultado de vários fatores. Em primeiro lugar, a presença do *satanismo* na literatura. O tema eclodiu como uma intensa manifestação durante o Romantismo, quer nas letras, quer na música. Goethe, Byron, Blake, Vigny e tantos outros escritores abordaram a figura de Mefistófeles não propriamente como manifestação contrária à Igreja, porém como um ser, ou melhor, uma parte da alma humana inconformada com os princípios norteadores da sociedade, com os problemas de um mundo, no qual o interesse se voltava a atividades práticas e lucrativas, e o artista, por sua vez, se sentia isolado, incompreendido e à margem. Opondo-se a Deus e aos princípios de paz, fé e segurança, Mefistófeles expunha a alma do artista aos próprios conflitos internos, deparando-se com noções de dúvidas sem respostas, finitude, falta de adaptação à conjuntura social e negativismo.

Mais uma condição importante pode ser acrescentada: a franca introdução do grotesco na literatura e no teatro, proposta por Victor Hugo no extenso e renovador *Prefácio de Cromwell* (1827). O poeta francês defendeu a inclusão de tipos ainda não explorados na arte com a devida importância, anteriormente considerados antiestéticos. Acreditando ser o grotesco um rico elemento que a natureza oferece à arte e, sobretudo, um componente importante para ressaltar o belo, o perfeito, seu lado oposto, Hugo admitiu a necessidade da inclusão de personagens disformes, criminosos, pérfidos, figuras malignas, entre tantos outros, nas manifestações artísticas. Como era previsível, tal concepção encontrou apoio de jovens poetas e músicos entusiastas, e teve notável repercussão e influência no auge do movimento romântico.

O *Fausto* de Goethe, considerado um marco na literatura universal, serviu de inspiração para muitos compositores no século XIX, tendo como exemplo as óperas *Fausto* de Gounod, *A Danação de Fausto* de Berlioz, *Mefistófeles* de Arrigo Boito, entre outras partituras. Além disso, o fantástico despertou a atenção de músicos, como o Sabá das Feiticeiras na *Sinfonia Fantástica* de Berlioz, Samiel (o Diabo) em *O Franco Atirador* de Weber, as comunicações e aparições de além-túmulo em *Euryanthe* de Weber e em *O Profeta* de Meyerbeer. Liszt foi buscar a figura de Mefistófeles em várias fontes literárias além de Goethe (*Sinfonia Fausto*), como a *Divina Comédia* de Dante (*Sinfonia Dante, D'Après une Lecture du Dante*, esta baseada em poema de Victor Hugo), o *Fausto* de Lenau (*Valsa Mefisto n. 1*) e o *Excelsior* de Longfellow.

Também concepções religiosas, resultado de convivências com pessoas dissidentes da Igreja e teorias filosóficas correntes ao longo daquele século, devem ter influído em sua inclinação pelo assunto. Liszt era um místico, no sentido amplo do termo, embora rejeitasse tal classificação. Sua religião abrangia conceitos diversos, resultado da vivência em vários grupos com ideias religiosas e filosóficas próprias. Basta recordarmos as já mencionadas relações com os adeptos de Saint-Simon e com Lamennais. Ademais, as várias leituras de obras literárias e filosóficas, o ingresso na Maçonaria (década de 1840) e, por fim, na Ordem de São Francisco (1865), certamente lhe forneceram uma visão particular, ampla, personalíssima, acerca do Mal. Como resultado da liberdade de pensamento e do gosto pelos questionamentos, tão característicos de sua personalidade, ele não podia se ater a dogmas e preceitos rígidos. Até mesmo na condição de abade (fazia questão de ser assim tratado), aceitava somente os princípios que estavam de acordo com seu pensamento.

Durante o século XIX, surgiram várias correntes ideológicas com teorias próprias a respeito de religião, seja na Europa, seja na América. No último caso, basta lembrar o norte-americano William Channing, o qual propagava o ideal de o homem ser fundamentalmente bom, possuidor da intuição do elemento divino; a trajetória do cristianismo para realização completa em uma igreja universal do futuro; o ser humano ficar isento de julgamentos em função de credo, mas não por suas ações. Portanto, segundo ele, não procede qualquer preconceito religioso e, tampouco, social. Adepto da citada linha de pensamento, o poeta norte-americano Henry Wadsworth Longfellow, com quem Liszt manteve contato e de quem utilizou um poema para uma cantata, redigiu *The Golden Legend*, em que Satanás, apesar de anjo pecador, não passa de personagem traiçoeiro e indisciplinado, incapaz de causar medo ou inspirar respeito, e é tratado com displicência (Hirsh, 1965).

É interessante ressaltar que a figura de Mefistófeles, na música de Liszt, é sugerida de diversas maneiras, o que nos permite maior compreensão do seu modo de ver o Mal. No primeiro movimento da *Sinfonia Dante* (Inferno), baseada em *A Divina Comédia* do famoso poeta italiano, ele é representado de maneira, ao mesmo tempo, perversa e mordaz, própria do ambiente onde é senhor, mantendo o sofrimento e o desespero das almas em meio ao fogo eterno. O cunho maléfico é também expresso em *Die Glocken des Strassburger Münster* (Os Sinos da Catedral de Estrasburgo), para orquestra, coro e solista, baseado em poema de Longfellow, com um Prólogo (Excelsior). Nessa obra, Lúcifer e a legião das trevas por ele dominada se propõem a destruir a torre da catedral, com a finalidade de eliminar a cruz ali existente, além de arremessar os sinos no chão e arrebentar os vitrais. O ataque é repelido pelo divino toque dos sinos, e as entidades do Mal procuram outro alvo mais adiante. Já na célebre *Valsa Mefisto n. 1*, a música sugere figura zombeteira e sarcástica, e não tanto malfazeja e aterradora, posto que Mefisto e Fausto participam de dança, em uma aldeia, onde encontram várias mulheres que os acompanham. No último movimento da *Sinfonia Fausto*, intitulado *Mefistófeles*, as reminiscências do tema do personagem-título e de Margarida, exposto nos movimentos anteriores, parecem indicar que Mefisto se trata de *alter-ego* do próprio Fausto, incitando-o a dúvidas e questionamentos acerca da existência e do destino. Liszt, aí, utiliza os motivos das duas personagens envolvidas no amor, apresentados nos movimentos anteriores, porém com deformações de ritmo, intervalos, andamento e timbre. Calvocoressi (s.d.) admitiu que as tais modificações dos temas, no caso, sugeririam que Mefistófeles não seria propriamente uma entidade exterior ao ser humano. A única fronteira entre o Bem e o Mal estaria situada nos impulsos, desejos e impressões, no interior da alma de cada indivíduo.

De qualquer modo, nos chama a atenção a insistência do músico em retratar o Maligno. Sabe-se que Liszt era supersticioso e temia o Diabo (Coelho, 2009), no entanto, no setor composição, parecia conviver tanto com o divino quanto com o oposto em incrível dualidade. Essa observação levou Aragonnès a questionar a respeito de uma impressionante e arrebatada execução no órgão, por Liszt, do *Dies Irae* de Mozart, na Igreja Saint-Nicolas, na cidade suíça de Friburgo: *"était-ce l'âme même du musicien dans son double tempo 'démonique' et sacré qui se délivrait ainsi?"* (Seria isto a própria alma do músico em seu duplo caráter "demoníaco" e sagrado, que se liberava dessa maneira?) (Aragonnès, 1938, p. 95,96).

O comportamento ambivalente permanece como ponto-chave para a compreensão da personalidade e da obra do compositor, favorecendo a compreensão de um setor ainda pouco explorado, isto é, a dimensão mística e filosófica do repertório pianístico de Liszt. Em síntese, um universo apaixonante e revelador da essência do artista que passou pela vida mundana, refletiu, evoluiu e alcançou um grau de misticismo e contemplação concedido apenas a raros músicos.

Principais obras de caráter religioso para piano

Invocation (Invocação) (Harmonies Poétiques et Religieuses)
Ave-Maria
Bénédiction de Dieu dans la Solitude (Bênção de Deus na Solidão)
Pater Noster (Pai Nosso)

Hymne de l'Enfant à son Réveil (Hino da Criança ao Despertar)

Psaume (Salmo) (Album d'un Voyageur) - Arranjo em acordes simples do Salmo XLII musicado por Louis Bourgeois (1510- c.1561)

Spozalizio (Années de Pèlerinage II)

Consolations (Consolações)[3]

Harmonies du Soir (Estudo de Execução Transcendental)

Chapelle de Guillaume Tell (Années de Pèlerinage I)

Weinen, Klagen, Sorgen, Zagen; *Prélude d'après J.S. Bach*

Variações sobre um Tema de Bach- Baixo Contínuo do Primeiro Movimento da Cantata *Weinen, Klagen, Sorgen, Zagen* e do *Crucifixus* da Missa em Si menor

Ave-Maria, para o *Método de Piano*, de Lebert e Stark (Os Sinos de Roma)

Aleluia e Ave-Maria de Arcadelt

Saint François d'Assisse. La Prédication aux Oiseaux (São Francisco de Assis Pregando aos Pássaros)

Saint François de Paule Marchant sur les Flots (São Francisco de Paulo Caminhando sobre as Ondas)

Urbi et Orbi. Bénédiction Papale (Bênção Papal)

Vexilla Regis prodeunt

Weihnachtsbaum. (Árvore de Natal – Coletânea de Peças)

Angelus! Prière aux Anges Gardiens (Angelus! Prece aos Anjos da Guarda) (Années de Pèlerinage III)

Les Jeux d'Eaux à la Villa d'Este (?) (Années de Pèlerinage III)

Sursum Corda (Années de Pèlerinage III)

Sancta Dorothea

In Festo Transfigurationis Domini Nostri Jesu Christi

Principais obras de caráter satânico e lúgubre para piano

Pensée des Morts (Harmonies Poétiques et Religieuses)

Funérailles (Idem)

Miserere, d'après Palestrina (Idem)

Après une Lecture du Dante. Fantasia quasi Sonata

Feux Follets (*Fogos Fátuos*) (Estudo de Execução Transcendental)
Rapsódia Húngara n. 5
Mephisto Waltz n. 1 (Valsa Mefisto n. 1)
Les Morts
Sunt Lacrymae Rerum
Marche Funèbre
Mosonyis Grabeleit
Aux Cyprès de la Villa d'Este (Junto aos Ciprestes da Villa d'Este) (Três Trenodias)
(Années de Pèlerinage III)
Mephisto Waltz n. 2
Czárdás Macabre
La Lugubre Gondola
Mephisto Waltz n. 3
Mephisto Polka
Am Grabe Richard Wagners (Junto ao Túmulo de Richard Wagner)
Trauervorspiel und Trauermarsch (Prelúdio e Marcha Fúnebre) (1885)
Mephisto Waltz n. 4
Unster (Sinistro)

Piano e orquestra

Malédiction para piano e orquestra de cordas
Totentanz (Dança da Morte)

NOTAS

|1| Localidade da Bretanha, onde estava situada a casa do Abade Lamennais, na qual Liszt se hospedou durante o verão/outono de 1834. Existe uma descrição desse local em carta do compositor a Marie d'Agoult. (Ollivier, 1933, p. 117-119)

|2| Quando Marie d'Agoult se referiu a heresias, em relação a Liszt, tratava-se da busca de teorias religiosas fora dos conceitos fixados pela Igreja Católica. A própria inquietação do músico, bem como a incessante leitura de textos filosóficos e místicos, geraram a an-

siedade constante, que o levava a indagações existenciais, nem todas elucidadas pelos dogmas da Igreja.

|3| Seis peças compostas em 1850, baseadas na antologia poética de Sainte-Beuve, intitulada *Les Consolations* (1831), de intenso teor religioso. Durante a juventude o escritor fez parte dos adeptos de Saint-Simon e manteve contato com Liszt.

BIBLIOGRAFIA

AGOULT, Comtesse d' (Daniel Stern). *Mémoires. 1833-1854*. Paris: Calmann-Lévy, 1927.

ANDRÉ, Paul. *Visages spirituels de la Suisse*. Neuchâtel: H. Messeiller, 1968.

ARAGONNÈS, Claude. *Marie d'Agoult. Une destinée romantique*. Paris: Hachette, 1938.

CALVOCORESSI, M.-D. *Franz Liszt*. Paris: Henri Laurens, s.d.

CANDÉ, Roland de. *L'invitation à la musique*. Petit manuel d'initiation. Paris: Seuil, 1980.

CARPEAUX, Otto Maria. *Uma nova história da música*. Rio de Janeiro: José Olympio, 1967.

CHANTAVOINE, Jean. *Liszt*. Paris: Plon, 1950.

_____ ; GAUDEFROY-DEMOMBYNES, Jean. *Le romantisme dans la musique européenne*. Paris: Albin Michel, 1955.

COELHO, Lauro Machado. *O cigano visionário*. Vida e obra de Franz Liszt. São Paulo: Algol, 2009.

GOBRY, Ivan. *São Francisco de Assis e o espírito franciscano*. Trad. Lydia Christina. Rio de Janeiro: Agir, 1959.

GUINSBURG, J. (Org.) *O romantismo*. São Paulo: Perspectiva, 1985.

HIRSH, Edward L. *Henry Wadsworth Longfellow*. Trad. Ligia Junqueira. São Paulo: Martins, 1965.

HUGO, Victor. *Préface de Cromwell*. Paris: Larousse, 1971.

HURÉ, Pierre Antoine; KNEPPER, Claude. (Org.) *Franz Liszt. Correspondance*. Paris: Jean-Claude Lattès, 1987.

JANKÉLÉVITCH, Vladimir. *La musique et l'ineffable*. Paris: Seuil, 1983.

_____. *Liszt*. Rapsode et improvisation. Paris: Flammarion, 1998.

LEROY, Alfred. *Franz Liszt*. L'homme et son oeuvre. Paris: Seghers, 1964.

LISZT, Franz. *Correspondance*. Lettres choisies, présentées et annotées par Pierre--Antoine Huré et Claude Knepper. France: Jean-Claude Lattès, 1987.

_____. *Lettres d'un bachelier ès musique*. Paris/Genève: Slatkine, 1996.

MAUCLAIR, Camille. *La religión de la música y los heroes de la orquesta*. Trad. Mariano A. Barrenechea. Mexico: Compañia Editorial Continental, 1955.

MELLERS, Wilfrid. *Man and his music*. P. 4. Romanticism and the Twentieth Century. New York: Schoken, 1973.

MORRISON, Bryce. *Liszt*. Trad. Eduardo Francisco Alves. Rio de Janeiro: Ediouro, 1992.

OLLIVIER, Daniel. (Org.) *Correspondance de Liszt et de la Comtesse d'Agoult (1833-1840)*. Paris: Bernard Grasset, 1933.

ORLANDI, Eni Puccinelli. *As formas do silêncio no movimento dos sentidos*. São Paulo: Editora da Unicamp, 1997.

POURTALÈS, Guy de. *A vida de Liszt*. Trad. José Saramago. Lisboa: Cor, 1959.

ROSTAND, Claude. *Liszt*. Paris: Seuil, 1960.

SAND, George. *Journal intime*. Paris: Seuil, 1999.

_____. *Lettres d'un voyageur*. Paris: Flammarion, 2004.

SEARLE, Humphrey. *The music of Liszt*. New York: Dover, 1966.

SITWELL, Sacheverell. *Liszt*. New York: Dover, 1967.

SOGNY, Michel. *L'admiration créatrice chez Liszt*. Paris: Buchet-Chastel, 1975.

STEPHAN, Rudolf. *Musica*. Trad. Leon Mames. Buenos Aires: Compañía General Fabril, 1964.

STRICKER, Rémy. *Franz Liszt. Les ténèbres de la gloire*. Paris: Gallimard, 1993.

WALKER, Alan. *Franz Liszt*. V.1.The virtuoso years.1811-1847. New York: Alfred A. Knopf, 1983; v..2.The Weimar years.1848-1861. New York: Alfred A. Knopf, 1989; v.3. The final years.1861-1886. New York: Alfred A. Knopf, 1996.

WATERS, Edward N. Liszt and Longfellow. *The Musical Quarterly*, New York, v. XLI, n. 1, p. 1-25, 1955.

WATSON, Derek. *Liszt*. Trad. Clóvis Marques. Rio de Janeiro: Jorge Zahar, 1994.

WESSLING, Berndt W. *Franz Liszt*. Ein virtuoses Leben. München: R. Piper, 1973.

Texto publicado de forma resumida na *Revista da Academia Nacional de Música*, Rio de Janeiro, v. XVI, 2005.

CONTRIBUIÇÕES JUDAICAS, LUTERANAS E FEÉRICAS NA MÚSICA DE FELIX MENDELSSOHN PARA PIANO
(Com particular ênfase nas *Canções sem Palavras*)

A necessidade de se reestudarem personagens e fatos antigos com base em novos parâmetros impede de tornar o passado uma dimensão estática, esgotada ou destituída de interesse. Ao contrário, seus elementos constituem fonte inesgotável de releituras que propiciam novas interpretações de fatos, personalidades e obras na visão do tempo atual, contribuindo, assim, para o esclarecimento de muitos aspectos ainda obscuros e despertando interesse no estudo das biografias.

Durante o Romantismo, os compositores de vulto se destacaram, entre outras propriedades, pela originalidade que conferiram à sua produção. No entanto, no que diz respeito a Mendelssohn, essa qualidade permaneceu pouco apreciada. Quase sempre tido como conservador, ainda bastante filiado aos modelos clássicos, permaneceu à parte do intenso movimento romântico; portanto, não muito valorizado nos pormenores inovadores.

Para perfeita compreensão do artista, torna-se necessário conhecer as condições psíquicas e ambientais que envolveram sua formação. À diferença da maioria dos grandes mestres, Jakob Ludwig Felix Mendelssohn, ou, mais simplesmente, Felix Mendelssohn, cresceu no seio de uma família de recursos, na qual a cultura representava elemento primordial.

A mãe, Lea Mendelssohn, excelente pianista, primava pelo conhecimento de vários idiomas (francês, inglês, italiano e grego). O pai, o banqueiro Abraham, mantinha boas relações com setores culturais e pessoas com prestígio na sociedade alemã da época. A privilegiada condição familiar, abastada e cômoda, permitiu a Felix educação aprimorada, a cargo dos melhores professores de História, Pintura, Letras, Latim, Grego, Dança, Harmonia e Violino. Aos dezessete anos, publicou uma tradução da *Adriana* de Terêncio. Por seu turno, não descuidou da prática de esportes, incluindo aulas de equitação, esgrima e natação, atividades inexistentes nos gênios da música. Ainda jovem, organizou um grupo de colegas e para eles compôs melodias com textos do amigo Klingermann, com a finalidade de cantarem enquanto nadavam. Ademais, era aficionado por dança, para a qual demonstrava especial habilidade[1]. Dessa maneira, Mendelssohn reviveu o antigo aforismo latino de equilíbrio corpo/mente (*mens sana in corpore sano*).

A convivência com figuras notáveis de seu tempo, como Weber, Zelter, Humboldt e Goethe, entre outros, foi de primordial importância na sua formação cultural e no estabelecimento dos próprios conceitos estéticos. Além disso, contribuíram atributos herdados do pai, incluindo gosto pela ordem, clareza de julgamento e elevado senso crítico. Dizia-se que Abraham possuía uma "lógica cristalina".

Mendelssohn criou um estilo próprio, caracterizado por tendência natural ao equilíbrio, clareza e moderação na expressão, além de aversão aos extremos arroubos emocionais, às intensas manifestações depressivas e aos contrastes bruscos e excessivos. Ao lado dessas propriedades, apresentava excepcional facilidade em assimilar os fundamentos da harmonia, do contraponto e da fuga, nos quais predomina o pensamento racional, exigindo excepcional atenção à forma. Certamente, as condições citadas provieram tanto do próprio temperamento do artista quanto de conselhos recebidos durante sua formação[2].

Dotado de forte imaginação pictórica (haja vista as gravuras de sua autoria), evocava, em sons, impressões colhidas no meio externo, porém, de acordo com seu temperamento e seus princípios estéticos, nelas não imprimia nenhum sentimento particular. Esse aspecto o distinguia fundamentalmente de compositores como Schubert e Schumann, nos quais o mundo circundante e as ocorrências estavam sempre submetidos a alguma impressão íntima. O autor da *Sinfonia Inacabada*, nos célebres *Lieder*, buscou a representação do mundo exterior, em grande parte, por meio de padrões rítmicos, mas com acentos intimistas na melodia. Schumann, por sua vez, tendo o subjetivismo como elemento primordial, mais evocava impressões suscitadas por situações e fatos externos do que as próprias situações *per se*.

Wagner, em raro momento, quando emitiu opinião favorável a respeito de Mendelssohn, classificou-o como "o maior dos pintores paisagistas" (Mason, 1925, p. 57). A citação revela com muita propriedade uma das grandes virtudes do autor de *Sonho de uma Noite de Verão*, manifestada em certas obras de vulto. Dotado de especial talento para pintura e desenho, Felix, diante de uma paisagem, hesitava em expressar sua impressão por meios sonoros ou por traçados em papel. Foi o que aconteceu quando viajou à Escócia, imortalizando a Gruta de Fingal na Abertura *Hébridas* e em gravuras.

Em certas *Canções sem Palavras*, por exemplo, na *Barcarola op. 19 n. 4*, o ritmo cadenciado, monótono, consegue nos transportar de modo inequívoco às tranquilas gôndolas venezianas. Embora guardadas as devidas proporções, a peça homônima de Chopin — indiscutível obra-prima —, trabalho ímpar de desenvolvimento e técnica, centrado mais na própria sensibilidade do que na poética paisagem de Veneza, não consegue transmitir a sensação de embalo vivenciada nos célebres canais da antiga cidade, diferente da maneira como o faz a peça mais simples de Mendelssohn, legítimo cartão-postal musical. Gênio à parte, Chopin não possuía pendor para música descritiva, permanecendo alheio a qualquer tentativa de exprimir em termos musicais o meio circundante.

Por seu turno, apesar da tendência à mimese musical, Felix sempre se mostrou avesso aos títulos que editores e revisores atribuíam às suas composições para piano. Utilizava denominações genéricas, correspondentes às formas musicais: barcarolas, duos, canções, *scherzi*, sonatas, estudos, caprichos, para citarmos algumas. Os nomes mais sugestivos encontrados nas edições foram adicionados às partituras à revelia do músico. Tratava-se de recurso muito em voga no século XIX, a atribuição de denominações românticas com a finalidade de divulgar e facilitar a comercialização das edições. Não faltam exemplos: *Prelúdio da Gota d'Água, Tristesse, Valsa do Adeus, Valsa do Minuto* de Chopin (que também era contrário a qualquer designação fantasiosa), entre outros. E o que dizer da célebre *Sonata ao Luar* de Beethoven, que originou tantas lendas, denominada pelo compositor apenas *Sonata quasi una Fantasia*?

Mendelssohn não chegou a reprovar publicamente esse modismo, uma vez que era de praxe na época e, até certo ponto, favorável aos músicos, propiciando a divulgação das obras mediante a impressão despertada, nos ouvintes, pelos títulos. Na correspondência, tornou claro que a condição não lhe agradava. A propósito, vale lembrar um episódio curioso e, ao mesmo tempo, elucidativo dessa questão. Certa feita, Julius Schubring, amigo e colaborador em *Paulus* e *Elias*, confiou-lhe que determinado excerto de *Meerstille* sugeria êxtase amoroso vinculado à realização de desejos. De imediato, Felix respondeu que tal interpretação não passava de grande disparate. Segundo ele, no momento da composição, idealizara um ancião bonachão sentado na popa de navio, soprando vigorosamente as velas para que a viagem prosseguisse com sucesso. Na verdade, nada mais em desacordo com a personalidade do compositor. Constituía explicação irônica e discrepante, cuja intenção era clara: afastar todo e qualquer comentário sobre o significado da obra.

Em outra ocasião, perguntaram-lhe o significado da *Abertura Melusine*. Ele logo respondeu: "Humm... um casamento incompatível!" Frase lacônica, sem nenhum esclarecimento maior, incapaz de satisfazer a curiosidade do interessado[3]. Mais uma evidência de que ele refutava qualquer tentativa de esclarecer a mensagem contida em sua música.

Diante da mencionada opinião de Wagner a respeito de Mendelssohn e do comportamento deste em relação à própria obra, nos deparamos com um paradoxo. Podemos admitir que, em muitos momentos, Felix foi realmente um retratista musical do mundo exterior (não esquecendo também as várias gravuras com paisagens por ele traçadas). Em poucas peças, os títulos concebidos por editores e revisores quadram perfeitamente com as partituras. É o caso de *A Caça op. 19 n. 3* ou *A Fiandeira op. 67 n. 4*. Na primeira, o clima tão característico faz supor que Mendelssohn tenha concebido a música tendo em mente alguma cena de caça, não faltando certa simulação de trompas. Durante sua estada na Suíça (1822), os *Jodeln*[4], o som do *Alphorn*[5], com as típicas quintas paralelas, além de trompas de caça ecoando pelos vales e montes helvéticos, deixaram nele profunda e indelével impressão. Até que ponto as recordações estão registradas na citada peça, cabe-nos julgar:

Uma peculiaridade interessante na produção pianística de Mendelssohn é a confluência de quatro estilos: *Lied* alemão, corais luteranos, música judaica e sugestões de um mundo fantástico e mítico, que lhe conferem inusitada diversidade de expressões. Os três primeiros aspectos estão bem caracterizados nas *Canções sem Palavras*. Como o próprio músico indicou no título da coletânea, são verdadeiras "canções para piano". A forma *Lied* instrumental já existia, porém não constituía forma independente para teclado. Beethoven, por exemplo, no segundo movimento da *Sonata op. 13* (Patética), fez uso de tal recurso. Entretanto, como peça autônoma, muito apreciada no Romantismo, generalizou-se a partir de Mendelssohn.

Em muitas delas, ocorre distribuição dos elementos confiados à mão direita: a melodia fica restrita à parte superior da partitura, enquanto a parte inferior serve de acompanhamento ou contracanto, favorecendo novo tipo de estilo *cantabile*, que serviu de modelo para compositores posteriores.

A forma *Lied* aparece em vários números, entre os quais o op. 19 n. 1, o op. 53 n. 1, o op. 62 n. 1 e o op. 102 n. 4. Em alguns, estão presentes traços de Schumann ou Chopin. Na melodia do op. 102 n. 4, é inegável a influência do autor das *Polonaises*, ou até de Bellini:

As *Canções sem Palavras* representaram uma inovação no repertório para piano pela variedade de composições breves, concisas e de qualidade, capazes de fornecer à sociedade da época um gênero agradável, *cantabile*, elegante e bem-estruturado, em contraste com os abusos de virtuosismo predominante nas paráfrases de concerto, transcrições e peças de bravura, tão corriqueiras naquele tempo. Ademais, prestam-se também para fins didáticos, até hoje muito utilizadas nos cursos de formação pianística. Entretanto, o último quesito se, por um lado, contribuiu para sua ampla difusão, por outro, fez com que fossem excluídas dos grandes recitais, fato que, aliás, não invalida o mérito musical nelas contido. Schumann, várias vezes, exprimiu admiração por tais peças, reconhecendo-lhes a importância histórica. Demonstrando tamanho entusiasmo pelo primeiro número do op. 19, chegou a dizer, por meio do seu *alter-ego* Florestan, que "quem entoou tal canção pode contar com uma longa vida antes e depois da morte" (Schumann, 1969, p. 211). Até mesmo musicistas não entusiastas de Mendelssohn (como Hans von Bülow) declararam seu tributo a essas miniaturas.

INFLUÊNCIAS DIVERSAS

De índole profundamente religiosa, proveniente da variada formação cultural recebida durante a infância e a juventude, Mendelssohn desenvolveu acentuada liberdade de pensamento, a qual o tornava receptivo a diferentes crenças e estilos:

> *Mendelssohn, a Jew by race, a German by citizenship, and a Lutheran by faith, seems English-Victorian in spirit.* (Harrison, 1942, p. 158)

> Mendelssohn, judeu por etnia, alemão por cidadania, luterano por religião, assemelha-se a um inglês vitoriano por temperamento. (T. do A.)

Com efeito, para a apreciação de tão variadas manifestações, não basta a compreensão da sua obra no todo. Torna-se necessária a observação cuidadosa dos detalhes, os quais nos permitem encontrar particularidades interessantes ao longo de cada composição.

O escritor húngaro Sándor Márai salientou a importância dos pormenores de uma obra para a compreensão do processo criativo, fornecendo subsídios para se apreciar a originalidade e a genialidade do compositor. Ao se referir ao autor de *O Cravo bem Temperado*, assim escreveu:

> *El arte es siempre cuestión de detalle. Bach no está unicamente en el "conjunto", que nos sacude y nos penetra hasta la medula, sino también en los pormenores más nímios, como por ejemplo, en la ordenación perfecta de los minúsculos elementos de una fuga...* (Márai, 1951, p. 95)

> A arte envolve sempre questão de detalhe. Bach não está unicamente no "conjunto", que nos emociona e nos penetra até o âmago, mas também nos mais sutis pormenores, como, por exemplo, na ordenação perfeita dos minúsculos elementos de uma fuga... (T. do A.)

Ao encontro da mesma ideia, Otto Maria Carpeaux emitiu opinião similar em relação a Mendelssohn:

> Foi um grande artista. Precisa-se, porém, do discernimento mais cuidadoso para fazer-lhe justiça. Não pode ser julgado em bloco. (Carpeaux, 1967, p. 153)

ELEMENTOS JUDAICOS

O avô Moses Mendelssohn, ilustre filósofo, distinguiu-se como autor de importante tratado sobre a imortalidade da alma – *Phädon* –, clássico editado em trinta idiomas e elogiado por títeres do Iluminismo como Immanuel Kant. Arauto da tolerância religiosa, considerava o judaísmo um código ético, e não propriamente religião. Segundo ele, todas as religiões monoteístas não passavam de interpretações diferentes de uma única verdade. A teoria renovadora foi tão relevante que influenciou na conduta de alguns de seus filhos: quatro deles se casaram com cristãos.

Por seu turno, Jakob Salomon, tio do compositor por linha materna, converteu-se ao protestantismo, adotando o sobrenome Bartholdy, proveniente do dono de uma propriedade em Berlim, por ele adquirida.

Em seguida, Abraham resolveu batizar os filhos na religião luterana e aderiu ao cristianismo seis anos depois, juntamente com a esposa. Por cautela, demonstrou mais lentidão nas deliberações que Salomon, mas, afinal, decidiu-se, influenciado por vários fatores. Em primeiro lugar, a filosofia liberal de Moses, considerando Jesus o profeta supremo da linhagem hebraica o aproximava do ideal cristão, pois, para Abraham e Lea, a mudança de credo não implicava rejeição à religião anterior. Tratava-se apenas de continuidade histórica e de pensamento. O casal encontrava no cristianismo a universalização do judaísmo. Além disso, Abraham foi designado para um cargo público elevado – membro do Conselho Municipal de Berlim –, posição almejada e difícil de ser conseguida por qualquer pessoa, especialmente por israelita. A nova religião seria benéfica também para os filhos, por lhes permitir maior facilidade no futuro acesso a instituições culturais e administrativas. De resto, Rémi Jacobs (1977) apresentou outra razão, de ordem psicológica, ou seja, a reação tardia de Abraham contra a forte personalidade paterna, que perdurou na sua existência.

A data escolhida para o batismo dos quatro filhos foi por demais significativa: o aniversário de nascimento de Bach (21 de março). De forma simbólica, música e protestantismo se encontraram naquele momento. Podemos até nos questionar se não seria essa uma condição que, de alguma forma, tanto aproximou Mendelssohn do autor das *Paixões*.

No entanto, a conversão das crianças não ocorreu de maneira tranquila. Felix, ainda menino, aos sete anos debatia com o pai a proposta e, a princípio, não se mostrou totalmente convencido pelos argumentos apresentados. Tanto ele quanto a irmã Rebecka, durante muito tempo, se recusaram a assinar o sobrenome Bartholdy. Fanny, mais cordata, ficou à parte das acaloradas discussões familiares. A mãe de Lea, Bella Salomon, seguidora incondicional do judaísmo, jamais perdoou ao genro ter induzido os filhos a uma religião cristã e, em cunho de protesto, não deixou nenhum legado de sua grande fortuna para os descendentes de Abraham. Em suma, a decisão provocou ruptura completa e definitiva entre o pequeno grupo luterano e outros membros da família, ainda fiéis à tradição hebraica (Jacobs, 1977; Bastianelli, 2008; François-Sappey, 2008).

Como mencionado anteriormente, a família do banqueiro não renegou por inteiro a antiga religião. Permaneceram seguidores do Antigo e do Novo Testamento simultaneamente. Abraham, na ocasião do batismo de Fanny, justificou com muita clareza a razão da mudança de credo, salientando a importância futura para a inserção dos filhos na sociedade alemã da época:

> *Os hemos educado a ti, a tus hermanos y a tu hermana, en la religión cristiana, porque la misma responde a las necesidades de la mayoría de los hombres, porque involucra preceptos de obediencia, de caridad, de resignación y de amor. Jesucristo, su fundador, del cual muy escasos fieles siguen el ejemplo, los ha puesto todos en práctica. Tú, por la profesión de fe hoy, has cumplido con la obligación que exige la sociedad cristiana de ti para acogerte como uno de sus miembros. Escucha la voz de tu conciencia, sé verdadera y buena, sumisa a sus padres hasta la muerte, y disfrutarás de la paz del alma, la dicha mejor que nos sea dado conocer en esta tierra.* (Bellaigue, 1943, p. 16; grifo nosso)

> Temos educado a ti, a teus irmãos e a tua irmã na religião cristã, porque ela responde às necessidades da maioria dos seres humanos e encerra preceitos de obediência, de caridade, de resignação e de amor. Jesus Cristo, seu fundador, cujo exemplo é seguido por raros fiéis, colocou-os todos em prática. Pela profissão de fé emitida hoje, *cumpriste com a obrigação que a sociedade cristã exige de ti para acolher-te como um de seus membros.* Escuta a voz da tua consciência, sê verdadeira e boa, obediente a teus pais até a morte, e desfrutarás da paz da alma, a melhor felicidade que nos seja dada a conhecer nesta terra. (T. do A.; grifo nosso)

Conforme revelam as palavras dirigidas à filha e outras atitudes próprias de Abraham, a conversão imposta à família parece ter obedecido bem mais a conveniência social do que a verdadeiro credo.

Quando se estabeleceram em Berlim, junto à viúva de Moses, puderam desfrutar maior tolerância religiosa, resultante dos princípios propagados pelo antigo filósofo. Felix passou, então, a conviver com três crenças no lar: judaica, protestante e católica, pois alguns parentes se tornaram adeptos desta última, tal como aconteceu com a irmã de Abraham, casada com o poeta Friedrich Schlegel.

Ao mesmo tempo, o contato com o canto luterano criou intensa e duradoura aproximação entre o compositor e Bach, que se fez sentir de maneira intensa em sua obra. Durante certo período, ele se mostrou atraído pela arte latina, sacra e profana, mas não incorporou de modo relevante as respectivas expressões estéticas, embora em raros momentos de sua música possamos ainda notar essa influência. Como exemplo, a segunda das *Três*

Peças Sacras op. 23 é uma *Ave-Maria* para tenor, coro e órgão, composta em 1830, apresentando tanto harmonia vertical quanto contraponto.

Diante da situação, por demais particular, é natural que a produção de Mendelssohn não tenha ficado isenta de reminiscências do múltiplo quadro religioso. Em alguns momentos, encontramos traços judaicos; em outros, traços luteranos. Ao certo, o compositor travou conhecimento com canções israelitas no seio da família, as quais, até por um processo inconsciente, deixaram raros traços em sua música. No entanto, para podermos avaliar essa participação, é necessário levarmos em conta a conceituação de música judaica.

Em função das diversas migrações durante os longos séculos de Diáspora, o povo hebreu, trazendo antigos cantos da Palestina, passou a incorporar melodias dos países onde se estabelecia, colocando, nelas, letras em ídiche[6]. Ao mesmo tempo, a música foi perdendo as características folclóricas das terras primitivas abandonadas, sendo aproveitadas canções alemãs, húngaras, romenas, ciganas, russas e até fragmentos de operetas vienenses e de árias de Donizetti e Bellini (!). Como resultado, por vezes ocorreu tamanho grau de aculturação, que se torna difícil estabelecer uma base nítida para distinção entre melodias originais e outras absorvidas posteriormente nas diferentes regiões por onde o povo judeu passou, cabendo essa tarefa à perspicácia e à sensibilidade do pesquisador.

Com o retorno à Palestina, aconteceu processo inverso. Os recém-chegados, provenientes principalmente da Romênia e de demais localidades da Europa Oriental, levaram consigo, no final do século XIX, músicas daquelas localidades. Nesses cantos, havia um – *Hamapilim* – de autoria de Krichewsky, cujo tema se assemelha ao de *O Moldávia* de Smetana e ao do próprio hino da atual República de Israel, o qual já existia desde 1884, com letra de Naftali Imber. Corresponde à adaptação de melodia popular utilizada por Smetana, bastante difundida no Leste Europeu.

Em síntese, a chamada música judaica é composta de duas vertentes: a orientalista, fusão de antigos acentos europeus e de vários países orientais e africanos, percorridos pelo povo durante a Diáspora (Turquia, Marrocos, Afeganistão, Iêmen, além de outros países do Oriente Médio), e a ocidental, fundamentalmente de caráter europeu. No entanto, nem sempre tal divisão se mostrou rígida. Por vezes, em meio a temas recolhidos na Europa, aparecem vestígios orientais, reminiscências das milenares tradições sonoras preservadas durante o Êxodo. Diante da falta de especificidade musical, só podemos considerar "música judaica pura" os cantos próprios das sinagogas.

Caberia, então, a seguinte questão: como poderíamos reconhecer, em essência, a música judaica tal como se apresenta ao longo do tempo?

Na música de Mendelssohn, o aumento do quarto grau no modo menor poderia sugerir influência israelita, porém não podemos generalizar, pois não se trata de uma fórmula exclusiva. Ciganos, romenos, russos orientais e outros povos utilizaram alteração idêntica. Basta lembrar as *Rapsódias Húngaras n. 3 e n. 13* de Liszt, as *Rapsódias Romenas* de Enescu e *A Princesa Cigana* de Kálmán (apenas para citarmos algumas peças). Por sua vez, nem sempre está presente em melodias judaicas, nas quais foram aproveitados temas alemães, italianos e eslavos. Nesse caso, contribui outro fator, de natureza subjetiva: o "clima" da peça. O reconhecimento passa, então, a ser de ordem emocional. A condição, também inespecífica, encontra apoio nas considerações da professora e compositora Hilda Reis a respeito do nacionalismo musical:

> *O fenômeno da nacionalidade musical é de natureza emocional, está consubstanciado em características de sensibilidade e não em sistemas característicos,* como acontece na organização dos diferentes idiomas da linguagem falada, pois, na música nacionalista há o aproveitamento comum de um único sistema: a Tonalidade Acadêmica. (Reis, 1965-1969, p. 51; grifo nosso)

Considerando os itens mencionados, presentes nas *Canções sem Palavras* e indicativos de traços judaicos, selecionamos, a princípio, a op. 19 n. 2 em lá menor. Logo no início, destaca-se o caráter subjetivo que vai se estender por toda a composição:

A seguir, aparece um detalhe revelador. O aumento do sexto grau, em escala menor descendente, sobre pedal da tônica:

O referido aumento da subdominante, tão especial, aparece em outros números, como na *Barcarola* op.19 n. 6

e no op. 102 n. 4

Em outro aspecto, encontramos peças que nos remetem, antes, ao "clima". Como ilustração, temos o tema da *Barcarola* op. 19 n. 6

Do op. 53 n. 3

e do op. 102 n. 1

O último evoca o tema do concerto para violino (compassos assinalados abaixo)

O oratório *Paulus* nos fornece dois dados interessantes, capazes de revelar o comportamento de Mendelssohn em relação a assuntos religiosos. Em primeiro lugar, a escolha do assunto: um hebreu convertido ao cristianismo. Poderíamos aí encontrar o reflexo da própria situação do compositor que, de maneira simbólica, transferiu para o personagem-título a experiência pessoal vivida desde a infância. Em segundo, o fato de ele ter confiado o chamado de Jesus a vozes femininas. O Messias, concebido como encarnação do próprio Deus, seria digno do mesmo respeito tributado à Divindade, cuja representação por meio de imagens era proscrita pelas tradições judaica e protestante. A solução encontrada pelo músico foi selecionar vozes femininas, as quais conferem às palavras cunho etéreo e angelical, em lugar de serem apresentadas por vozes masculinas. Dessa forma, afasta-se qualquer concepção do Messias sob forma humana.

ELEMENTOS LUTERANOS

Em contraste com os elementos judaicos, a participação luterana se fez sentir em Mendelssohn, de maneira bem mais evidente, não só na música para piano, mas principalmente nas obras corais.

Seguidor do ramo cristão, ele era devoto, apoiado nas Escrituras Sagradas. A propósito, confessava, com certo grau de ironia, que o esforço para trazer ao público a *Paixão segundo São Mateus* e o interesse constante por toda a obra de Bach não deixavam dúvidas de que ele se tornara protestante mais convicto que muitos outros.

Certos depoimentos vieram confirmar essa situação. Um dos mais significativos nos foi legado pelo religioso e professor Adolph Lampadius:

> *To speak out in a single word what was the most salient feature of his character, he was a Christian in the fullest sense. He knew and he loved the Bible as few do in our time: out of his familiarity with it grew his unshaken faith, and that profound spiritual-mindedness without which it would have been impossible for him to produce those deep-felt sacred compositions, and, besides this, the other principle of the genuine Christian life, love, was powerful in him. God has blessed him with a large measure of this world's goods, but he made a noble use of them. He carried the biblical injunction into effect, to "visit the widow and the fatherless in their affliction"; and he knew that to feed the hungry and to clothe the naked is a fast acceptable to the Lord. His threshold was always besieged by the needy of all sorts but his kindness knew no bounds.* (Nichols, 1997, p. 186-187)

Para dizer em uma só palavra qual o aspecto mais relevante do seu caráter, ele era cristão no mais amplo sentido. Conhecia e amava a Bíblia como poucos o fazem atualmente. Dessa intimidade, cresceu sua fé inabalável e intensa inclinação espiritual, sem a qual lhe teria sido impossível criar aquelas composições sacras de sentimento tão profundo. Além do mais, para ele, o amor, outro princípio da verdadeira vida cristã, era de grande relevância. Deus o abençoou com grande quantidade de riquezas nesse mundo, mas delas fez bom uso. Ele pôs em prática o princípio bíblico de "assistir a viúva e o órfão na aflição" e sabia que dar alimento a quem tem fome e vestir os despidos agradam ao Senhor. O umbral de sua casa estava sempre ocupado por necessitados de toda espécie; sua bondade não conhecia limites. (T. do A.)

Segundo o pastor Julius Schubring, a fé demonstrada pelo compositor era excessivamente ampla, a ponto de se estender ao conceito de arte. Para Mendelssohn, toda espécie de música deveria servir à glória Divina.

A música religiosa luterana, em princípio, difere da católica. Na Igreja Romana (século XVI), a polifonia cada vez mais se tornava elaborada e desenvolvida, chegando a haver composições com bem mais de vinte vozes. Além da complexidade sonora, os textos em latim afastavam o povo da essência do culto, dada a dificuldade de acompanhar as melodias e compreender as palavras.

Felix Mendelsohn. (Acervo do Autor)

Cônscio da situação, Lutero percebeu a necessidade de uma forma musical mais simples, comunicativa e acessível aos fiéis. Surgiu, assim, nova modalidade de cantos cristãos, tendo como fonte antigos hinos latinos, hinos populares anteriores à Reforma, canções profanas às quais foram adaptadas outras letras e hinos concebidos na época especialmente para o novo culto. Com a substituição do latim pelo idioma alemão, a transmissão da mensagem religiosa tornou-se fluente e imediata, bem como a participação dos fiéis nos hinos religiosos, dando origem ao estilo congregacional. No final do século XVI, quando as melodias se tornaram mais agudas, as vozes mais graves se agruparam em acordes, formando o coral luterano.

À maneira de coral evangélico, a música luterana está presente no repertório para piano de Mendelssohn. Schumann havia notado, nos diferentes números das *Canções sem Palavras*, a evolução a partir do *Lied*, passando pelo dueto e exibindo estilo polifônico e coral nas peças tardias. Com efeito, na op. 19 n. 4 e na op. 85 n. 5, predomina cunho solene, contido, em acordes, tudo conforme os modelos religiosos citados. No caso, o compositor evitou o cânone, empregado por ele em outras partituras. Um fato nos chama a atenção em ambas as partituras: a preferência pela tonalidade de lá maior. Para ilustrar o dito, extraímos os seguintes compassos do op. 19 n. 4:

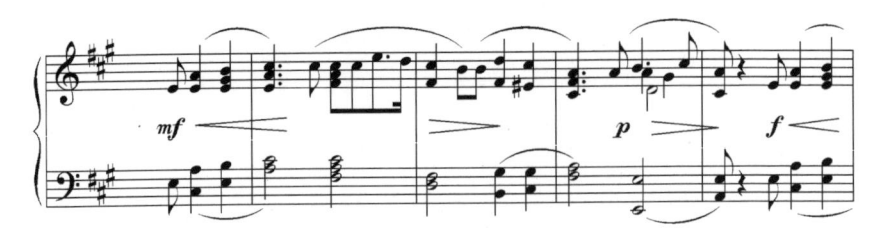

Outras reminiscências de corais luteranos também são encontradas nas *Variações para Piano op. 82* e *op. 83* e na introdução orquestral do 2º Movimento do *Concerto para Piano n. 2*. Ademais, Alfred Cortot percebeu, na décima das *Variations Sérieuses*, certo grau de sentimento religioso, que se poderia considerar como de cunho protestante (Olivier, 2008).

Alguns dados comportamentais, manifestados por intermédio da atividade musical, revelam o afastamento de Mendelssohn das manifestações culturais e religiosas judaicas. Ao escolher fragmentos bíblicos para pôr em música, o fez em latim e alemão, e nenhum deles foi destinado a cultos hebraicos, conduta que, para Olivier (2008), significou ruptura com a religião dos antepassados. Mais significativo é o fato de ter escrito música para textos católicos, apesar da origem israelita do compositor e da conversão ao protestantismo. Tal condição encontra-se na *Ave-Maria* para tenor, coro e órgão (1830), incluída nas *Três Peças Sacras op. 23*, com o texto, em latim, da tradicional oração à Virgem Maria. Devemos, ainda, acrescentar o *Lauda Sion* (1846), celebrando o Corpo e o Sangue de Jesus, baseado em S. Tomás de Aquino.

Nos oratórios (*Paulus, Elias* e *Christus*), os respectivos textos não foram redigidos por israelitas. Mais ainda, Mendelssohn, além do piano, dava especial atenção ao órgão, instrumento fora de uso nos rituais hebraicos e associado ao culto cristão (o instrumento habitual do povo judaico, desde longo tempo, era o violino). Além de compor peças para órgão, aprazia-lhe improvisar, como o fez em uma pequena igreja perto do Lago Brienz, nas proximidades de Interlaken. Por último, vale lembrar a precoce dedicação à regência (estreou com vinte anos de idade na Inglaterra). Naquele tempo, os judeus, mesmo os abastados, evitavam a exposição ao público. Felix rompeu com a tradição e deu início a uma série de regentes israelitas que tem se prolongado até os dias atuais.

O ELEMENTO FEÉRICO

À diferença do caráter das peças anteriores, encontramos em Mendelssohn o elemento mítico, voltado a entidades fantásticas, encontradas em bosques, ar e águas. Ao explorar o tema, ele se distinguiu nitidamente dos seus grandes contemporâneos e, revelando mestria incomparável, conseguiu aliar pureza de forma, equilíbrio, consistência e leveza[7].

Apesar da originalidade, podemos admitir como precursor direto dessa tendência ao fantástico, Carl Maria von Weber, com quem Mendelssohn teve contato durante a infância e até compareceu à primeira encenação de *O Franco Atirador* (*Der Freischütz*). Weber demonstrava inclinação por assuntos incluindo elementos sobrenaturais nas óperas. Basta lembrarmos a presença aterradora de Samiel (Diabo), para quem o guarda florestal Caspar vendeu a alma em *O Franco Atirador*; a aparição e as revelações de além-túmulo feitas a Euryanthe na ópera homônima; a música feérica do início do primeiro ato e do final do segundo e terceiro atos de *Oberon*. Por tal motivo, o musicólogo francês Roland Manuel (1953) chegou a dizer que o nome de Weber despertava nele todo um mundo noturno, povoado de cavalgadas fantásticas, fadas e duendes. Otto Maria Carpeaux (1967) também não ficou alheio a esse quesito:

> Weber descobriu a floresta fantástica e demoníaca, cheia de pavores da superstição popular, resíduos da esquecida mitologia germânica; invocou sentimentos atávicos na alma do povo. (Carpeaux, 1967, p. 163)

Posto que Mendelssohn não atribuiu títulos específicos às obras para piano, podemos estabelecer uma relação entre algumas delas e outras de câmara ou orquestrais que apresentem semelhanças capazes de sugerir clima mítico. O melhor exemplo, no setor orquestral, encontra-se no *Sonho de uma Noite de Verão*, "o milagre entre os milagres da precocidade; pois nem sequer o próprio Mozart chegou a escrever com dezessete anos de idade uma obra-prima dessas" (Carpeaux, 1967, p. 154).

Inspirada na peça homônima de Shakespeare, essa música incidental surgiu provavelmente por ocasião da leitura do texto por Felix e Fanny, em tradução de Schlegel e Thieck (1826). A célebre Abertura foi composta inicialmente sob a forma de duo para piano, apresentada a Moscheles pelos dois irmãos. A composição, de cunho inédito, tornou-se, mais tarde, modelo para outros autores. O cunho sugestivo do etéreo, aí presente, fez com que Rémi Jacobs salientasse a participação direta do subconsciente na criação do referido trecho:

> *Le miracle qui s'accomplit sous sa plume provient certainement plus d'une assimilation subconsciente du potentiel poétique que d'une volonté délibérée de restituer l'atmosphère de cette nuit enchantée.* (Jacobs, 1977, p. 55)

> O milagre que se realiza em sua escrita, ao certo, provém mais de uma assimilação subconsciente do potencial poético que de uma vontade decidida de reconstituir a atmosfera dessa noite encantada. (T. do A.)

Vale ainda acrescentar que a Abertura de *Sonho de uma Noite de Verão* foi composta três meses depois da Abertura de *Oberon*, fato indicativo da influência de Weber sobre o jovem compositor. A respeito da aproximação entre as duas obras, o historiador Hans Renner declarou que a peça de Mendelssohn tornou-se, "ao lado da música de *Oberon* de Weber, o protótipo de todas as músicas de elfos e fantasmas que se tornaram populares durante o período do apogeu do Romantismo" (Kiefer, 1985, p. 222). Na realidade, a música leve, aérea, feérica, tornou-se especialidade de Mendelssohn, a qual nunca foi superada por outros compositores, no dizer de Hugo Leichtentritt (1950).

De maneira por demais explícita foi a explicação dada pelo próprio irmão à Fanny acerca do *Scherzo* do *Octeto op. 20*:

> *Félix m'a confié, écrit-elle, ce qu'il a voulu exprimer dans cette dernière oeuvre. Le morceau se joue staccato et pianissimo; les trémolos, les trilles, tout y est nouveau, étrange et néanmoins si ethéré qu'il semble qu'un souffle léger vous élève dans le monde des esprits. On serait tenté soi-même d'enfourcher le manche à balai d'une sorcière pour mieux suivre dans son vol la troupe aérienne.* (Jacobs, 1977, p. 40)

> Felix contou-me, escreveu ela, o que ele tencionou exprimir nessa última obra. A peça é tocada *staccato e pianissimo*; os *tremolos*, os trinados, tudo é novo, estranho e, entretanto, tão etéreo, que parece que um leve sopro vos alça ao mundo dos espíritos. Estaríamos tentados a montar no cabo da vassoura de uma feiticeira para melhor seguir, em seu vôo, o cortejo aéreo. (T. do A.)

A sugestão de tais elementos feéricos foi confirmada por biógrafos e musicólogos. George Grove assim se manifestou em comentário sobre a Abertura de *Sonho de uma Noite de Verão*: *"llevó las hadas a la orquesta y las fijó en ella"* (levou as fadas à orquestra e, nela, fixou-as) (Stratton, 1942, p. 217). Igualmente, Stephen Stratton emitiu opinião similar em relação ao caráter dos *Scherzi* de Mendelssohn, estendendo o conceito a outras obras do compositor: *"llevó consigo las hadas a todas partes"* (levou consigo as fadas a todos os lugares) (idem, p. 220). Ainda de acordo com Mellers (1969), os trompetes na Abertura *Hebridas* nos conduzem ao reino das fadas.

A semelhança entre algumas peças para piano, orquestrais e de câmara nos permite estabelecer comparações entre elas. Podemos admitir que o mundo encantado, povoado de fadas, elfos e gnomos, ainda não havia despertado tantas impressões no repertório instrumental. Essa faceta é tão característica, intensa e espontânea, que se manifesta independente de letra ou enredo na produção de Mendelssohn. Quanto ao caráter e à forma livre, no caso das peças para piano, podemos lembrar mais uma vez a influência de Weber, especialmente por meio do *Momento Capriccioso op. 12*.

A título de ilustração, expomos abaixo a inegável semelhança de escrita entre o *Scherzo em mi menor op. 16 n. 2* para piano (ex. A) e o tema da Abertura de *Sonho de uma Noite de Verão* (ex. B):

(B)

Nesse tópico, podemos incluir o famoso *Rondo Capriccioso op. 14*, cuja composição data da concepção da música incidental para a célebre peça de Shakespeare, e o *Scherzo a Capriccio*, em fá sustenido menor. Ambos, pela textura musical, aproximam-se do *Sonho de uma Noite de Verão*, causando sensação de leveza e fantasia, similar àquela despertada pela obra orquestral. A título de ilustração, selecionamos os compassos iniciais do *Scherzo*:

Torna-se curioso e interessante o compositor ter despertado tantas opiniões unânimes acerca do caráter fantástico e encantado presente em muitas de suas peças, ocorrência rara nos grandes compositores ao longo da História.

Os aspectos abordados no presente texto ressaltam a originalidade de Mendelssohn, personalidade à parte das exaltadas tendências do movimento romântico e do modismo imperante na primeira metade do século XIX, porém criador de um estilo comedido e de um mundo fantástico, cujo encanto tem persistido e influenciado muitas gerações.

NOTAS

|1| Um dado interessante é o fato de Mendelssohn, embora aficionado por danças, ter evitado formas musicais correspondentes no geral de sua obra. No caso da valsa, o imenso encanto por ela despertado no decurso do século XIX influenciou sobremaneira grandes compositores, aí incluídos Weber, Chopin, Liszt, Schumann, Tchaikowsky, Moszkowsky, Granados, Grieg e até alguns mais circunspectos, como Berlioz, Brahms e Reger. Men-

delssohn, entretanto, constituiu uma exceção, não incluindo a valsa em seus trabalhos e não fazendo uso, com raríssimas exceções, de alguma forma de dança.

|2| Certa vez, Goethe declarou que, se Romantismo correspondesse à desordem, ele preferiria ser um clássico. Podemos admitir que Mendelssohn, prezando o equilíbrio da forma e a contenção emocional, se aproximava do ideal do autor de *Werther*.

|3| Apesar da rejeição demonstrada por Mendelssohn quanto a títulos e explicações sobre sua obra, os editores insistiam em acrescentar nomes a cada peça. À guisa de ilustração desses excessos, destacamos alguns títulos que figuram na coletânea das *Canções sem Palavras*, organizada por Theodor Kullak (Ed. Carl Fisher, Nova Iorque):

Lost Illusion (Ilusão Perdida) op. 67 n. 2 em fá sustenido menor

Song of the Pilgrim (Canção do Peregrino) op. 67 n. 3 em si bemol maior

Delirium (Delírio) op. 85 n. 3 em mi bemol maior

Belief (Fé, Confiança) op. 102 n. 1 em mi maior

Happy Peasant (Pastor Feliz) op. 102 n. 5 em lá maior.

|4| Cantos típicos da Suíça e do Tirol, que apresentam alternância de voz normal e falsete.

|5| Instrumento típico da Suíça, usado por camponeses para recolher o gado disperso nas montanhas.

|6| Idioma falado por grupos de judeus. Trata-se da adaptação do alemão medieval juntamente com termos hebraicos e eslavos.

|7| Vale lembrar que Liszt compôs a *Dança dos Gnomos*, mas deu preferência, no tocante a temas místicos e sobrenaturais, a motivos religiosos, lúgubres e satânicos (Bittencourt-Sampaio, 2005); MacDowell, a *Dança das Bruxas*; e Grieg, *Dança dos Elfos*.

BIBLIOGRAFIA

BASTIANELLI, Jerôme. *Félix Mendelssohn*. Arles: Actes Sud, 2008.

BELLAIGUE, Camille. *Mendelssohn*. Trad. Pedro E. F. Labrousse. Buenos Aires: Tor, 1943.

BITTENCOURT-SAMPAIO, Sérgio. A presença religiosa na música para piano de Franz Liszt. *Revista da Academia Nacional de Música*, Rio de Janeiro, v. XVI, p. 149-174, 2005.

BOEHM, Yohanan. A vida musical de Israel. *Revista C.B.M.*, Conservatório Brasileiro de Música, Rio de Janeiro, a. 11-14, n. 41-56, p. 134-153, 1965-1969.

CARPEAUX, Otto Maria. *Uma nova história da música*. Rio de Janeiro: José Olympio, 1967.

DORIAN, Frederick. *The musical workshop*. New York: Harper, 1947.

ERSKINE, John. *Canción sin palabras*. La vida de Felix Mendelssohn. Trad. Nestor Antonio Morales. Buenos Aires: Siglo Veinte, 1945.

FRANÇOIS-SAPPEY, Brigitte. *Félix Mendelssohn*. La lumière de son temps. Paris : Fayard, 2008.

HARRISON, Sidney. *Music for the multitude*. New York: MacMillan, 1942.

HORTON, John. *Mendelssohn chamber music*. London: BBC Music Guides, 1972.

HURD, Michael. *Mendelssohn*. London: Faber & Faber, 1970.

JACOBS, Arthur. *Choral music*. Middlesex: Penguin, 1963.

JACOBS, Rémi. *Mendelssohn*. Paris: Solfèges, Seuil, 1977.

KIEFER, Bruno. O romantismo na música. In : GUINSBURG, J. (Org.) *O romantismo*. São Paulo : Perspectiva, 1985.

LEICHTENTRITT, Hugo. *Music. History, and ideas*. Cambridge : Harvard University Press, 1950.

MANUEL, Roland. *Placer de la música. De Beethoven a nuestros días*. Trad. Amparo Abajar de Ortega Velarde. Buenos Aires : Hachette, 1953.

MÁRAI, Sándor. *Música en Florencia*. Trad. F. Oliver Brachfeld. Barcelona: Destino, 1951.

MASON, Daniel Gregory. *The appreciation of music*. V. 2. Great modern composers. New York: The H. W. Gray Company, 1925.

MELLERS, Wilfrid. *Man & his music*. The story of musical experience in the West. P. 4. *Romanticism and the Twentieth Century*. New York: Schocken Books, 1969.

MINTZ, Donald. Melusine: a Mendelssohn draft. *The Musical Quarterly*, New York, v. 43, n. 4, p. 480-499, 1957.

MOSHANSKY, Mozelle. *Mendelssohn*. London: Omnibus Press, 1982.

NICHOLS, Roger. *Mendelssohn remembered*. London: Faber & Faber, 1997.

NINDE, W. S. *Diecinueve siglos de canto cristiano*. Buenos Aires: La Aurora; México: Casa Unida de Publicaciones, 1948.

OLIVIER, Philippe. *Félix Mendelssohn*. Un intercesseur multiculturel? Paris: Hermann, 2008.

REIS, Hilda. Contribuições recíprocas do popular e do erudito na formação da expressão musical nacionalista. *Revista C.B.M.*, Conservatório Brasileiro de Música, Rio de Janeiro, a. 11-14, n. 41-56, p. 46-55, 1965-1969.

ROSTAND, Claude. *Les chefs-d'oeuvre du piano*. Paris: Plon, 1950.

SCHUMANN, Robert. *On music and musicians*. Trad. Paul Rosenfeld. New York: W. W. Norton, 1969.

SELDON, Camille. *La musique en Allemagne*: Mendelssohn. Paris: Germer Baillière, 1867.

STOECKLIN, Paul de. *Mendelssohn*. Paris: Henri Laurens, 1927.

STRATTON, Stephen S. *Mendelssohn*. Su vida y su obra. Trad. Luis Echavarri. Buenos Aires: Schapire, 1942.

TISCHLER, Hans; TISCHLER, Louise H. Mendelssohn's songs without words. *The Musical Quarterly*, New York, v. 33, n. 1, p. 1-16, 1947.

Texto publicado de forma resumida na *Revista da Academia Nacional de Música*, Rio de Janeiro, v. XVIII-XIX, 2007-2008.

A MULHER COMPOSITORA: UMA EXPRESSÃO SILENCIADA?

Apesar de Aaron Cohen (1981) ter citado a existência de cerca de cinco mil compositoras ao longo do tempo (número certamente inferior ao real), a obra dessas musicistas permanece em sua quase totalidade no esquecimento. No entanto, algumas chegaram a desfrutar de bom conceito durante a vida e deixaram nome no mundo da música. Revendo o passado longínquo, logo nos chama a atenção a presença de mulheres em atividades musicais. As primeiras sacerdotisas da civilização sumeriana eram poetas e musicistas; a sacerdotisa Enheduana, filha de rei da Mesopotâmia, escrevia e declamava poesias, acompanhada de música, e até compôs hinos à Inana, deusa do amor; no Egito Antigo, viveu Hekenu (c. 2563-2423 a.C.), a primeira harpista de que se tem notícia; ainda na mesma região (1750 a.C.), Hemre, escrava de faraó, estava encarregada dos músicos da nobreza e, séculos depois, outra escrava, Bakit, foi professora de música na corte; em meados do século XII, Hildegard de Bingen legou-nos cantos religiosos para vozes femininas; no ano de 1625, existiu uma ópera composta por mulher, intitulada *La Liberazione di Ruggiero dall'Isola d'Alcina*, de autoria de Francesca Caccini; no século XIX, Tekla Badarczewska-Baranowska compôs, aos vinte e dois anos, *La Prière d'une Vierge*, muito conhecida internacionalmente na época (chegando a atingir cento e quarenta edições em diversos países), cuja importância histórica se situou não no mérito da partitura, senão no fato de divulgar o nome de uma mulher como autora; Germaine Tailleferre integrou o Grupo dos Seis, na França, ao lado de personagens ilustres como Poulenc, Milhaud, Honegger, Auric e Durey; Lili Boulanger, desaparecida precocemente, foi a primeira mulher a receber o *Prix de Rome*; a brasileira Joanídia Sodré foi autora de algumas peças e de uma ópera, destacando-se como a primeira sul-americana a reger a Filarmônica de Bonn, na Alemanha; Dinorá de Carvalho, a primeira compositora a ingressar na Academia Brasileira de Música. E a lista se amplia até a atualidade.

Na quase totalidade dos manuais de História da música, não figura sequer o nome de uma compositora. Ainda hoje, é muito escassa a execução de obras originais de mulheres nos recitais e concertos. Essa ausência, mantida por preconceitos que atravessaram séculos, pode ser justificada por condições de duas naturezas: sociais e psicobiológicas.

FATORES SOCIAIS

São de fundamental importância os vários condicionamentos impostos na educação desde a infância, determinando padrões comportamentais pertinentes a cada sexo. Por exemplo, na preparação de enxoval para recém-nascidos, habitualmente seleciona-se o azul para meninos enquanto a cor-de-rosa fica reservada para meninas. Os brinquedos também estão sujeitos ao mesmo critério: bonecas para meninas; bolas, trens, caminhões, para meninos.

Mais tarde, prossegue a distinção em nível emocional. Os garotos são impedidos de expressar extrema sensibilidade, doutrinados a conter as lágrimas, aparentando superioridade, vigor e autocontrole como sinais de virilidade.

Por sua vez, até o século XIX, em muitos países, incluindo o Brasil, era vedado o ingresso de mulheres em cursos superiores, medida que, sem dúvida, limitava a sua instrução e impedia-lhes o desempenho em muitos setores culturais. Por conseguinte, em uma sociedade patriarcal, o conhecimento e a produção intelectual permaneceram como atividades exclusivamente masculinas.

Nesse contexto restritivo, é natural que as compositoras tenham sofrido desmedida discriminação, sendo difícil impor as próprias partituras nos repertórios eruditos. Nos séculos passados, "quem é que pensaria em empregar uma mulher como musicista da corte?", indagou o cientista social britânico Ashley Montagu (1970, p. 125). Algumas delas foram compelidas a adotar um pseudônimo masculino, anulando a própria identidade, com o intuito de suas músicas atingirem o público. Segundo testemunho de Gounod, a irmã de Felix Mendelssohn – Fanny Hensel –, dotada de raro talento para a composição, deixou de subscrever várias peças para piano e as incluiu nas famosas *Canções sem Palavras*, de autoria do irmão. O mesmo aconteceu com Carrie William Krogmann: produziu grande número de obras com vários antropônimos masculinos. No século XX, a norte-americana Edith Borroff teve as composições rejeitadas, quando submetidas, com o nome da autora, a um editor. Só foram aceitas para publicação após serem apresentadas como trabalhos do sexo oposto[1].

No período 1869-1875, a jovem norte-americana Amy Fay residiu na Alemanha, a fim de aperfeiçoar os estudos de piano, entrando em contato com expoentes da técnica do instrumento, tais como Liszt, Kullak, Bülow, entre outros. Na sua correspondência, datada de 22 de abril de 1871, encontramos referência à compositora Alicia Hund, autora de uma sinfonia, a quem foi dada a oportunidade de reger orquestra, mas o fato causou profundo desagrado aos homens. A própria Amy emitiu opinião ambivalente. Ao mesmo tempo que declarou não ter preconceito acerca de alguma mulher atuar como regente (?), julgava não ser muito adequado ao sexo feminino sustentar a batuta e reger um grupo integrado por homens.

No final do século XIX, no Rio de Janeiro, a segregação em relação às mulheres ficou patente no importante Clube Beethoven, fundado em 1882 pela Princesa Isabel e pelo violinista Kinsman Benjamin, contando entre os membros Artur Napoleão, Leopoldo Miguéz e Alberto Nepomuceno. Instalado primeiramente na rua do Catete, transferiu-se depois para uma sede mais ampla na Glória. Desde a fundação, existia uma cláusula limitando apenas aos homens o comparecimento às récitas. O aumento do interesse pelas apresentações levou à construção de um anexo, no jardim, para ambos os sexos, mas continuou a interdição ao ingresso de mulheres no prédio da sede.

A antiga condição desfavorável às mulheres não se limitou à arte dos sons: ocorreu também na literatura. Basta lembrar os exemplos de Aurore Dudevant na França, e Mary Ann Evans na Inglaterra, romancistas que só conseguiram ingressar no meio literário depois de adotarem pseudônimos (George Sand e George Eliot, respectivamente), situação comum até o princípio do século XX. Diante do descrédito atribuído à produção feminina em várias áreas do saber, Ashley Montagu questionou a situação inversa: "Por outro lado, qual o homem que jamais pensou em mandar *seu* manuscrito com um pseudônimo feminino?" (Montagu, 1970, p. 123)[2].

O maior número das mulheres que apresentaram alguma produção musical, só o conseguiram por terem na família algum músico (pai, irmão, esposo), ou manterem vínculos com a nobreza, ou se dedicarem à vida religiosa. A primeira situação era a mais comum, haja vista os nomes de Ana Madalena Bach, Francesca Caccini, Nannerl Mozart, Lucille Grétry, Clara Schumann, Fanny Hensel, Pauline Viardot, Alma Mahler e tantas outras, cada uma delas ligada a algum compositor por laços de parentesco ou matrimônio.

Segundo Nancy Reich (1995), as compositoras nos dois últimos séculos situavam-se em dois grupos: aquelas que apresentavam suas criações somente em âmbito domiciliar, para amigos e família, e as que se apresentavam em salas de concerto e outros locais públicos. A escolha do tipo de atividade refletia na opinião que partia da sociedade. As intérpretes/compositoras voltadas ao palco enfrentavam condição desfavorável, pois não era de bom-tom a mulher da sociedade se expor ao público. Significava ingresso na carreira artística, cuja reputação era má, implicando pouca atenção dada ao lar e à família, dando vez a comentários negativos.

Em função do preconceito, muitas musicistas talentosas ficaram restringidas ao ambiente doméstico. Por exemplo, Fanny Hensel, dotada de notável aptidão para interpretação e composição, além de aprimorado juízo crítico em relação à música, não obteve as vantagens que as profissionais conseguiam com editores, empresários e imprensa.

O mesmo princípio restritivo vigorava nos conservatórios. As jovens inscritas nas instituições de ensino musical abandonavam as classes para se casar. Para elas, a música deveria ser aceita de bom grado, desde que não se tornasse profissão.

Algumas musicistas se insurgiram contra os preceitos fixados. Foi o caso de Clara Schumann. Rompendo com o tabu imposto às pianistas de não se apresentar em público após o casamento, o fez muitas vezes grávida, em turnês, recebendo pagamento pela atividade musical, fato que caracterizava profissionalismo. Apesar de autora de várias peças, cujo mérito foi reconhecido por Liszt[3], seu nome se firmou, ao longo do tempo, como intérprete e não tanto por suas obras.

Na segunda metade do século XX, quando as mulheres passaram a ocupar cargos públicos e administrativos outrora concedidos apenas a homens, a situação no âmbito da composição musical erudita pouco mudou em relação aos tempos anteriores. Se, por um lado, elas foram aceitas, conceituadas e até idolatradas como intérpretes, sobretudo cantoras e pianistas, ainda permanece imensa reserva quanto ao seu valor no setor composição. Existe, pois, uma sólida barreira separando os universos da composição e da interpretação quando se trata do elemento feminino[4].

A restrição à atuação de mulheres em atividades públicas e artísticas teve origem no advento e na expansão do cristianismo, ao impor-lhes extensos limites na sociedade. Na iconografia pré-cristã, seja da Mesopotâmia, do Egito ou da Grécia, há registros da participação feminina na vida musical, tocando flautas, sistros, crótalos e címbalos nos acompanhamentos de cantos e danças, além de harpas ao se apresentarem isoladamente, como foi mencionado no início do presente texto. No Velho Testamento, consta que, em louvor ao Senhor durante a comemoração de uma vitória, "a profetisa Miriã, irmã de Arão, tomou um tamborim, e todas as mulheres saíram atrás dela com tamborins e danças" (Êxodo, 15). Esse relato bíblico primitivo, ocorrido na Antiguidade remota, demonstra a participação das mulheres em festejos religiosos fora da civilização greco-romana.

No início da Era Cristã, a mulher atuante na área musical tornou-se elemento desqualificado. Dançarinas, cantoras, tocadoras de flautas e cítaras estavam associadas, no Mundo Antigo, à sedução e a festas profanas[5]. Por tal razão, foram banidas da atividade musical religiosa, bem como os instrumentos e a dança, todos evocando ambientes mundanos e cultos pagãos (feitiçaria, orgias, solstícios). Coube, então, aos monges, estabelecer os princípios da música ocidental, compreendendo a criação da notação musical e o canto gregoriano. Quando ocorria a participação feminina, era em âmbito limitado aos conventos, sem se expor em locais públicos. Como exemplo desse comportamento, encontramos a abadessa Hildegard de Bingen, autora de cânticos em louvor à Virgem Maria, destinados a vozes femininas. Na Europa medieval, os recintos cristãos durante séculos se tornaram centros nos quais a música pôde se desenvolver de forma profissional.

Por sua vez, completamente contrária às normas religiosas, a participação de mulheres era intensa nos rituais de magia, em locais isolados, marginais e transgressores. As feiticeiras atribuíam à música função mágica, global e unificadora, capaz de atuar sobre os elementos da Natureza. Juntamente com a dança, era indispensável e fundamental em oferendas, invocações e sacrifícios pagãos.

Conforme registrou a professora e ensaísta italiana Meri Franco-Lao (1980), a cisão da música em dois segmentos, de acordo com a organização social vigente, passou a conferir dois destinos diferentes à arte. Na classe dominante, reforçava a ideologia do poder (representado pelo binômio Estado/Igreja), destinando-se a servi-lo; em meio ao povo, tornava-se aviltada e desvirtuada nas seitas e rituais proscritos pela Igreja, nos cantos dos trovadores e menestréis, nas sátiras e irreverências dos goliardos.

Ao longo dos séculos, o espaço reservado à mulher ficou limitado à vida doméstica. Ela foi condicionada desde a infância a não desejar nenhuma outra situação além daquela estabelecida pela sociedade, ou seja, ter como espaço unicamente o lar e permanecer submissa ao domínio exercido por figuras masculinas (pai, irmão, marido, autoridades, clérigos). Ao inverso, aos homens foram confiados cargos de responsabilidade e poder, tais como direção, comando, julgamento, manifestações culturais. Ademais, a eles não bastava simplesmente desempenhar as funções que lhes foram atribuídas, mas o fazerem de maneira excelente. Somente ao elemento masculino cabia o destaque, o reconhecimento. Em quais situações se exigia o mesmo das mulheres?

Segundo Franco-Lao, ao contrário do consenso geral, a mulher não foi propriamente impedida de compor. Tampouco, os editores recusaram os seus manuscritos. Segundo a citada ensaísta, a relativa escassez de trabalhos originais de mulheres reside em uma causa mais profunda e remota, ou seja, elas foram excluídas da sistematização e da evolução da música desde o início:

> Al haberse convertido la música en un arte misógino, la mujer no se siente expresada en él; si hace la música, lo hace siguiendo los modelos dominantes, no en cuanto mujer. Le ha sido arrebatada una gran parte de la música, la suya. Al menos una mitad de la música, la que se enlaza quizás con los albores de la especie. Otra música, la de signo masculino, le ha declarado una guerra implacable, porque no entraba en sus esquemas. (Franco-Lao, 1980, p. 85)

> Ao se converter a música em arte misógina, a mulher não se sente incluída nela. Ao fazer música, segue os modelos dominantes, afastada da condição de mulher. Foi-lhe arrebatada uma grande parte da música – a sua. Pelo menos, uma metade da música, a que se relaciona, talvez, com os primórdios da espécie. Outra música, de caráter masculino, declarou-lhe uma guerra implacável, pois não fazia parte dos seus esquemas. (T. do A.)

Ashley Montagu resumiu em três itens as etapas de bloqueio imposto à condição feminina, impedindo qualquer mulher de alcançar condição de destaque no ramo do conhecimento:

1. Durante a maior parte de sua história, a maioria dos campos de realizações lhes foi vedada;
2. em campos aos quais foram admitidas, não lhes permitiram ficar em pé de igualdade com os homens;
3. ou então, tendo sido admitidas, não foram encorajadas a aparecer ou foram mesmo desencorajadas, ninguém tomando conhecimento delas. (Montagu, 1970, p. 123)

Além dos fatores sociais mencionados, não podemos desprezar outros, de ordem biológica e psicológica, que, ao certo, participam no processo criativo e devem ser levados em consideração.

FATORES PSICOBIOLÓGICOS

Os conhecimentos atuais a respeito da fisiologia cerebral revelam diferenças nas funções dos hemisférios direito e esquerdo do ser humano.

As condições psicológicas correlacionadas com essas estruturas anatômicas no homem e na mulher, em relação à atividade musical, foram bem abordadas por Jean-Paul Despins (1999). O esquerdo é o primeiro a intervir na tradução de representações lógicas, semânticas e fonéticas da realidade e na sua comunicação com o mundo externo. Atua na maior parte dos fenômenos linguísticos, na fala e na escrita.

O direito participa na percepção holística das relações de modelos, configurações e estruturas. É capaz de identificar com notável nitidez uma forma a partir de poucas linhas ou reconhecer uma peça musical completa a partir da audição de fragmentos melódicos dela extraídos. Parece relacionar mentalmente os pontos ou as partes do todo captando o sentido global. De certo modo, como assinalou Despins, é artífice de totalidades: sua visão é, antes de tudo, holística. Responde com grande rapidez ao novo, ao desconhecido e à criatividade artística.

Ainda o referido autor acrescentou que, em geral, as mulheres superam os homens na maior parte das funções que exigem processamento rápido (codificação e decodificação) de dados informais: captar e armazenar informações mediante simples memorização, independentemente de compreender ou não o material a ser retido; perceber detalhes secundários de filmes, além de memorização estritamente verbal. Elas manifestam um tipo de intuição que lhes permite captar de maneira global o estado afetivo do próximo e decodificar instintivamente pequenos detalhes da expressão facial ou do timbre da voz.

Na área cerebral, a interpretação musical implica hábil comunicação inter-hemisférica, predominante no sexo feminino. As musicistas são capazes de estabelecer com facilidade relações entre elementos denotativos (hemisfério esquerdo) e conotativos (hemisfério direito), que lhes favorecem a condição de intérpretes. Por seu turno, a composição e a regência são processos mentais de tipo analítico (denotativo) e holístico (conotativo), respectivamente, envolvendo menor grau de ambivalência das estruturas anatômicas correspondentes; portanto, convêm mais aos homens.

Entretanto, qualquer que seja a justificativa, social ou biológica, ou ambas, um fato é inegável: a maioria das musicistas, apesar de excelentes intérpretes, não se têm voltado sobremaneira à composição, ocasionando grande defasagem entre a produção masculina e a feminina. Não obstante terem recebido esmerada formação musical, muitas delas selecionam como meios de expressão artística a literatura (poesia, romance, memórias e contos) e as artes plásticas. Na música, por natureza, dão preferência à interpretação (recriação) do que foi concebido por outros autores. Sua atividade musical, na maioria das vezes, se volta para o estudo do canto ou de algum instrumento, mas não para o ato de compor.

Em face do exposto, cabe-nos questionar alguns tópicos, ainda sem respostas satisfatórias:

1. Em geral, a produção musical feminina, no âmbito da composição, não ocorre de forma contínua. Com frequência, é esporádica, ao contrário do que se verifica com os homens, nos quais o ato de compor se torna atividade constante.

A justificativa para essa condição pode ser encontrada na situação de as mulheres, durante séculos, sempre desempenharem ocupações limitadas ao lar. Também é comum o interesse que elas demonstram por mais de um setor cultural simultaneamente, contribuindo para maior dispersão da concentração mental e prejudicando a elaboração de uma obra de vulto. Ao inverso, os homens têm tendência a concentrar o pensamento em áreas específicas, capazes de os absorverem de maneira integral, permitindo realização plena e ampla de seus objetivos.

Em outras palavras, na psique feminina, a criação musical é compartilhada com inúmeras atividades, sobretudo no mundo atual, em que a mulher é requisitada para múltiplas funções, incluindo cargos administrativos.

Ainda outra condição influi de maneira poderosa na rotina feminina: a maternidade. Para a mulher, constitui momento supremo da existência, aguardado com ansiedade. Tal vivência, em geral, suplanta as demais ocupações; representa a geração e a continuidade da própria vida, sensação vedada aos homens.

Ambos os sexos, por determinismo psicobiológico, teriam necessidade de gerar algo, seja no contexto biológico, seja no intelectual, movidos por desejo inconsciente de autoperpetuação. Esse impulso encontraria a realização por meio da geração de outro indivíduo ou de uma obra ou outros legados. Platão, dialogando com Sócrates, justificou a necessidade imperiosa de produção intelectual no sexo masculino como forma de compensação natural da impossibilidade biológica de uma gravidez:

> Há em todos os homens, Sócrates, uma prenhez, não só segundo o corpo, como também segundo a alma. Quando chegamos a determinada idade, nossa natureza anseia por dar à luz; mas esse parto lhe é impossível no domínio da fealdade, só no da beleza. (Platão, 1964, p. 78-79)

O fato de gerar um ser para a vida atinge tal dimensão no universo feminino que requer a atenção da mulher durante longo período, dificultando a total entrega à criação musical.

2. Muitas musicistas cujo meio primordial de comunicação com o público é o som, o qual conseguem utilizar de maneira admirável em suas interpretações, escolhem outras artes (em particular, literatura e pintura) para canalizar as aptidões criativas.

Heymans justificou a condição acima mediante a dicotomia entre o sentimento e sua respectiva expressão por meios artísticos, processo indispensável para a gênese de qualquer obra:

> *Tout art découle de sentiments; mais une condition indispensable de la création d'une oeuvre d'art, est que ces sentiments n'accaparent pas la totalité de la conscience [...]. L´artiste doit toujours dans une certaine mesure se dédoubler: il doit aussi bien avoir des sentiments forts qu'éprouver le besoin de les objectiver; les femmes sont peut-être trop occupées de leurs sentiments mêmes pour s´intéresser sufisamment à leur objectivation.*
> [...]
> *Quant à ceux des arts où les femmes se sont toujours illustrées à l'égal des hommes, ce sont justement ceux qui n'exigent pas le dédoublement indiqué: sur la scène, dans une lettre, comme dans la peinture d'un caractère de roman, l'artiste peut s'absorber entièrement dans son objet; il n'y a qu'à exprimer ce que sa sensibilité lui fournit.* (Heymans, s.d., p. 156-157; grifo nosso)

> Toda arte tem origem em sentimentos, mas uma condição indispensável à criação de uma obra de arte é que eles não ocupem a totalidade da consciência [...]. Ao artista, cabe sempre se desdobrar em certo grau: tanto deve experimentar sentimentos intensos quanto sentir necessidade de objetivá-los; *as mulheres, talvez, se ocupem muito dos próprios sentimentos para que possam se interessar o bastante na respectiva objetivação*. (T. do A.; grifo nosso)
> [...]
> Quanto às artes, nas quais as mulheres se têm sobressaído em grau idêntico ao dos homens, são precisamente aquelas que não exigem o citado desdobramento: artes cênicas, gênero epistolar, elaboração de um caráter

de romance, em que o artista pode integrar-se por inteiro no seu objeto; só lhe é necessário exprimir o que a sensibilidade lhe fornece. (T. do A.)

De maneira mais realista, o polêmico crítico checo Eduard Hanslick, no século XIX, considerou a sensibilidade feminina empecilho para a composição musical. Segundo ele, o processo criativo, na música, exige intensa renúncia à subjetividade em favor dos dotes artísticos. As mulheres estariam muito sujeitas às emoções; portanto, não conseguiriam realização plena nesse setor. Ele tinha por princípio que "não é o sentimento que compõe, mas o talento particularmente musical, educado artisticamente" (Hanslick, 1992, p. 93).

Com efeito, nos dias atuais, a justificativa baseada nos sentimentos, tão valorizada no Romantismo, parece-nos por demais simplista. As mulheres passaram a se dedicar a atividades anteriormente exclusivas do sexo oposto (cargos administrativos, comércio, imprensa, ciência, etc). Com isso, não mais podemos admitir o sentimento como o único fator a dirigir a atividade criativa. Por seu turno, a música, no decurso do século XX, afastou-se do modelo romântico e passou a ter um componente racional preponderante.

Quanto à diversificação cultural, ocorre também em personagens notáveis do sexo masculino, evidência de versatilidade da criação artística. No entanto, os trabalhos importantes, perenes, de autoria de homens, estão concentrados em algum ramo do conhecimento ou da arte. Quando, por acaso, aparecem incursões em outros setores, permanecem sob a forma de produções secundárias, as quais, mesmo tendo algum mérito, estão longe de conferir ao autor lugar de destaque, por terem menor significado do que as grandes criações que os consagraram. Como exemplo, o Michelangelo poeta, o Goethe cientista, o Borodin químico, o Berlioz crítico musical, o Mendelssohn desenhista, o Ingrès violinista, o Berwald ortopedista, o Saint-Saëns escritor, o Schoenberg artista plástico e o Wagner dramaturgo.

3. Mormente, as compositoras se dedicam com menos frequência a formas musicais que envolvem complexidade e grande extensão.

Aqui nos deparamos com antiga condição estabelecida no passado, resultante do preconceito imposto às mulheres, acarretando limitação ao aprendizado musical. Em grande parte do século XIX, nos conservatórios, às jovens era dada a oportunidade de aprender canto, piano e harpa. Por seu turno, violino, violoncelo e sopros ficavam reservados para os alunos.

Matérias mais complexas não eram acessíveis às moças. No Conservatório de Paris, em 1822, Harmonia, Contraponto e Fuga eram ministrados somente a homens e rapazes. Mesmo, mais tarde, no Conservatório de Leipzig (1856) não havia aulas de Composição para sexo feminino. No caso, existia uma justificativa para essa determinação: a falta de interesse das mulheres em compor, à exceção de Clara Schumann e Fanny Hensel. Portanto, a criação de uma classe especializada era perfeitamente dispensável.

A composição erudita requer maior atenção e empenho, além da resolução de problemas técnicos e formais, do que a música popular. Por isso, é comum encontrarmos compositoras se destacando mais neste último setor do que no anterior. Ademais, as intérpretes populares, sobretudo as cantoras, muitas vezes, quando compõem, o fazem em função da necessidade de renovar e ampliar o próprio repertório.

No terreno erudito, a preferência delas está voltada para formas menos extensas (canções e peças livres), e não tanto para sinfonias, sonatas, concertos e estruturas polifônicas em geral, existindo, entretanto, exceções. Até mesmo tal pretensão a obras extensas era considerada, em tempos passados, expressão de virilidade, condição que não convinha a uma musicista[6].

A compositora norte-americana Mary Carr Moore, nascida em 1873, expôs a situação com clareza:

> *So long as a woman contents herself with writing graceful little songs about springtime and birdies, no one resents it or thinks her presumptuous; but woe be unto her if she dares attempt the larger forms! The prejudice may die eventually, but it will be a hard and slow death.* (Tick, 1995, p. 92)

> Enquanto uma mulher se satisfaz em escrever pequenas canções graciosas acerca de primavera e passarinhos, ninguém a desconsidera ou julga pretensiosa; mas ai dela se ousa tentar obras de grandes proporções! O preconceito pode desaparecer eventualmente, mas será uma árdua e lenta morte. (T. do A.)

Na realidade, não se trata propriamente de incapacidade feminina para obras complexas e elaboradas. Estudos modernos têm assinalado que "não existe o menor indício de que haja, nas mulheres, uma limitação de potencialidades para o gênio" (Montagu, 1970, p. 117). Parece, então, decorrer de pouca disposição e empenho para uma realização de maior vulto:

> *La rareté du génie féminin provient moins du défaut de capacité que du défaut d´inclination, moins du pouvoir que du vouloir.* (Heymans, s.d., p.158)

> A escassez do gênio feminino provém menos da falta de capacidade que da falta de disposição; menos do poder que do querer. (T. do A.).

MÚSICA: UMA QUESTÃO DE GÊNERO[7]?

Luce Irigaray ressaltou que a mulher, na sociedade, ainda não passa de instrumento de projeção dos ideais masculinos:

> La femme, dans cet imaginaire sexuel, n'est que support, plus ou moins complaisant, à la mise en acte des fantasmes des hommes. (Irigaray, 1977, p. 25)

> A mulher, nesse imaginário sexual, é apenas suporte mais ou menos complacente para a realização das fantasias dos homens. (T. do A.)

Mais adiante, reafirmou sua opinião acerca da limitação imposta ao imaginário feminino:

> Le rejet, l'exclusion, d'un imaginaire féminin met certes la femme en position de ne s'éprouver que fragmentairement, dans les marges peu structurées d'une idéologie dominante, comme déchets, ou excès, d'un miroir investi par le "sujet" (masculin) pour s'y refléter, s'y redoubler lui-même. (Idem, p. 29)

> A rejeição, a exclusão de um imaginário feminino, coloca certamente a mulher em situação de se experimentar somente de maneira fragmentária, dentro dos limites mal definidos de uma ideologia dominante, como escórias ou excessos de um espelho criado pelo "sujeito" (masculino), para, ali, ele se refletir e se reduplicar. (T. do A.)

A hipótese acima não é por inteiro incorreta. A concepção e a evolução das formas musicais, dos instrumentos, das diferentes estéticas, enfim, todo o progresso da arte musical, bem como de quase todos os ramos do conhecimento, durante séculos, foi promovido por homens, resultado do contexto vigente em sociedades patriarcais, o qual lhes reservou poder e conhecimento. As mulheres, ao se dedicarem à composição, forçosamente quadraram com algum dos padrões artísticos por eles preestabelecidos, ou, em outras palavras, a elas não foi dada a oportunidade de criar novas formas sonoras ou de expor seus princípios estéticos ao público.

Com o intuito de exemplificar a dificuldade enfrentada pelas mulheres para impor os próprios trabalhos musicais, Franco-Lao transcreveu um excerto do conto de Anna Banti, intitulado *Lavinia Fuggita*. No texto, uma jovem órfã modificava a seu bel-prazer partituras de grandes músicos, acrescentando ou retirando notas. Chegou a compor, às escondidas, cantatas, concertos e um *Oratório para a Páscoa* no estilo de Vivaldi. Ao justificar sua atitude inusitada, diz em tom plangente:

> *Comprendes, no tenía otra salida, nunca me tomarían en serio, nunca me permitirían componer. La música de los demás es como un discurso dirigido a mi y yo debo responder y sentir el sonido de mi voz: cuanto más escucho, más sé que mi canto y mi sonido son distintos* [...]. (Franco-Lao, 1980, p. 85).

> Compreendes, não havia outra saída; nunca me levariam a sério, nunca me permitiriam compor. A música alheia é como um discurso dirigido a mim, e eu devo responder e sentir o som da minha voz: quanto mais escuto, mais sei que meu canto e meu som são diferentes [...]. (T. do A.)

Fenômeno similar foi observado, recentemente, pela escritora Silvia Baron Supervielle, radicada em Paris. Em meio a várias reflexões sobre si própria e acerca da vida em geral, manifestou-se a respeito da música à qual estamos habituados e percebeu que a natureza dessa música diferia da outra por ela idealizada. Tal contingência se agravava pela impossibilidade de transmitir às demais pessoas os sons que lhe preenchiam a mente, de cunho por demais pessoal:

> *La musique qui chante en moi ne s'harmonise pas avec celle qui monte de la radio. Mon récitatif personnel possède ses modulations, ses contretemps, ses exercices : je cherche en vain l'instrument qui pourrait l'interpréter. Partirais-je en voyage, il me suivrait et se prolongerait jusqu'au bout de mes rêves et au-delà. J'ignore s'il faut chanter cette musique ou la jouer ou la danser. Elle rôde autour de mes oreilles alors que j'essaie de la formuler; elle est dans ma tête, mon coeur, les reliant; elle circule par les artères principales et les veines les plus fines de mon sang. Son destin modèle mon écriture. Le dessin serait le seul instrument capable de la jouer.* (Supervielle, 1999, p. 105-106 ; grifo nosso)

> A música que soa em meu íntimo não se harmoniza com aquela que provém do rádio. Meu recitativo pessoal possui modulações, contratempos, ritmos próprios: em vão procuro o instrumento adequado a interpretá-lo. Viajando, acompanhar-me-ia, prolongando-se até o final de meus sonhos e, mesmo, iria além. Eu ignoro se é necessário cantar, ou executar, ou dançar essa música. Ela ronda em torno de meus ouvidos enquanto tento dar-lhe forma; está dentro da minha cabeça, do meu coração, unindo-os; circula pelas artérias principais e as veias mais finas do meu sangue. Seu destino molda minha escrita. *O desenho seria o único instrumento capaz de executá-la.* (T. do A.; grifo nosso)

Nos discursos aqui expostos, transparece, além da insatisfação pessoal, a inadequação da música como a concebemos àquela propriamente concebida por mulheres. Mas qual seria essa outra música?

A maioria dos estudiosos modernos nega peremptoriamente a existência de uma maneira masculina ou feminina de compor (López, 2003). Ainda acerca do assunto, as compositoras, opondo-se à própria tendência natural e aspirando ao vigor masculino, empenham-se em criar obras complexas, nas quais o componente intelectual prevalece sobre o sentimental (Cuvelier, 1949). Por conseguinte, desaparece em suas partituras toda característica supostamente feminina, pois a produção de ambos os sexos acaba se tornando semelhante pelo emprego de uma técnica soberana, bastante elaborada e pouco individualizada.

Ao encontro da linha de raciocínio acima, Luce Irigaray declarou que o feminino só tem lugar em modelos e princípios estabelecidos por homens. Em vista disso, admitiu que, na realidade, não podemos considerar a existência de dois sexos (desvinculando, certamente, do contexto biológico), porém apenas um, porquanto todas as manifestações políticas, sociais e artísticas femininas tendem a seguir a ideologia masculina.

Diante das citadas considerações, restam perguntas, por sua vez, ainda sem respostas: Como e o que seria a música feminina? Por quais características podemos distingui-la das composições masculinas? Como estabelecer com segurança os critérios para que uma obra seja classificada em um ou outro gênero?

Com base nesse questionamento, as apreciações se tornam mais difíceis e imprecisas. Trata-se agora de um aspecto relacionado com gênero. Para tanto, recorremos não à música, mas à literatura, expondo alguns conceitos de Lúcia Castello Branco:

> Quando me refiro à escrita feminina, não entendo feminina como sinônimo de relativo às mulheres, no sentido que a autoria de textos que revelam esse tipo de escrita só possa ser atribuída às mulheres. [...] ao escolher o adjetivo feminino para caracterizar certa modalidade de escrita, estou admitindo algo de *relativo* às mulheres ocorrendo por aí, embora esse *relativo* às *mulheres* não deva ser entendido como produzido por *mulheres*. (Branco, 1991, p. 12)

A autora encontrou determinadas características predominantes nos textos de mulheres, mas não exclusivas do setor feminino. Aparecem tanto na forma (tom, dicção, respiração) quanto na temática (maternidade, corpo, casa, infância, e quase nada de comércio, vida urbana, guerras e mundo exterior ao *eu*). Muitas vezes, as escritoras demonstram grande preferência por autobiografias; os tópicos que as atraem as induzem a esse ramo literário[8].

Tais considerações nos levam a acreditar em fenômeno similar na música. A escolha de peças breves e formas livres, bem como a predominância do sentimento sobre a organização complexa, condiz com os achados encontrados na literatura, sobretudo na vigência do Romantismo. Uma pesquisa recente realizada com jovens, em Barcelona, revelou a existência da divergência de opiniões entre homens e mulheres no que diz respeito ao gosto musical. A maior parte dos entrevistados reconheceu uma diferença dependente do sexo, e o interessante é que tal declaração prevalece no grupo de rapazes, sugerindo comportamento masculino. Diante de vários itens, ficou claro que a maioria das mulheres ainda prefere músicas de caráter romântico e sentimental, de cunho melódico e suave (Martí, 2000).

No entanto, as considerações acima não podem ser tomadas como regra geral. Compositoras como Ethel Smyth criaram obras vigorosas e complexas, afastando-se do padrão de fragilidade e simplicidade. Por seu turno, os noturnos de Chopin, determinadas peças de Schubert, Fauré, Tchaikowsky, Rachmaninoff e árias de Bellini e Puccini, dentre tantas outras criações musicais, condizem com o estereótipo do "modelo feminino". Era uma questão de conceito, durante o Romantismo, a incorporação de traços "femininos", incluindo sentimento intenso, ternura, sensibilidade, na obra de um compositor, o que era tido como sinal de genialidade (Reich, 1995).

Ao inverso, no século XX, o compositor norte-americano Charles Ives repudiava o elemento sensual na música e na vida em geral, fato que lhe conferia a posição de musicista voltado à filosofia e ao componente racional da arte. Ele considerava as obras de Haydn, Mozart, Mendelssohn, Beethoven (na primeira fase), Gounod, Massenet, Tchaikowsky, como exemplos de criação deficiente, emasculada. Nos dias atuais, tal julgamento, rígido e preconceituoso, parece estar fora de propósito. Discordando de Ives, Leo Treitler (1995) admitiu que o epíteto "efeminada", atribuído à música de Chopin, não passa de um ponto de vista masculino, e acrescentou que os homens não constituem autoridade para julgar a qualidade e a natureza da sexualidade feminina. Como resultado, eles não teriam condições de elaborar conclusões a respeito de gênero no setor musical.

Tendo em vista a noção de gênero, independente de sexo biológico, Lúcia Castello Branco, em relação à atividade literária, conceituou

> [...] tanto o *feminino* como o *masculino* não como categorias sexuais fisiológicas, mas como configurações psíquicas, que variam de indivíduo a indivíduo, independentemente de seu sexo biológico. (Branco, 1991, p. 19)

Quanto à dificuldade de identificação das características de compositores homens e mulheres, podemos tomar de empréstimo as palavras da ensaísta brasileira acerca da atividade literária:

> Talvez só se possa afirmar que a escrita feminina se define pelo que *não é* a escrita masculina, mas esse *não é* compõe um vasto território em que as marcas do feminino nem sempre assinalam o oposto ao masculino. Ao contrário: às vezes, essas marcas até mesmo se misturam, até mesmo se tocam, embora não sejam idênticas. (Idem, p. 23)

A História e a arte indiretamente nos colocam diante de uma interessante questão ligada a gênero, capaz de fornecer algum dado adicional para a compreensão do significado da música na psique: no imaginário masculino, a inspiração, relacionada com as artes e alguns setores do conhecimento, é representada por figuras de mulher. Tal conceito remonta à Antiguidade, haja vista as nove musas da mitologia grega: Clio (História), Euterpe (Poesia Lírica e Música), Terpsícore (Dança e Canto Coral), Érato (Versos e Música de amor), Talia (Comédia e Poesia Idílica), Calíope (Poesia Épica e Eloquência), Melpômene (Tragédia), Polímnia (Hinos e Poesia Lírica) e Urânia (Astronomia), o mesmo acontecendo com as representações figurativas da inspiração nas artes plásticas. Além disso, na maior parte dos idiomas, o termo música é feminino.

Dentre os compositores eruditos, Wagner foi quem expressou esse conceito de maneira mais evidente:

> La música es una mujer.
>
> *La naturaleza de la mujer es el* amor; *pero este amor no puede ser otro que el que concibe, el que durante esta concepción se entrega por completo.*
>
> *La mujer no alcanza su definitiva individualidad hasta el momento en que se entrega. Es la ondina murmurante que pasa atravesando las olas de su elemento, sin alma, hasta el momento en que la recibe con el amor de un hombre...* (Wagner, 1943, p. 5)

> *A música é mulher.*
>
> A natureza da mulher é o *amor*. Mas esse amor não pode ser diferente daquele capaz de conceber, daquele que durante o ato de conceber *se entrega* por inteiro.
>
> A mulher só atinge sua individualidade definitiva no momento da entrega. É a sereia murmurante que atravessa as ondas de seu elemento, sem alma, até receber uma por intermédio do amor de um homem... (T. do A.)

Na declaração acima, o autor de *Tristão e Isolda* valorizou não só a preeminência do sentimento por meio da sequência mulher-amor-entrega mas também a relação entre mulher e concepção no contexto simbólico de geração. De acordo com a afirmativa do compositor, a completitude e a plena realização feminina só aconteceriam por meio de um elemento masculino fecundante, expressão de um discurso fundamentalmente falocrático, bem de acordo com a estrutura social do século XIX.

Tal concepção dominou Wagner durante longo tempo. Às vésperas da morte, ele chegou a esboçar um ensaio, provavelmente de grande valia, sobre *O Feminino no Homem*.

A visão *wagneriana* expressa um conceito típico do sistema patriarcal: a música só "teria alma" se a recebesse a partir (do amor) de um homem, ou, em outras palavras, sua existência estaria na dependência de um compositor do sexo masculino. Em suma, a música seria manifestação tipicamente masculina, embora feminina por natureza.

Cuvelier (1949) manteve idêntica diretriz de pensamento, ao considerar a inspiração musical próxima da afetividade feminina, terna e voltada para o amor.

A figura feminina, na mente dos compositores românticos, tornava-se altamente idealizada nas artes. Sua função era servir de musa inspiradora para o artista homem. Aliás, Heymans (s.d.), fiel à mesma linha de pensamento, declarou que, nos homens apaixonados, a capacidade de atribuir à pessoa amada todas as qualidades sublimes supera aquela encontrada nas mulheres, opinião um tanto sujeita à discussão.

Atualmente, em lojas especializadas na venda de CDs clássicos, os consumidores habituais (até compulsivos) pertencem ao sexo masculino. A constatação não pode ser justificada apenas pela condição financeira superior atribuída a eles, pois mulheres com recursos (não musicistas), em geral, dirigem o consumo para objetos de adorno, cuidados pessoais, utensílios caseiros. A busca incessante de música por indivíduos não profissionais da área traduz um comportamento típico masculino.

Fenômeno da mesma natureza foi observado pelo historiador Renato Rocha Mesquita, em Belo Horizonte. Em comunidades voltadas para música erudita no *Orkut*, constatou "uma esmagadora presença masculina, reforçando o preconceito de que música é 'coisa de homem'" (Sampaio, 2009, p. 158,159).

Não mais se trata da condição patriarcal, dominadora e inflexível, imposta na cultura ocidental durante longos séculos. A mulher, nos dias de hoje, já conquistou amplo espaço nas atividades culturais e administrativas, e acesso a todos os meios para desfrutar a música. Por conseguinte, se não o faz de maneira habitual, sobretudo no que se relaciona com aquisição de gravações, ao certo, outra ordem de fatores influencia tal comportamento.

Reunindo os dados acima e os dizeres de Wagner, podemos lançar as seguintes perguntas: Qual o significado da música nos imaginários masculino e feminino? No caso, qual a relação da arte com a figura da mulher?

Nas declarações fornecidas por compositoras, não há referências a respeito da música considerada "mulher". A psique feminina, sem dúvida, difere da masculina, mas qual a sua manifestação sonora? Até que ponto estaríamos diante de uma nova compreensão de gênero, manifestado na música?

Os questionamentos permanecem, deixando um campo aberto para pesquisas e considerações a respeito do setor feminino na criação musical. Certamente, condições psicológicas, sociais e comportamentais tiveram participação ao longo do tempo e cuja influência tem permanecido, em muitos aspectos, até os dias atuais.

NOTAS

|1| Esse fenômeno nos remete a uma questão que recebe pouca atenção dos musicistas: por vezes nos deparamos com obras impressas de autoria de compositores, cujos nomes não constam em enciclopédias de música e mesmo não temos nenhuma informação sobre eles. Poderiam algumas dessas partituras ter sido compostas por mulheres que não as publicaram com seus nomes verdadeiros?

|2| Não resta dúvida de que quase a totalidade dos homens quando escolhe um pseudônimo o faz com antropônimos masculinos ou apenas com iniciais que não definem o sexo. A título de exemplo do primeiro caso, no Brasil existiram compositores eruditos que, nas obras de menor importância, fizeram uso desse expediente. Entre eles, podemos citar: Alberto Nepomuceno (João Valdez), Francisco Mignone (Chico Bororo), visconde de Taunay (Flávio Elísio, Sílvio Dinarte), Pedro Camin* (Julião Prestes, Lélio de Gregoris, Pedro Guaraná, Tito Reis, Valentim Costa, entre muitos outros), Villa-Lobos (Epaminondas Vilhalba Filho). Luís Levy utilizou anagramas do próprio nome (L. Henri, Ziul Yvel, Yvu Leliz).

Alguns adotaram heterônimos estrangeiros, dificultando ainda mais a identificação de autoria: Barroso Neto (William Gordon), Pedro Camin (Juan Villa, Gaston Bernier, Oscar del Rio, Pablo Luna), Guerra Peixe (Jean Kelson) e, na crítica musical, Itiberê da Cunha (Iwan d'Hunac). Ao contrário do comportamento geral, encontramos em algumas peças de Pedro Camin nomes femininos como Rita Cavalcanti e Lina Alberti.

* Pedro Camin, embora italiano, desempenhou vida musical no Brasil.

|3| Em carta a Mme. d'Agoult, datada de 13 de abril de 1838, Liszt se mostrou admirado pelas criações de Clara Wieck (Schumann), principalmente por ser música composta por mulher, em desacordo com o padrão normal da época:

> *Ses compositions sont vraiement très remarquables* surtout pour une femme. *Il y a cent fois plus d'invention et de sentiment réel que dans toutes les fantaisies passées et présentes de Thalberg.* (Ollivier, 1933, p. 217; grifo nosso)
>
> *Suas composições são verdadeiramente notáveis*, sobretudo para uma mulher. *Nelas, há cem vezes mais criatividade e verdadeiro sentimento que em todas as fantasias passadas e atuais de Thalberg**. (T. do A.; grifo nosso).

*Sigismond Thalberg. Pianista e compositor suíço (1812-1871), que aceitou um confronto pianístico com Liszt.

|4| Os próprios homens, quando renomados executantes, não ficaram isentos da discriminação intérprete/compositor. A respeito, vale lembrar Liszt, Paderewski, Rachmaninoff, entre outros, consagrados pela crítica como notáveis pianistas, mas que, em contrapartida, tiveram grande parte das obras vocais e orquestrais olvidadas ou relegadas a um plano inferior durante longo tempo.

|5| Na Antiga Grécia, a flauta (*aulos*) era utilizada de maneira habitual por uma classe de prostitutas, as quais, por essa razão, passaram a ser denominadas *aulétrides* ou *auletrizes*. Eram artistas, em geral talentosas, alugadas pelos organizadores de banquetes com a finalidade de apresentar danças, cantos, solos de flautas e, por fim, conceder favores sexuais aos convivas.

|6| Quando a *Sonata para Violino e Piano* de Ruth Crawford foi premiada (1927), o crítico da *New York Herald Tribune* qualificou-a como a mais masculina entre as obras apresentadas naquela récita.

|7| A princípio, mormente a partir do final da década de 1960, ficou estabelecido um conceito marcando a diferença entre gênero e sexo. O primeiro corresponde a uma série de disposições construídas de âmbito sociológico e ideológico, enquanto o segundo engloba as condições determinadas pela Natureza, ou seja, aspectos anatômicos e fisiológicos próprios do ser humano.

Mais recentemente, surgiu outra definição, segundo a qual não existe verdadeira oposição entre os dois itens. No caso, as próprias diferenças anatômicas se refletem em codificações e comportamentos percebidos no contexto social.

|8| Atualmente, o quadro tem se modificado. Cada vez mais a participação feminina em setores antes só reservados para homens (política, comércio, cargos bancários e administrativos em geral) tem gerado nova temática na produção literária feminina. Como resultado da rápida mudança social ocorrida nas últimas décadas, tanto o contexto amoroso quanto o ocupacional passaram a representar valores diferentes dos padrões anteriores, assim como houve modificação do teor das narrativas.

BIBLIOGRAFIA

BARONCELLI, Nilcéia Cleide da Silva. *Mulheres compositoras*. Elenco e repertório. São Paulo: Roswitha Kempf/ Brasília: INL, 1987.

BRANCO, Lúcia Castello. *O que é escrita feminina*. São Paulo: Brasiliense, 1991.

CARVALHO, Flávio. *Canções de Dinorá de Carvalho*. Uma análise interpretativa. Campinas: Unicamp, 2001.

CHITI, Patricia Adkins. *Las mujeres en la música*; OZAITA, María Luisa. *Las compositoras españolas*. Trad. Inés Marichalar. Madrid: Alianza, 1995.

COHEN, Aaron I. *International encyclopedia of women composers*. New York/London: R. R. Bowker, 1981.

CUVELIER, André. *La musique et l´homme ou la relativité de la chose musicale*. Paris: Presses Universitaires de France, 1949.

DESPINS, Jean-Paul. *La música y el cerebro*. Trad. María Renata Segura. Barcelona: Gedisa, 1999.

FAY, Amy. *Music-study in Germany*. The classic memoir of the Romantic Era. New York: Dover, 1965.

FÉTIS, F.-J. *Histoire générale de la musique*. Depuis les temps les plus anciens jusqu'à nos jours. Tome premier. Paris: Firmin Didot, 1869.

FRANCO-LAO, Meri. *Música bruja*. Trad. Guiomar Eguillor. Barcelona: Icaria, 1980.

HANSLICK, Eduard. *Do belo musical*. Uma contribuição para a revisão da estética musical. Trad. Nicolino Simone Neto. Campinas: Editora da Unicamp, 1992.

HEYMANS, G. *La psychologie des femmes*. Trad. R. Le Senne. Paris: Félix Alcan, s.d.

IRIGARAY, Luce. *Le sexe qui n'en est pas un*. Paris: Les Éditions de Minuit, 1977.

LÓPEZ, Pilar Ramos. *Feminismo y música*. Introducción crítica. Madrid: Narcea, 2003.

MARTÍ, Josep. *Más allá del arte*. La música como generadora de realidades sociales. Sant Cugat del Vallès: Deriva, 2000.

MONTAGU, Ashley. *A superioridade natural da mulher*. Trad. Lygia Junqueira Caiuby. Rio de Janeiro: Civilização Brasileira, 1970.

OLLIVIER, Daniel. (Org.) *Correspondance de Liszt et de Madame d'Agoult*. 1833-1840. Paris: Bernard Grasset, 1933.

PLATÃO. *Diálogos*. Trad. Jaime Bruna. São Paulo: Cultrix, 1964.

POIZAT, Michel. *La voix du diable*. La jouissance lyrique sacrée. Paris: Métailié, 1991.

REICH, Nancy B. Women as musicians: a question of class. In: SOLIE, Ruth A. (Org.) *Musicology and difference*. Gender and sexuality in music scholarship. Berkeley/Los Angeles/London: University of California Press, 1995.

ROCHA, Eli Maria. *Nós, as mulheres.* Notícia sobre as compositoras brasileiras. Rio de Janeiro: Rabaço, 1986.

ROUSSEAU, Jérémie. *Hildegarde von Bingen.* L'abbesse de l'extase. Paris: Prélude et Fugue, 1998.

SAMPAIO, João Luiz. (Org.) Ópera à brasileira. São Paulo: Algol, 2009.

SOLIE, Ruth A. (Org.) *Musicology and difference.* Gender and sexuality in music scholarship. Berkeley/Los Angeles/London: University of California Press, 1995.

SPERBER, Roswitha. (Org.) *Women composers in Germany.* Bonn: Inter Nationes, 1996.

SUPERVIELLE, Silvia Baron. *La ligne et l'ombre.* Paris: Seuil, 1999.

TICK, Judith. Charles Ives and gender ideology. In: SOLIE, Ruth. A. (Org.) *Musicology and difference.* Gender and sexuality in music scholarship. Berkeley/Los Angeles/London: University of California Press, 1995.

TOFFANO, Jaci. *As pianistas dos anos 1920 e a geração* jet-lag. O paradoxo feminista. Brasília: Editora da Universidade de Brasília, 2007.

TREITLER, Leo. Gender and other dualities of music history. In: SOLIE, Ruth A. (Org.) *Musicology and difference.* Gender and sexuality in music scholarship. Berkeley/Los Angeles/London: University of California Press, 1995.

WAGNER, Ricardo. *La música y los músicos.* Buenos Aires: Tor, 1943.

Texto publicado de forma resumida na *Revista da Academia Nacional de Música,* Rio de Janeiro, v. XV, 2004.

O SILÊNCIO NA MÚSICA

La musique est silence qui rêve
et se met à devenir sonore.
(Max Picard, 1954, p. 10)
A música é silêncio que sonha
E começa a tornar-se sonoro.

O pensamento inicial que surge diante da palavra *música* é, sem dúvida, a presença de som. Fato tão óbvio fundamentou o antigo conceito de ela ser simplesmente a "arte dos sons". Por extensão, o termo silêncio traduz o oposto, ou seja, ausência de som.

À primeira vista, segundo a mesma concepção, a importância da mensagem musical estaria restrita apenas ao som, enquanto o silêncio seria relegado a um plano secundário. Em realidade, tal opinião não é destituída de fundamento. Em função da beleza e do poder sugestivo, o som atrai a atenção do ouvinte, dominando e gerando sensações muitas vezes imprevisíveis e fazendo com que o valor do silêncio seja desprezado. É até incomum, entre os ouvintes, encontrar algum comentário acerca do bom uso do silêncio pelos grandes compositores.

O poder da música sobre os animais e seres humanos é conhecido desde tempos imemoriais, haja vista os numerosos relatos perpetuados em mitos e lendas de vários povos, dos quais lembramos: os maviosos sons de lira, tanto de Orfeu acalmando leões e ursos quanto de Aríon atraindo golfinhos, expediente que permitiu ao último sobreviver a um naufrágio, auxiliado por um deles; a submissão de animais campestres às flautas de Dáfnis e Cloé; o terror e a anarquia disseminados pela flauta de Pã, que, de longe, afugentava pessoas; a inspiração incutida nos músicos por Euterpe; a pérfida sedução do canto de Lorelei, capaz de atrair navegantes do Reno, arrastando-os para a morte quando as embarcações desgovernadas eram arremessadas de encontro a rochedos e, por fim, a habilidade do Flautista de Hameln em utilizar seu instrumento para reunir os ratos daquela cidade alemã, livrá-la da terrível praga, e, depois, aplicar o mesmo artifício para chamar a si e destruir as crianças da localidade.

Os conceitos acima, por demais simplistas e restritos à magia do som, não se atêm à importância do silêncio. As sequências de notas musicais quase sempre estão entremeadas de momentos desiguais de silêncio, representados pelas pausas, com duração definida, devidamente anotadas nas partituras. Algumas vezes são longas; outras, curtas, a ponto de passarem despercebidas pelo ouvinte.

A capacidade de se atentar para o silêncio na arte é um atributo que necessita de tempo para se desenvolver. As crianças, no início da formação musical, no afã de executarem as notas, ou melhor, de ouvirem os sons emitidos, desprezam o valor das pausas. Os silêncios lhes parecem supérfluos, incômodos e sem nexo. Amiúde, elas tendem a reduzir as respectivas durações com o fim de desfrutar logo a sonoridade.

Com o advento da maturidade artística, a situação se inverte: o intérprete passa a compreender a importância das pausas. Por conseguinte, dedica-lhes a atenção necessária, extraindo todo o conteúdo emocional nelas contido. Cônscio desse valor, o afamado pianista Artur Schnabel, consagrado intérprete de Beethoven, admitiu que a maneira como dominava as notas era equivalente à de outros pianistas, mas sua arte se distinguia nas pausas (Galewitz, 2001).

O silêncio é, por assim dizer, uma necessidade. Sem ele, nada de grandioso e importante pode ser concebido, como bem ressaltou Dra. Poch Blasco. No entanto, embora paradoxal, o ser humano não suporta o silêncio profundo e prolongado. Acaba se transformando em imenso tormento. De acordo com a terapeuta espanhola, toda pessoa necessita de certa quantidade de sons para desfrutar de perfeito equilíbrio psíquico e bem-estar físico.

UNIDADE SOM-SILÊNCIO

Por menos evidente que seja, o som sempre está vinculado ao silêncio de maneira fundamental e permanente, constituindo a *unidade som-silêncio*. Nesse binômio estão implícitas duas condições:

a. Embora complementares, os dois elementos não são simultâneos: é necessário cada um ceder o momento para o outro se manifestar.

b. Conquanto antagônicos, há, entre eles, reciprocidade de existência: o som irrompe do silêncio e a ele retorna invariavelmente.

É inviável a coexistência de ambos, uma vez que um anula a presença do outro. Ao contrário dos sons, que se superpõem e permitem o acréscimo de muitos outros concomitantes, o silêncio forma um *continuum*, ao qual podem ser adicionados sons, mas, no mesmo instante, o próprio silêncio é abolido. Como dimensão maior e perene, ele é princípio e fim. Portanto, todo som é episódio transitório, breve ruptura da quietude e da monotonia do grande silêncio universal.

Exceto os ruídos produzidos pelo ser humano e pela tecnologia, pelos animais e fenômenos da natureza, o Universo está permeado por silêncio profundo e eterno, no qual, qualquer som, produzido por qualquer meio, está fadado a desaparecer, isto é, se extinguir no desmedido silêncio absoluto. Nesse amplo domínio, à semelhança de um imenso sorvedouro, todas as vibrações sonoras são dissipadas e reduzidas ao nada.

O mesmo Universo que abriga o silêncio é, potencialmente, a fonte de todos os sons. O silêncio parece estar sempre na iminência de emitir som: "*Le musicien le plus généreux, le plus profond, c'est l'univers*" (O músico mais generoso, o mais profundo, é o Universo) (Döblin, 1989, p. 44).

AVALIAÇÃO DO SILÊNCIO

O silêncio pode ser avaliado não só em termos de extensão mas também de duração. No primeiro caso, a amplitude é a mesma do Cosmo – infinita.

Ao contrário do som, no contexto espacial ele se estende desde o macrocosmo até o microcosmo. Tanto está na imensidão que separa os astros quanto nos ínfimos espaços entre os átomos; logo, ocupa o interior de todos os corpos físicos na quietude da matéria.

"O miraculoso do silêncio é o seu curso sutil por entre os ruídos do mundo" são palavras de Ascendino Leite (1985, p. 151).

No aspecto duração, o silêncio universal equivale à eternidade. Sua existência coincide com a idade do Cosmo. Nesse caso, determinemos um princípio para essa imensidão, como pretende a ciência: ainda assim o silêncio será anterior a ele. Ideia tão imensurável, certamente ultrapassa os limites da imaginação humana e, por vezes, adquire caráter aterrador e angustiante, explícito no célebre enunciado de Pascal: "*Le silence éternel de ces spaces infinis m'effraie"* (O silêncio eterno desses espaços infinitos me apavora) (Pascal, 1976, p. 88).

As características mencionadas, no todo, permitiram a elaboração de várias considerações filosóficas, como a *metamúsica*. Termo insólito, polêmico e impreciso, na opinião de Camille Mauclair, foi concebido, a princípio, para designar a música voltada à expressão de estados de consciência, em oposição à música descritiva, tão em voga no século XIX, sobretudo na forma de poemas sinfônicos. Era, na verdade, uma tentativa de busca da essência absoluta, transcendental, daquela arte, além de qualquer contexto emocional atribuído ao som. Na opinião de musicistas e filósofos da época, à semelhança da metafísica, estaria incluída no domínio da filosofia. O escritor francês, no início do século XX, considerou *metamúsica* apenas o ritmo gerador do Universo e, forçosamente, o silêncio que nele impera, mas com múltipla potencialidade de gerar todas as qualidades de som:

> *Les musiques humaines, et les rumeurs de la nature, ne sont en quelque sorte que des traductions du silence en bruits perceptibles à nos organismes.* (Mauclair, 1928, p. 86)

> A música do homem e os ruídos da natureza nada mais são, de algum modo, que traduções do silêncio em ruídos perceptíveis aos nossos corpos. (T. do A.)

Todos os sons presentes no Cosmo proviriam dessa dimensão primitiva, observação constante nos escritos de musicólogos, filósofos e poetas:

> O silêncio é a essência de toda música. [...] Nele não há movimento, desenvolvimento ou evolução, mas tampouco não-existência. É o silêncio que torna estas coisas possíveis. Um silêncio de potencial ilimitado. Conteúdo perpétuo. (Koellreutter, 1987a, p. 71)

García Lorca em *Elegía del Silencio*:

> *Huyendo del sonido*
> *Eres sonido mismo,*
> *Espectro de armonía,*
> *Humo de grito y canto.*

> Fugindo do som
> És o próprio som,
> Espectro de harmonia,
> Vapor de grito e canto.

E, no mesmo poema, qualificou apropriadamente o silêncio como "maduro de música".

Longe de significar inércia, o silêncio deve ser considerado uma dimensão sempre apta a gerar e expandir sons. Silêncio-presença, silêncio-conteúdo, som potencial. Vale ainda lembrar a afirmativa de Eni Orlandi, que pode perfeitamente ser transposta para a música: "[...] todo sentido posto em palavras já se dispôs antes em silêncio" (Orlandi, 1997, p. 162).

SIMBOLISMO DO SILÊNCIO

A relação som-silêncio pode ser considerada sob muitos outros aspectos. No domínio simbólico, ambos os elementos representam respectivamente vida e morte.

Arte temporal por excelência, a música se faz presente por duas características comuns à vida: transitoriedade e movimento. Bem como a vida, a música, no momento da execução, é uma realidade e impõe sua forte presença, embora efêmera, na plenitude do existir. É um ato de afirmação, de vitória momentânea sobre o silêncio.

Dimensão grandiosa, eterna e ubíqua, o silêncio necessariamente interpenetra e absorve as sequências musicais. Salienta, assim, a débil realidade do som, no que se assemelha à morte em relação à vida. Som e silêncio se alternam, se debatem pela dimensão espaço-tempo do existir, como a vida, a cada instante, por intermédio dos mecanismos biológicos de defesa, preserva-se da própria extinção.

Quanto à duração, a analogia também é válida. A brevidade do som em relação à eternidade do silêncio se equipara ao curto tempo da vida, comparado com a perenidade da morte. Daí, a expressão popular – silêncio mortal –, que traduz o domínio do silêncio perpétuo, sem indagações nem respostas.

Só temos consciência da morte porque há vida; só temos consciência do silêncio porque há som. Entretanto, no último caso, como resultado da reciprocidade de existência, o som salienta a presença do silêncio e vice-versa. Elemento independente, o som traz em si, ao mesmo tempo, a afirmação da realidade do oposto e complementar.

Tal conceito vem ao encontro das palavras de Koellreutter:

> [...] o silêncio é comunicável apenas através do som. Som, não como um fim em si mesmo, mas apenas como um polo complementar do

silêncio, e, simultaneamente, como sua manifestação. (Koellreutter, 1987a, p. 71)

O silêncio deve ser percebido como outro aspecto do mesmo fenômeno (som), e não apenas como ausência de som. (Koellreutter, 1987b, p. 35)

De forma sumária e pragmática, Paul Claudel concluiu: « *par le son, le silence nous est devenu accessible et utilisable* » (por meio do som, o silêncio tornou-se, para nós, acessível e utilizável) (Claudel, 1999, p. 173).

VALOR AFETIVO DO SILÊNCIO

Sempre idêntico a si mesmo no aspecto exterior, ideal e teórico, o silêncio pode ser interpretado pela psique como dotado de conteúdos afetivos diversos. Quer na música, quer na fala, está longe de significar total vazio ou ausência de mensagens e de ideias. Há silêncios calmos, tensos, reflexivos, pungentes, contemplativos, extáticos, etc.

Embora paradoxal em sua aparente forma de não palavra, o silêncio, na realidade, supera qualquer termo. Abrange todos os sentimentos humanos, desde os extremos de felicidade até as culminâncias da dor, ou, nos versos de Gilka Machado:

> O silêncio é a expressão
> mais alta da emoção.
> [...]
> É no silêncio que se expande
> o que a frase não há de
> nunca exprimir, por ser divino ou grande.
> [...]
> O silêncio dos auges, dos extremos,
> dos paroxismos,
> dos bens supremos,
> das supremas desventuras;
> o silêncio de dores dos abismos,
> e o silêncio de gozo das alturas.

Ouvir o silêncio é parte fundamental e indispensável da percepção de uma composição musical. Sem a atenção que lhe é devida, muitas vezes a compreensão da obra será incompleta. A propósito, Koellreutter considerou relevante

[...] a expressão sonora daquilo que não soa, o aprender a ouvir aquilo que se opõe ao som, fazendo sentir-se o vazio e aprendendo a compreender o incompreensível. A música do silêncio realiza-se como uma experiência interior apenas quando é absorvida subjetivamente como um Todo. (Koellreutter, 1978a, p. 73)

FENÔMENO SENSORIAL DA AUDIÇÃO

A audição e qualquer outra sensação estão implicitamente vinculadas ao processo vital. As fontes sonoras emitem vibrações que, propagadas por diversos meios, alcançam o ouvido e, mediante processos mecânicos, incluindo as vibrações da membrana timpânica, da cadeia de ossículos e da endolinfa, atingem as células sensoriais do órgão de Corti. São, então, conduzidas ao cérebro por fibras nervosas, sob a forma de ondas de despolarização. A sensação, porém, só ocorre no momento em que os impulsos nervosos atingem os neurônios cerebrais.

Toda sensação é apanágio da vida. Na ausência de processos biológicos, é impossível haver visão, audição e outras sensações. Existem somente vibrações e ondas errantes no Universo, porém não há **sensação**, donde se conclui que a percepção da beleza e do prazer ocorre apenas nos seres dotados de estruturas celulares especializadas em percebê-las e interpretá-las.

SILÊNCIO ANTERIOR E FINAL

Qualquer execução musical é uma realidade capaz de dividir o silêncio universal em dois momentos: um anterior a ela, e outro, posterior. É possível afirmarmos que, na psique, ela excede seu tempo real, podendo estender-se para o antes e, sobretudo, para o depois, de tal modo que estabelece referências para a percepção do silêncio.

O silêncio inicial, precedendo a execução, representa a expectativa de ser preenchido por som, tornar-se música e, portanto, abandonar a quietude eterna em busca de realização. É a dimensão fundamental, na qual o som atinge sua totalidade de expansão, ou seja, a plena existência.

O silêncio final é conclusivo, rico em experiência e realização. Apesar de readquirir a quietude primordial, representa muitas vezes a extensão da própria música. As impressões por ela desencadeadas em nós preenchem-no por longo tempo – é a relutância do existir em retornar ao nada.

As diferenças entre ambos não se limitam ao valor afetivo, mas também abrangem a percepção do tempo. O silêncio inicial quase sempre passa despercebido. No geral, a expectativa do início da música praticamente anula a avaliação tempo anterior, salvo em caso de algum atraso. O poder abrangente dos sons domina sobremaneira a atenção do ouvinte que consegue subverter a noção de duração dos eventos.

Por seu turno, o silêncio final é preenchido por sons imaginários, extintos na realidade, mas persistindo na memória dos ouvintes. Nessas evocações, ainda pulsam lembranças dos elementos musicais (melodia, ritmo, harmonia, etc.) acompanhadas do valor afetivo a eles associado. A mente é o campo onde a realidade se estende indefinidamente na dimensão temporal.

Tal impressão traz-nos à realidade que nos separa da execução musical. O silêncio que se lhe segue simboliza a ausência verdadeira, o nada. Ele reafirma, com nitidez, o término da música como fato e, por conseguinte, o caráter efêmero do som.

Nessa conjuntura, o contraste som-silêncio é mais evidente para o ouvinte do que no princípio da audição de uma obra musical, como afirmou Picard:

> *Jamais on n'entend mieux le silence que lorsque s'est évanoui le dernier son de la musique.* (Picard, 1954, p. 11)
>
> Nunca se ouve tão bem o silêncio como quando se extinguiu o último som da música.

Comparado com o inicial, o silêncio final é dotado de maior poder sugestivo e lhe suplanta a lembrança. Por estar mais próximo no tempo, conter enorme quantidade de evocações dos sons ouvidos e despertar impressões variadas, ele parece ser mais "sonoro" e mais dinâmico que o inicial. Constitui um verdadeiro "prolongamento sonoro". Extinta a música, a sensação remanescente se confunde com a emoção despertada pela obra ouvida.

Atento ao item acima, Ascendino Leite anotou em seu diário *Os Dias Duvidosos*:

> Meia-noite: ouvi pelo rádio o admirável *Quinteto* de César Franck. Quando cessou, senti que a música perdurava em toda a silenciosa brancura das paredes. (Leite, 1966, p. 312).

Igualmente, os silêncios entre as notas, embora breves, mantêm a impressão dos últimos sons emitidos. É como se aqueles fossem a extensão das próprias notas. Relembrando a importante observação de Camille Mauclair:

> *Certaines pauses des symphonies de Beethoven sont des tonalités radieuses. Contrastant avec le bruit réel qui vient de cessser ou va renaître, elles sont des notes, elles sont les portées de la musique du silence, elles ont une valeur tonale.* (Mauclair, 1928, p. 72)

> Certas pausas das sinfonias de Beethoven são tonalidades radiantes. Em contraste com o som *real* que mal terminou ou que vai ressurgir, elas são notas, pautas de música do silêncio; elas têm um valor sonoro. (T. do A.)

Com efeito, tal permanência chega a se tornar definitiva, imperiosa, em função do registro mnemônico, permitindo sua evocação a qualquer momento. Várias afirmativas confirmam tal condição: "Um som dura tanto tempo quanto nos lembrarmos dele" (Murray Schafer, 1991, p. 182), ou no dizer de T. S. Eliot: *"You are the music while the music lasts"* (Você é a música enquanto a música perdura) (Galewitz, 2001, p. 17).

O contraste entre os dois tipos de silêncio demarcados pela execução musical foram assim caracterizados por Jankélévitch:

> *On peut distinguer à cet égard un silence antécédent et un silence conséquent qui sont l'un à l'autre comme l'alpha et l'oméga. Le silence-avant et le silence-après, ils ne sont pas plus "symétriques" entre eux que le commencement et la fin, la naissance et la mort ne sont symétriques dans un temps irréversible: car la symétrie est elle-même une image spatiale...* (Jankélévitch, 1963, p. 164)

> Quanto a esse aspecto, é possível se distinguir um silêncio antecedente e um silêncio consequente, que se correspondem como alfa e ômega. Eles não são mais "'siméticos" entre si do que o princípio e o fim, o nascimento e a morte, em um tempo irreversível: porque a simetria é, ela mesma, uma imagem espacial... (T. do A.)

EVOLUÇÃO DO SILÊNCIO NA MÚSICA (Casos particulares)

A importância do silêncio na música ocidental mereceu atenção crescente por parte dos músicos nas diferentes épocas. Os grandes compositores eram dotados de uma noção acurada desse valor.

Não raro, trata-se de uma questão de atenção. Muitas vezes só temos a consciência de duração e de significado das pausas quando se procede à leitura de uma partitura. Sendo muito breves, passam despercebidas durante a audição pelo grande público, máxime em andamentos rápidos.

No entanto, a atenção que dermos a essa dimensão da música será recompensada com a admiração do processo criador na mão dos grandes mestres, lembrando as palavras de Sándor Márai:

> El arte es siempre cuestión de detalle. Bach no está únicamente en el "conjunto", que nos sacude y nos penetra hasta la medula, sino también en los pormenores más nimios como, por ejemplo, en la ordenación perfecta de los minúsculos elementos de una fuga... (Márai, 1951, p. 95)

> A arte envolve sempre questão de detalhe. Bach não está somente no "conjunto", que nos emociona e penetra até o âmago, mas também nos sutis pormenores como, por exemplo, na ordenação perfeita dos minúsculos elementos de uma fuga...(T. do A.)

Na música vocal, a existência de um texto indutor da composição favorece muito a compreensão do silêncio. No repertório instrumental, por sua vez, a ausência de palavras como diretrizes cognitivas, deixa ao ouvinte e à sensibilidade individual a interpretação do significado de cada silêncio.

Na vigência do Barroco, as pausas eram meros indicadores de finais de frases ou de incisos, além de pontos de apoio para respiração nas obras vocais e para instrumentos de sopro[1]. Em geral, de curta duração, com frequência até nem existiam em algumas transições de motivos temáticos, evitando longas interrupções da contínua pulsação barroca, um dos princípios da estética instrumental da época. Havia, pois, um verdadeiro horror ao vazio em qualquer arte. Logicamente, o silêncio representava a dimensão temida; portanto, deveria ser evitado ao máximo.

Os seguintes compassos, extraídos do primeiro número da *Suíte Inglesa em Lá Menor* de Bach, ilustram a brevidade do silêncio em uma mudança de tema:

Em algumas peças de andamento lento, ocorre fenômeno idêntico, como na *Sarabanda* da mesma *Suíte*:

Entretanto, tal princípio não deve ser tomado à risca. Embora válido para a maioria das obras barrocas e renascentistas, existem momentos em que os compositores conscientizaram a importância dramática da suspensão do som, sobretudo nas obras vocais, incluindo o próprio Bach, Purcell e Vivaldi, entre outros.

O Classicismo vienense revelou um passo adiante no emprego do silêncio como recurso dramático. Os compositores começaram a extrair dele maior expressividade, como o demonstram Haydn e Mozart.

O primeiro nos forneceu um belo exemplo no movimento inicial da *Sonata para Piano em Mi Menor*. Separando os dois temas que se opõem, obedecendo ao princípio formal estabelecido para o movimento, fez uso de um silêncio amplo, prolongado, pouco utilizado, na época, em tal situação:

Ainda Haydn, em *Frau, hier siehe deine Sohn* de *As Sete Palavras de Cristo na Cruz*, concebeu frases entrecortadas por longos silêncios, conferindo ao trecho caráter plangente, traduzindo imenso sofrimento e dor. Nas palavras *Mutter, Jesu, weinen, seufzend*, as frases estão entremeadas de pausas, cuja duração ultrapassa a dos sons:

Nos dois compassos acima, as interrupções, mais longas que os próprios sons, não decorrem de necessidades estéticas voltadas ao equilíbrio da obra ou ao apoio para respirações dos cantores. São mais consistentes, portadoras de intenções dramáticas com a finalidade de conduzir a obra a um clima lastimoso, adequado à súplica à Virgem Maria.

Breves interrupções de caráter oposto àquele do fragmento acima encontram-se em Mozart. Na ária *Non sò più, cosa son, cosa faccio*, de *As Bodas de Fígaro*, Cherubino expressa a confusão de sensações imprecisas e atordoantes, provocadas pela eclosão do amor e do desejo na adolescência. Próximo ao final, decepcionado, lamenta a falta de alguém que ouça seu discurso. Nesse momento, o compositor empregou graus conjuntos em progressão descendente, intercalados por pausas indicando a frustração do jovem:

O valor dramático das pausas que, nos séculos anteriores, estava incipiente, no Romantismo atingiu dimensões imprevistas.

Beethoven ampliou sobremaneira esse recurso mediante a contínua alternância tensão/relaxamento, responsável, em parte, pelo notório efeito dramático de suas composições. Sem dúvida, entre tantas qualidades que assinalaram a genialidade do Mestre de Bonn estava o emprego, com perfeição, do silêncio nas obras instrumentais. Ele manteve como uma constante a alternância inequívoca de som e silêncio, comprovada experimentalmente por meio de um simples teste na execução de qualquer obra sua: o prolongar ligeiramente a duração das pausas provoca sensação desagradável de demasiado espaçamento entre as notas; ao contrário, quando se abrevia aquela duração, as notas parecem muito próximas umas das outras até causando certo grau de desprazer.

A pujança dos silêncios *beethovenianos*, equivalente à dos sons, pode ser constatada no seguinte fragmento do *Allegro Assai* da Sonata op. 57:

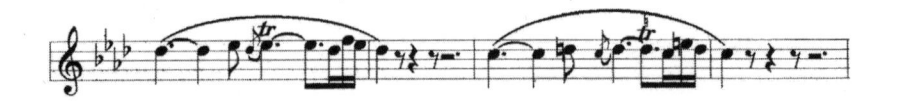

No repertório pianístico, Chopin também revelou mestria nesse sentido, extraindo os efeitos apropriados a cada momento de sua obra. O compositor polonês, cujas partituras revelam um processo criativo altamente elaborado e meticuloso, não poderia se furtar à plena consciência desse recurso musical. É o caso do *Scherzo op. 31*, que principia com grupos de tresquiálteras, seguidos de pausas colocadas com extrema precisão, precedendo acordes tensos e vigorosos. O silêncio denota apreensão, pois mantém o clima resultante das notas anteriores, soturnas e misteriosas:

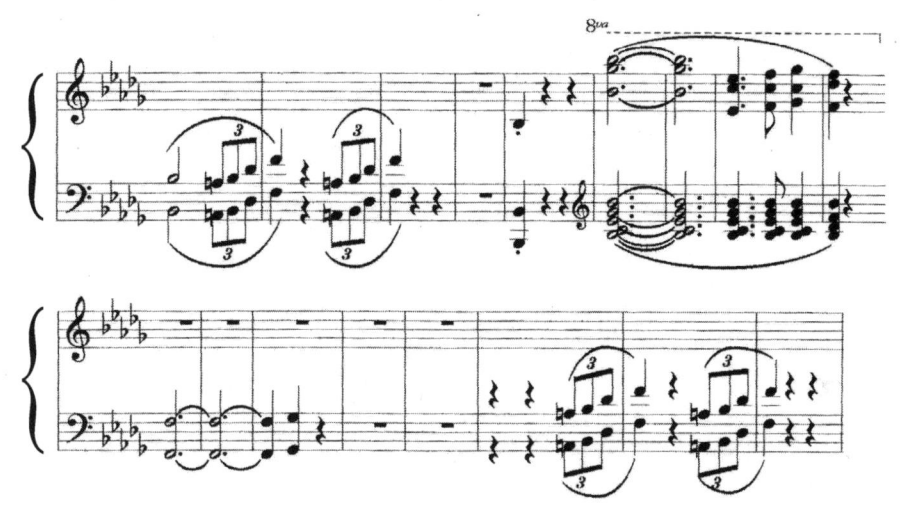

O uso do silêncio como meio expressivo prosseguiu no decurso do século XIX, quando adquiriu conotação inédita: complemento de ideias e múltiplos sentimentos, impossíveis de serem sugeridos pela palavra e pelo som. Passou a representar, enfim, atributo supremo, dramático, acento patético, dotado de inúmeros significados até então insuspeitados. A respeito, vale lembrar os tão intrigantes compassos iniciais do Prelúdio de *Tristão e Isolda*.

Essa ópera de Wagner, inovadora e extremamente ousada quanto à forma, harmonia e orquestração, considerada por Romain Rolland a criação musical mais significativa depois de Beethoven, principia com um Prelúdio, no qual o compositor, além de romper com a tonalidade clássica, expôs harmonias não resolvidas, ou, em outras palavras, "resolvidas no silêncio".

A tonalidade é indefinida. A armadura da clave indica lá menor, mas o cromatismo, ora descendente, ora ascendente, conduz a uma cadência na 7ª. da dominante, que, em vez de resolver na tônica de lá menor, cede lugar ao silêncio, sem resolução:

Uma pesquisa mais detalhada nos mostra que o processo de resolver frases musicais no silêncio, em nível modesto, já figurava na obra de Schubert. O primeiro movimento da *Sonata para Piano op. 42 (D. 845)* é, verdadeiramente, uma das mais originais realizações musicais no gênero, naquele tempo. Tamanha originalidade o distingue de todas as obras contemporâneas quanto à forma e às ideias. O compositor rompeu de maneira súbita e incisiva com os padrões clássicos em vigor, apresentando bruscas modulações para tons afastados e ruptura do modelo adotado por Haydn e Mozart, que, apesar da reforma apresentada por Beethoven, ainda imperava, de certo modo, naquele momento.

No desenvolvimento, antes da recapitulação do tema, aparecem modulações para tonalidades afastadas até a reapresentação do motivo principal em fá sustenido menor, em contraponto. A marcha harmônica, preparando a retomada do tema, é interrompida subitamente por um silêncio inesperado:

A partir da segunda década do século XX, sobretudo no Pós-Guerra, o som se tornou independente do sistema tonal que o aprisionava a princípios harmônicos e estruturais. Livre das regras impostas pela harmonia e desvinculado das formas tradicionais, individualizado, o som adquiriu valor absoluto, *per se*. Acompanhando essa evolução, o silêncio conquistou as mesmas prerrogativas do som e passou a ser entendido como material construtivo da música, e não como elemento funcional subordinado ao valor do som.

Sem dúvida, a demonstração mais ousada da individualização do silêncio na música foi a peça em três movimentos de autoria de John Cage intitulada *4 Minutos e 33 Segundos*, apresentada pela primeira vez em 1952, com David Tudor ao piano.

Consistiu no seguinte: o intérprete permanecia sentado ao instrumento, sem emitir som, durante o tempo previsto no título da obra. A "música" se restringia ao silêncio entrecortado pelos ruídos ambientais desordenados, esporádicos e imprevisíveis, incluindo movimentação dos ouvintes nas poltronas, tosse, gesticulação, além de reações afetivas do auditório (indignação, surpresa, embaraço, impaciência, etc.). A apresentação era complementada com ruídos oriundos de outras fontes fora do recinto: sirenes, buzinas, motores, gritos, risadas, assobios, vento, trovão, enfim, tudo o que soasse no ambiente externo naquela hora, fosse proveniente da tecnologia ou da Natureza.

Na verdade, Cage concebera esse princípio estético no final da década de 1940. Na ocasião, hesitou em apresentá-lo ao público, prevendo a reação negativa que, de imediato, apareceria na imprensa, em críticas acerbas e desfavoráveis, além de escárnios e protestos veementes da parte dos ouvintes.

Com o passar do tempo, a nova proposta, a princípio absurda, adquiriu importância relevante porquanto trazia uma contribuição inédita para a estética musical. Segundo o crítico Jill Johnston, Cage, provavelmente, foi o primeiro compositor na história da música a demonstrar a inexistência do silêncio absoluto. Em todo momento, estão presentes ruídos ambientais, além daqueles produzidos pelo nosso próprio corpo (batimentos cardíacos, sibilo do sangue no ouvido interno, passagem de ar pelas vias aéreas na inspiração e expiração, deglutição), igualmente incorporados ao evento musical.

Desde logo, foi necessário rever os conceitos de música e silêncio. Tudo o que antes parecia estabelecido em termos de notação e estética, teve de ser reformulado com rapidez. O conceito de música tornou-se mais amplo e abrangente, englobando todos os ruídos acidentais passíveis de ocorrer no ambiente. Por conseguinte, não mais foi possível anotar uma criação musical *in totum* em uma simples partitura, pelos métodos conhecidos. Cada apresentação era uma vivência nova e imprevisível em função dos sons que pudessem surgir, independentes do compositor.

A notação tradicional, mantida há séculos, ficou subitamente inadequada e insuficiente; não mais registrava a imensa gama de sons difundidos no mundo moderno, bem como outros extraídos dos instrumentos e da voz, longe daqueles tradicionais. Isso obrigou os compositores a elaborar novos sistemas de registro gráfico, com códigos inusitados e peculiares a cada autor, destinados a representar sons e ruídos estranhos até então não incluídos nas partituras.

O fenômeno veio acompanhado de concepção inédita do silêncio. Passou a representar uma dimensão ampla, absoluta, desvinculada da tradicional separação de frases, temas, respirações e conteúdos emocionais, agora, entendido como elemento estrutural, arquitetônico, da própria trama musical.

O novo conceito dividiu os musicistas e estetas do mundo ocidental em acirradas contendas. Alguns rejeitaram violentamente a inovação, enquanto outros manifestaram calorosas e obstinadas opiniões em defesa das ideias recém-propagadas.

No repertório vocal, os textos que induzem as composições musicais propiciam a nítida correlação entre palavra, som e silêncio, permitindo a escolha de soluções estéticas pelos compositores, a fim de resolverem conjunturas predominantemente de natureza emocional contidas nas obras literárias

Na ópera, o silêncio foi utilizado de maneira inusitada por Debussy, com a finalidade de exprimir o êxtase amoroso. Para se compreender a inovação introduzida pelo músico francês, vale recordar que, no século XIX, firmou-se como tradição que um dos momentos culminantes dos melodramas seria a revelação e a exaltação do amor em duetos apaixonados, confiados aos protagonistas. Tais cenas eram um dos trechos mais significativos das óperas, cabendo ao compositor nelas expressar o estado passional, por meio da intensificação dos recursos orquestrais e do canto.

Um exemplo dos mais notáveis de exuberância musical está no segundo ato de *Tristão e Isolda* de Wagner. Com o intuito de manifestar a paixão infinita, que arrebata os amantes naquele momento, o Gênio de Bayreuth concebeu uma magnífica cena, em que utilizou com perfeição os recursos instrumentais a fim de atingir o clímax após longa progressão cromática ascendente. No caso, o êxtase, impregnado de plenitude e realização, é evocado mediante desdobramento de células musicais, evoluindo em constante deslocamento de centros tonais, harmonias não resolvidas e imensa riqueza tímbrica.

Contrariando tal princípio bem-estabelecido e, portanto, inovando a estética operística, em *Pelléas et Mélisande*, Debussy empregou resolução que implica extrema valorização do silêncio, em oposição ao modelo tradicional. No quarto ato, quando Pélleas pronuncia as tão antigas e, ao mesmo tempo, sinceras e profundas palavras *je t'aime*, seguidas de *je t'aime aussi* em registro mais grave, murmuradas por Mélisande, o compositor deu preferência à forma quase coloquial, ao invés de ampla melodia para acompanhar o discurso. Ainda para aumentar a liberdade da interpretação, naquele trecho, a partitura traz uma indicação de caráter (*librement*), que afrouxa o rigor do tempo musical, deixando a cargo dos intérpretes a duração das frases e dos silêncios.

A declaração surge em meio a um silêncio intenso, súbito, pleno e calmo em toda a orquestra e, não obstante, de indiscutível vigor, dominando a cena. É um momento de total imobilidade, no qual são supérfluos tanto longos discursos quanto sons adicionais.

A citada resolução não era estranha ao compositor. Fiel à estética impressionista, ele preferia sonoridades suaves e comedidas a grandes arroubos emocionais, rompendo, dessa maneira, com a tradição imperante na ópera do século XIX. A condição não passou despercebida a Ernest Newman, ao assinalar que, na obra cênica de Debussy, "[...] a placidez do estilo cresce invariavelmente em proporção à gravidade do que ele tem que dizer" (Newman, 1957, p. 116).

Em outras passagens significativas do repertório lírico, ao contrário do exemplo anterior, o silêncio se limita aos cantores, cabendo à orquestra o papel de ressaltar o conteúdo emocional da cena. Trata-se de um "silêncio parcial", restrito à parte vocal, mas de importância primordial, o elemento condutor e o principal veículo de expressão da ação dramática na maioria das óperas.

Cônscio desse fato, Massenet aplicou tal procedimento no final do primeiro ato de *Werther*, precedendo o belo dueto confiado ao jovem apaixonado e a Charlotte.

A orquestração sobremodo sutil deixa transparecer, ao mesmo tempo, o encanto da noite, envolvendo os dois personagens principais, durante a saída de uma festa, e o amor incipiente, eclodindo em suas almas. O prolongado silêncio de ambos é por demais sugestivo da força do sentimento, intensificado de maneira excepcional quando Charlotte diz, calmamente, quase murmurando, *il faut nous séparer* (é preciso nos separarmos), em uma frase musical descendente e conclusiva, em que se nota uma das características impecáveis encontradas no repertório vocal de Massenet: a perfeita escolha de notas musicais perfeitamente adequadas às sonoridades das respectivas sílabas:

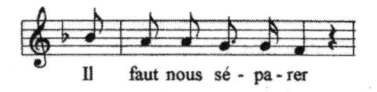

A mestria do autor transparece no excerto mencionado: um intenso dueto se segue às palavras de despedida dos personagens, expressa na voz de Charlotte. Na realidade, representa o término de um momento mágico, no qual ela e Werther, a sós, permanecem calados, e o conteúdo emocional fica a cargo da orquestra. O final de silêncio tão significativo, mantido pelos dois personagens, só poderia ser uma frase musical descendente. Ao contrário do que, em geral, acontece, ou seja, o silêncio correspondendo ao término de um conteúdo sonoro, aqui o canto representa a conclusão de algo implícito no silêncio.

Fim ou começo? Ambivalência de temporalidade, momento dúbio, término de um breve encontro, princípio do romance e do verdadeiro desenrolar do drama. Despedida ou promessa reservada? Onde têm mais força sonhos, encanto e promessas ocultos: no prolongado silêncio das vozes ou no dueto apaixonado que se segue?

Pronunciando as simples e comedidas palavras de despedida, Charlotte incita no companheiro o intuito de prolongar a permanência. A despedida gera o dueto ou, em outro dizer, a separação induz o reforço dos vínculos e da paixão. Quantos estados emocionais anteriores e confissões não proferidas encerradas em silêncio! Massenet, com especial destreza, soube aproveitar os recursos dramáticos da relação som-silêncio para comunicar o amplo conteúdo emocional do enredo e a paixão que se prenuncia na parte orquestral. O trecho não seria tão significativo sem a frase inicial, em certo modo, conclusiva, veiculando exatamente a intenção de encerrar a mensagem não expressa por palavras.

Em tais situações, o silêncio adquire dimensão tamanha, aliás, superior à sonora. Consegue transmitir imenso e rico conteúdo, que talvez palavras ou sons não o fizessem. Nesse contexto, encontra-se pleno de êxtase.

Na canção de câmara, à semelhança da ópera, e, por vezes, mais ainda, o silêncio desempenha papel primordial. Um exemplo antológico, no último gênero, é *Gretchen am Spinnrade* de Schubert. Esse *Lied*, considerado um dos marcos iniciais do Romantismo musical, com palavras de Goethe extraídas do *Fausto*, versa sobre uma jovem nostálgica que, enquanto fia na roca, a fim de se distrair, evoca as lembranças do amado distante. O pensamento divaga...

O compositor, a princípio, confiou ao piano um desenho rítmico condizente com a monotonia do giro da roca. À medida que as lembranças se sucedem e se tornam mais íntimas, evocando a imagem e o toque do amado, a representação do tecer desaparece da música, cedendo lugar a arpejos sugestivos de recordação, quimera ou, em outros termos, fuga da realidade e devaneio.

O clímax é atingido no momento em que Gretchen se recorda do beijo. Após as palavras *sein Kuss*, a última correspondendo a uma mínima pontuada, acrescida de irretocável suspensão, Schubert, apesar de jovem (contava na ocasião 17 anos), utilizou o silêncio de maneira inequívoca, própria dos grandes mestres. Quer o movimento obstinado da roca, quer os arpejos, tudo é interrompido durante alguns segundos – êxtase supremo – e, em seguida, timidamente, o piano, indeciso, retoma o ritmo, ainda titubeante, do monótono fiar. A supressão de todo movimento e todo som, embora breve, resulta em impressão de plenitude. Eis um dos exemplos notáveis da canção de câmara, em que o silêncio reflete a intensidade do arrebatamento:

Outro *Lied* a ser lembrado é *Die kühler Wald* de Brahms, com versos de Clemens Brentano. A temática inclui as considerações de um romântico solitário ao ouvir ecos imaginários de uma floresta na qual passeia a amada distante. Perplexo, ele indaga de onde provêm tais sons. Após um instante de reflexão, encontra a resposta: é no íntimo de si mesmo que ressoa a floresta, e ali está o eco que dissipa as canções.

O poema recebeu tratamento admirável pelo músico: no início, o discurso é contemplativo e sereno, apoiado por acordes no piano; quando o poeta questiona a origem de suas impressões, Brahms usou uma frase musical suspensiva, ao invés de conclusiva, traduzindo a dúvida; as pausas seguintes e alguns acordes no acompanhamento sugerem reflexão. O silêncio aqui tem conotação diferente daquela encontrada em *Gretchen am Spinnrade*. Em lugar de plenitude e êxtase, reflete questionamento e dúvida:

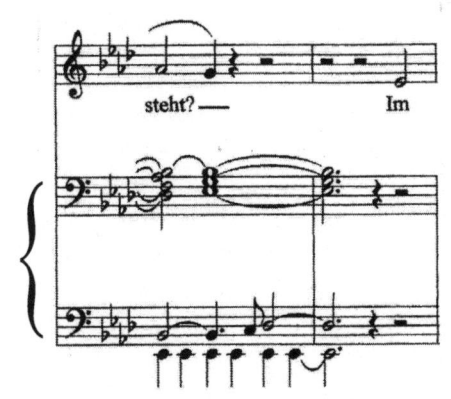

Discípulo de Massenet, Francisco Braga, fiel aos conselhos do autor de *Manon*, deu especial atenção à prosódia e ao material sonoro que acompanha as palavras.

Na canção *Prece*, com letra de Floriano Brito, embora longe de ser sua melhor criação no gênero, demonstrou especial cuidado no emprego do silêncio como recurso expressivo.

O texto, contrário ao que o título parece indicar, não tem caráter religioso. Representa ardorosa súplica, repleta de sensualidade, à mulher amada, com o intuito de obter dela aquiescência para um beijo. A figura idolatrada, sob o ímpeto do desejo, transforma-se, pois, em objeto de fervorosa adoração, quase divina, nos seguintes termos: "como se fosses Deus e eu fosse um crente". O compositor empregou, então, o registro agudo do piano com suspensão sobre um acorde seguindo o canto. Porém, tamanha exaltação cede lugar à frustração, quando o apaixonado enfrenta a realidade: a amada não aparece. Há longa interrupção do canto, e o piano se torna mais sombrio, executando sonoridades graves (volta à realidade). A voz reaparece, quase um murmúrio, em tom de confidência, revelando toda a decepção incontida em poucas palavras: "e não vens!...". Após outro silêncio, prossegue no mesmo clima: "e chorando é qu'eu te espero".

O impacto resultante da mudança abrupta de sentimentos — exaltação/decepção, quimera/realidade – resulta seja das poucas oitavas pesadas, seja das modulações sombrias no piano e desse "e não vens!..." breve, desolado, separado dos demais períodos musicais por pausas significativas:

E eu fos-se um cren - te.   E não vens!...   E cho -ran - do

Dos exemplos citados, extraímos a conclusão de que, tal e qual as reticências na fala, os silêncios nas partituras complementam ideias musicais. O conteúdo que neles impera depende dos sons (e palavras, quando há uma letra) que o antecedem. Demonstra-se, assim, que o silêncio, em lugar de possuir um significado específico *per se*, encerra múltiplos significados em função dos sons precedentes.

Ouvir o silêncio confere nova dimensão à música. Nele está concentrada grande variedade de emoções, capaz de ampliar e embelezar o universo sonoro. À medida que se atenta para o seu valor, a mensagem musical surge cada vez mais rica, e uma nova concepção de interpretação pode ser estabelecida, distante da compreensão das pausas como sinais destituídos de significado, ou simples instantes de respiração, ou separação de motivos musicais. Em suma, sem silêncio seria impossível existir música.

NOTAS

|1| "A origem da pausa é a respiração, quando a música dependia dos pulmões dos musicistas e a necessidade prevalecia sobre a técnica. O silêncio não estava em questão, somente a imagem musical que durava o espaço de um fôlego." (Caesar, 1987, p. 52)

BIBLIOGRAFIA

CAESAR, Rodolfo. Pedaços de silêncio. *Arte e Palavra*, UFRJ/FCC, Rio de Janeiro, v. 3, p. 51-52, 1987.

CLAUDEL, Paul. *L'oeil écoute*. Paris: Gallimard, 1990.

DÖBLIN, Alfred. *Sur la musique*. Conversations avec Calypso. Trad. Sabine Cornille. Paris/Marseille: Rivages, 1989.

GALEWITZ, Herb. (Org.) *Music. A book of quotations*. Mineola/New York: Dover, 2001.

GARCÍA LORCA, Federico. *Libro de poemas*. Buenos Aires: Losada, 1968.

HURTADO, Leopoldo. *Introducción a la estética de la música*. Buenos Aires: Paidos, 1971.

JANKÉLÉVITCH, Vladimir. *La musique et l'ineffable*. Paris: Seuil, 1983.

KOELLREUTTER, H.J. A unidade som-silêncio como experiência mítica na música indiana. *Arte e Palavra*, UFRJ/FCC, Rio de Janeiro, v. 3, p.71-74, 1987a.

_____. *Introdução à estética e à composição musical contemporânea*. Orgs. Bernadete Zagonel e Salete M. La Chiamulera. Porto Alegre: Movimento, 1987b.

KOSTELANETZ, Richard. *John Cage*. An anthology. New York: Da Capo, 1991.

LEITE, Ascendino. *As durações*. Passado indefinido. Os dias duvidosos. O lucro de Deus. Belo Horizonte: Itatiaia, 1966.

_____. *O jogo das ilusões*. Jornal literário. Rio de Janeiro: EdA, 1985.

LONGUS. *Daphnis et Chloé*. Trad. Amyot / Paul-Louis Courier. Paris: Athêna, 1954.

MACHADO, Gilka. *Poesias completas*. Rio de Janeiro: Léo Christiano, 1992.

MÁRAI, Sándor. *Música en Florencia*. Trad. F. Oliver Brachfeld. Barcelona: Destino, 1951.

MAUCLAIR, Camille. *La religion de la musique et les héros de l'orchestre*. Paris: Fischbacher, 1928.

NEWMAN, Ernest. *História das grandes óperas e de seus compositores*. Trad. Antônio Ruas. V. 5. Rio de Janeiro/ Porto Alegre/ São Paulo: Globo, 1957.

ORLANDI, Eni Puccinelli. *As formas do silêncio no movimento dos sentidos*. Campinas: Unicamp, 1997.

PASCAL. *Pensées*. Extraits. Paris: Bordas, 1976.

PICARD, Max. *Le monde du silence*. Trad. J.-J. Ansttet. Paris: Presses Universitaires de France, 1954.

PINHAS, Richard. *Les larmes de Nietzsche*. Deleuze et la musique. Paris: Flammarion, 2001.

POCH BLASCO, Serafina. *Compendio de musicoterapia*. 2 v. Barcelona: Herder, 1999.

POIZAT, Michel. *L'opéra ou le cri de l'ange*. Essai sur la jouissance de l'amateur d'opéra. Paris: A. M. Métailié, 1986.

ROLLAND, Romain. *Musiciens d'aujourd'hui*. Paris: Hachette, s.d.

SCHAFER, R. Murray. *O ouvido pensante*. Trad. Marisa Trench de O. Fonterrada, Magda R. Gomes da Silva e Maria Lúcia Pascoal. São Paulo: Unesp, 1991.

VALENTE, Heloísa de Araújo Duarte. *Os cantos da voz*: entre o ruído e o silêncio. São Paulo: Annablume, 1999.

Trabalho apresentado no encontro *Psicanálise, Arte e Cultura,* promovido pela *Sociedade Brasileira de Psicanálise do Rio de Janeiro* em novembro de 1998, e publicado, de forma resumida, nos seguintes periódicos: *Trieb* n. 8, 1999 (Publicação oficial da *Sociedade Brasileira de Psicanálise do Rio de Janeiro*); *Revista da Academia Nacional de Música*, v. XI, 2000; *Revista Internacional Latinoamericana de Musicoterapia* (Rosario, Argentina), v. 6, n. 1, 2000 e *Revista Española de Musicoterapia* (Barcelona), n. 3, 2000.

SOM E COR: REALIDADE OU FANTASIA?

Ao longo dos séculos, diversas civilizações ocidentais e orientais, quer adiantadas, quer primitivas, buscaram, de modo indiscriminado, a inter-relação de impressões mediadas pelos sentidos, como forma de harmonização no Uno, atendendo mais a uma concepção filosófica do que científica.

No Ocidente, filósofos estabeleceram logo uma hierarquia dos sentidos, na qual a visão e a audição ocuparam posição primordial, enquanto o tato, o paladar e o olfato foram relegados a plano inferior.

A princípio, a evidência de uma suposta relação entre audição e visão pode manifestar-se de várias maneiras. A audição de certos sons ou passagens musicais permite a alguns indivíduos a evocação de paisagens, ocorrências, localidades, pessoas e cores. Por outro lado, acontece o contrário. Determinados cenários ou localidades são capazes de despertar a lembrança de músicas ou sons específicos.

Essa contingência justifica a inclusão, na linguagem musical, de termos originalmente de conotação pictórica, tais como: *paleta* orquestral; *colorido* tímbrico; *tom, tonalidade* (harmonia); *cromatismo*; sonoridades *claras, brilhantes, escuras* e *sombrias*; *linhas, curvas, arabescos, contornos* e *desenhos* melódicos; *horizonte* acústico; *paisagem* sonora; sonoridade *irisada* e *matizes* orquestrais.

O inverso também é comum, ou seja, o emprego de palavras próprias do vocabulário musical, por críticos, ensaístas e artistas plásticos, para tecerem apreciações e conceitos estéticos sobre pintura e escultura. Assim, a expressão *escala de cores* tornou-se habitual para designar os matizes colocados na paleta.

São inúmeros os exemplos do uso dessa linguagem aplicada a trabalhos plásticos. O abade Delescluze (De Lescluze), ao elogiar o pintor Memling, mencionou que este "executava uma nova melodia" em cada uma de suas telas. Th. Sylvestre usou recurso similar. Segundo ele, Delacroix fazia ressoar o vermelho como o som dos trompetes guerreiros, além de extrair gemidos sombrios do violeta.

O filósofo Spengler, citado por Will Durant (1959), forneceu a seguinte relação entre cores utilizadas na pintura de Watteau e obras musicais da seguinte forma: verde-azulado seria correspondente às composições de Couperin, Mozart e Haydn; sépia, às de Corelli, Haendel e Beethoven.

Coypel reservou o termo *dissonância* para uma cor que, na proximidade de outras, produz certo desequilíbrio e até mesmo se opõe às cores vizinhas, atraindo a atenção do espectador sobre ela. Ao mesmo tempo, aconselhou aos pintores seguir o exemplo de grandes músicos que protegem a dissonância acentuada por meio de sons a ela vinculados de forma imperceptível para o ouvinte.

A terminologia musical aplicada à pintura serviu tanto para alusões de natureza estética quanto para títulos dos trabalhos plásticos. No início do século XX, o pintor checo Frank Kupka recebeu prêmio em St. Louis (Estados Unidos) com o trabalho intitulado *La Ballade*, ainda mantendo características naturalistas e simbolistas. Mais tarde, evoluindo em estilo, concebeu outros com denominações nitidamente de caráter musical: *Fugue à Deux Couleurs, Chromatique Chaude, Solo d'un Trait Brun*. Os nomes justificaram a inclusão do artista plástico no movimento pictórico denominado *Orfismo*, por Apollinaire, e o qualificativo "sinfônica", conferido à sua obra por Maria Luiza Falabella (1987).

Um contemporâneo de Kupka, seguindo o mesmo "clima musical", portanto, integrante do citado movimento artístico, foi Robert Delaunay. Sua tela *Disque Simultané* exibe formas dispostas à semelhança de notas musicais na pauta: um círculo composto de anéis concêntricos, divididos em quatro partes, cada qual com cor própria. A obra foi descrita por Falabella em termos cromáticos e musicais:

> Inscritas em uma forma rigorosamente geométrica, as cores criam movimento desenvolvendo-se no tempo: os contrastes e harmonia das cores fazem como que girar o plano circular, num ritmo musical. Nosso olho desliza em um movimento circular pela superfície do quadro, da qual se desprende uma melodia formada pelos acordes visuais de cor e pelo ritmo. (Falabella, 1987, p. 51)

Kandinsky sempre demonstrou atração pela música. Tocava violoncelo desde criança, e piano, com certa facilidade, durante permanência em Munique. Apesar de ter conhecimento musical reduzido, chegou a compor algumas melodias simples para sua obra teatral *Violetter Vorhang* (Cortina Violeta) (1914).

Em função da inclinação pela música, designou algumas telas com termos da linguagem musical (*Impressão, Improvisação* e *Composição*), escreveu versos em *Klänge* (Sons) e duas obras dramáticas para teatro: *Der Gelbe Klang* e *Der grüne Klang* (O Som Amarelo e O Som Verde). No entanto, nunca tencionou "pintar" a música. Considerando-a "arte abstrata" por excelência, nela, buscava somente um denominador comum a todas as artes.

Uma observação interessante nos foi legada por Paul Claudel, durante visita ao *Rijksmuseum*, em Amsterdã. Na ocasião, deu atenção a um quadro que, depois, não mais reencontrou. Tratava-se de paisagem no estilo de Van Goyen, praticamente monocromática, na qual se destacava pequeno ponto vermelhão, que "soava como uma trombeta".

Eis outro exemplo: Ascendino Leite, ao regressar de visita à família Lamacié, anotou em seu diário "o tom *debussyano* do autorretrato de Helena". Metáfora de alto valor sugestivo, pois não é necessário conhecer a tela para se deduzir o estilo da pintura: tonalidades suaves e contornos delicados.

Edgar Willems (1969), considerando as cores, mencionou propriedades que, na realidade, são qualidades do som: duração (quantidade de cor); intensidade (valor, cor mais ou menos intensa); altura (cores diferentes) e timbre (aspectos materiais da cor: liso, mate, granulado, etc.).

OBSERVAÇÕES NO DECURSO DA HISTÓRIA

Em uma retrospectiva, verificamos que as tentativas de associações sensoriais datam de tempos remotos.

Na China Antiga, foi idealizada uma correlação entre vários elementos da Natureza: sons, cores, sabores, estações do ano e pontos cardeais. Ling Lun, considerado o primeiro teórico da música, concebeu inicialmente uma escala pentatônica, na qual cada grau tinha independência própria, de modo diverso do sistema adotado mais tarde no Ocidente, quando o princípio básico se tornou a prevalência da tônica e da dominante sobre os outros graus da escala para o estabelecimento da tonalidade. A escala chinesa podia começar e terminar em qualquer grau.

A escala não representava somente manifestação de arte. Era, antes, um sistema ético capaz de guiar o comportamento social de acordo com a atividade de cada indivíduo. Por exemplo, para o agricultor, fornecia dados relativos à conduta e à colheita; para os soberanos, correspondia a formas de governo, além de manual de etiqueta.

A escala chinesa primitiva tinha por princípio a Teoria dos Cinco Elementos e era formada da seguinte maneira:

Tom	Cor	Elemento
Kiáo	verde	madeira
Tché	vermelho	fogo
Kong	amarelo	chifre
Chang	branco	metal
Yu	preto	água

Bem mais tarde, filósofos e místicos ocidentais prosseguiram estabelecendo novas relações.

Reportando-se à Idade Média, na Espanha, Marius Schneider, a partir de 1944, dedicou-se ao estudo de esculturas representando animais, existentes nos capitéis das catedrais de Santa Maria de Ripoll, Gerona e San Cugat del Vallès. Após minuciosas e prolongadas investigações, concluiu que tais imagens evocavam múltiplos símbolos, incluindo notas musicais, cores, planetas, números, sentidos da vida de relação, detalhes sobre tempo e ideologias.

Na sua opinião, os capitéis não correspondem a sons isolados, porém a sequências sonoras, ou melhor, escalas, indicando que, na Europa medieval, havia intenção de se representarem sons por meios arquitetônicos. Na verdade, cada animal esculpido não equivale a um som específico, mas ao símbolo material de um som.

Ao comparar a localização dos animais na Catedral de Cugat com cantos religiosos da época, Schneider (1976) concluiu haver estreita relação entre os dois elementos, a ponto de a ausência de animais em certos capitéis equivaler, em número e posição, a sons intermediários nos modelos melódicos usados como material para a pesquisa.

Fundamentado em seus achados, ele obteve a seguinte relação entre notas musicais e cores:

dó — alaranjado
ré — verde-amarelo
mi — violeta
fá — vermelhão
sol — amarelo
lá — verde
si — azul-ferrete

No entanto, coube a Isaac Newton a primazia em fixar uma equação matemática para cor e som. Até 1671, o físico inglês concebera o espectro da luz branca formado por somente cinco cores fundamentais. A partir daquela data, passou a aceitar a existência de sete cores e estabeleceu uma analogia entre elas e notas da escala musical.

Entrementes, ainda eram desconhecidos os comprimentos de ondas luminosas e as frequências sonoras. Por conseguinte, Newton tentou estabelecer uma correlação fundamentada em dados espaciais, por serem parâmetros quantificáveis. Seus princípios foram deduzidos a partir de aferições de diferentes comprimentos de um monocórdio, correspondentes às notas sol, lá, fá, sol, lá, mi, fá e sol, e de várias espessuras da camada de ar situada entre lâminas de vidro, formando anéis luminosos com as sete cores básicas do espectro, desde vermelho até violeta.

Em 1739, um discípulo de Newton, matemático e musicólogo – jesuíta francês Louis-Bertrand Castel –, idealizou uma escala musical, em que, a cada grau, cabia uma cor, e registrou sua teoria em vários escritos: *Clavecin par les Yeux, Avec l'Art de Peindre les Sons et Toutes Sortes de Pièces de Musique* (1725).

Quatorze anos mais tarde, com o intuito de viabilizar sua teoria, concebeu um cravo, no qual cada uma das sete notas da escala diatônica equivaleria a uma cor do disco de Newton, da seguinte forma inteiramente arbitrária:

dó — violeta
ré — índigo
mi — azul
fá — verde
sol — amarelo
lá — alaranjado
si — vermelho

Descontente com a tabela acima, por não conter notas alteradas, Castel elaborou outro sistema de correlações, mais complexo, que incluía cinco cores adicionais.

Ainda é de sua autoria outro projeto deveras arrojado: um órgão, cuja extensão abrangia doze oitavas, às quais correspondiam nada menos de cento e quarenta e quatro cores, projetadas por equipamento composto de cento e sessenta vidros coloridos, espelhos e fonte luminosa com numerosas velas.

No mesmo século, dois artistas plásticos franceses, de sobrenome Gautier d'Agoty – Jacques e Arnaud Eloi –, respectivamente pai e filho, publicaram textos referentes à interação entre ciências e artes. De autoria do último, vale citar a obra *Observations Périodiques sur l'Histoire Naturelle, la Physique et les Arts* (1771). Os nomes Newton, Castel e d'Agoty demonstram o interesse de intelectuais ligados à ciência em encontrar justificativas, baseadas em experimentos, para relacionar sensações visuais e auditivas.

Não obstante o grande número de declarações arbitrárias, sem valor comprobatório, merece atenção a condição psíquica, extremamente peculiar e presente em poucas pessoas, denominada *audição colorida*, na qual estímulos sonoros específicos suscitam o aparecimento concomitante de impressões cromáticas associadas aos respectivos sons. Para o fenômeno ser qualificado como tal, é necessário que seja involuntário, constante e inalterável.

A primeira descrição específica dessa entidade, embora sem cunho científico, parece ter sido a de J. L. Hoffmann (1786). Esse teórico atribuía cores definidas a timbres de diferentes instrumentos. No final século XIX, surgiu a minuciosa monografia sobre o assunto, de autoria do psicólogo suíço Théodore Flournoy, professor da Universidade de Genebra, intitulada *Les Phenomènes de Synopsie* (1893).

Segundo ele, a *audição colorida* estaria presente em uma dentre seis pessoas. Ainda acrescentou ser ela mais comum em mulheres do que em homens, predominando em crianças. Quanto ao último quesito, parece ser condição manifestada precocemente, pois Edgar Willems (1984) citou o caso de uma criança de dois anos que atribuía a cor vermelha a certa marcha militar.

O psicólogo Freudenberg também falava em "escutar cores".

Goethe chegou a elaborar *Doutrina das Cores* e pretendeu prosseguir com um trabalho teórico acerca da natureza dos sons. Nos seus estudos, provavelmente em analogia com o espectro luminoso, propôs uma série de dezesseis harmônicos a partir de um som fundamental. Corresponderia ao desdobramento do som através de um "prisma sonoro".

PRESENÇA NA LITERATURA DE FICÇÃO

No decurso do século XIX e da primeira metade do XX, surgiu uma profusão de fantasias a respeito da relação entre cores e sons, não tanto nos escritos de músicos, mas nos de escritores e pintores. Com a tentativa de interação de todas as manifestações artísticas, em busca de unidade, as metáforas se tornaram abundantes e exageradas a partir do Romantismo. E.T.A. Hoffmann, Goethe, Grillparzer, Mörike, Heine, Téophile Gautier,

Balzac, George Sand, Baudelaire, Huysmans, Rimbaud, Sully Prud'homme, Mallarmé, André Gide, Paul Claudel, García Lorca, Vladimir Korolenko e tantos outros escritores vêm comprovar essa tendência.

Umas das mais excêntricas descrições aparecem em E.T.A. Hoffmann. Contemporâneo de Goethe, além de escritor era músico e teve notável influência no início da Escola Romântica. Por conseguinte, inseriu em suas novelas numerosas menções à arte dos sons, ricas em metáforas de contexto visual, haja vista o seguinte fragmento de *Kreisleriana*:

> *No es tanto en el sueño como en el delirio que precede al momento de dormir-se cuando siento sobre todo si he estado escuchando mucha música, una coincidencia de colores, sonidos y sabores. Me parece como si todos ellos fuesen producidos del mismo misterioso modo por un rayo de luz y luego tuvieran que unirse para crear un maravilloso concierto.* (Hoffmann, 1986, p. 69)

> Não é tanto no sonho, mas no delírio que antecede o momento de adormecer, que percebo, sobretudo se estive escutando muita música, uma coincidência de cores, sons e sabores. Parece-me que todos esses elementos se originaram da mesma maneira misteriosa, a partir de um raio luminoso, e logo tiveram que se unir para criarem um concerto maravilhoso. (T. do A.)

Hoffmann repetiu a situação na novela *Don Juan*, ao ressaltar o brilho das sonoridades: "um lá límpido sustentado pelo oboé" e "os instrumentos brilham como raios chamejantes, os sons fundidos em metal etéreo". Em seus escritos, manifestou surpreendente grau de fantasia em comparações limítrofes entre o exagero e o grotesco:

> Eu tinha uma jaqueta, cuja cor era aproximadamente um fá bemol, mas para dar um pouco de calma ao olho do espectador, passei a usar, por baixo da jaqueta, um colete com a cor de um ré. (Antunes, 1982, p. 15)

E o que dizer deste insólito e extravagante parágrafo do mesmo novelista?

> *Just at that time (he wrote) I was also wearing a suit that I once bought in the greatest ill-humour over an unsucessful trio. The colour of it ran towards C sharp major, so I had a collar in E major colour put on it to pacify the spectators to a certain extent.* (Révéz, 1953, p. 123)

> Precisamente naquele momento (ele escreveu) eu estava usando um terno que comprei, certa vez, em momento de terrível mau humor, por causa de um trio fracassado. A cor dele mudou para dó sustenido maior e, por isso, foi-me necessário pôr um colar em mi maior para acalmar, em certa medida, os espectadores. (T. do A.)

Anos depois, na França, Baudelaire lançou um verso antológico sobre a correspondência entre as diversas sensações, verdadeiro lema para todos os autores que se seguiram na busca de novas relações entre as artes (*Les parfums, les couleurs et les sons se répondent*) (Os perfumes, as cores e os sons se harmonizam). Mais de uma vez, expressou a ideologia tão em voga em seu tempo, abordando a relação entre os sentidos:

> *Ce qui serait vraiment surprenant, c'est que le son* ne pût pas *suggérer la couleur, que les couleurs* ne pussent pas *donner l'idée d'une mélodie, et que le son et la couleur* fussent impropres *à traduire des idées*. (Baudelaire, 1968, p. 271)
>
> Na verdade, seria surpreendente se o som *fosse incapaz* de sugerir a cor, se as cores não pudessem dar ideia de uma melodia e se o som e a cor *fossem inadequados* para traduzirem pensamentos. (T. do A.)

Em *Les Paradis Artificiels*, acerca dos efeitos alucinógenos provocados pelo haxixe, insistiu na comparação: *Les sons se revêtent de couleurs, et les couleurs contiennent une musique* (Os sons se revestem de cores, e as cores contêm música) (Baudelaire, 1998, p. 35).

De maneira mais poética, George Sand, no segundo ato do drama poético-filosófico *Les Sept Cordes de la Lyre*, registrou pensamento idêntico, expondo a profunda e íntima inter-relação entre elementos do mundo e do Infinito, expressa por meio do som e da cor:

> *Tout est harmonie, le son et la couleur. Sept tons et sept couleurs s'enlacent et se meuvent autour de toi dans un éternel hyménée. Il n'est point de couleur muette. L'univers est une lyre. Il n'est point de son invisible. L'univers est un prisme.* (Sand, 1973, p. 110)
>
> Tudo é harmonia: o som e a cor. Sete notas e sete cores se entrelaçam e se movem em torno de ti, constituindo uma aliança eterna. Não existe cor silenciosa; o Universo é uma lira. Não há som invisível; o Universo é um prisma. (T. do A.)

Balzac, por seu turno, não permaneceu alheio ao pensamento da época ao descrever o céu concebido por Swedenborg para os amantes imaculados, em *Séraphîte*. A seu ver, a luz gerava a melodia, e a melodia gerava a luz. Em outras palavras, as cores eram luz e melodia em incessante intercâmbio.

No Brasil, Martins Fontes registrou em *Hiperestesia*:

> E visualmente a música se escuta.
> Ouvem-se as cores, vendo-se os sonidos,

> Tal como, sem tocar, se conhecesse
> A macieza dos tons nos coloridos.

O poeta português Gomes Leal, em *O Visionário ou Som e Cor*, poema dedicado a Eça de Queiroz, elaborou uma integração entre flores, sons e cores:

> E é já velha a união, a núpcia sagrada,
> Entre a cor que nos prende e a nota que suspira.
> [...]
> Há plantas ideais, dum cântico divino,
> Irmãs do oboé, gêmeas do violino,
> Há gemidos no azul, gritos no carmesim...
>
> A magnólia é uma harpa etérea e perfumada.
> E o cacto, a larga flor, vermelha, ensanguentada,
> — Tem notas marciais, soa como um clarim.

Altamente sugestivo é o título da poesia original de Téophile Gautier *Symphonie en Blanc Majeur*. O autor concebeu verdadeira paisagem povoada de lendárias mulheres-cisnes do Reno, onde a extrema calma e monotonia das regiões nórdicas se estende por todas as estrofes em sucessão de metáforas sugestivas de intensa alvura: cisnes, luar, geleiras, camélias, cetim branco, neve, lírios, espuma do mar, mármore, marfim, pombas.

Daí o título bem-adequado, que Gautier foi buscar na música, se referir a uma sinfonia, não de sons, mas de imagens; não de cores, porém monocromática, podendo muito bem ser comparada a composições musicais com dinâmica e colorido quase constantes, sem grandes variações quanto à forma e aos timbres.

Em tributo ao autor francês, Rubén Darío publicou o poema *Sinfonía en Gris Mayor*, permeado de sugestivas evocações da cor cinza, muitas vezes com tonalidade metálica: mar azougado, ondas plúmbeas, céu cor de zinco, sol semelhante a vidro opaco e paisagem brumosa.

O pintor, ensaísta e poeta José Paulo Moreira da Fonseca se referiu ao verde exuberante das nossas matas comparando-o à sonoridade dos metais no texto intitulado *Os Verdes como Instrumentos de Sopro*.

Por vezes, a linguagem musical estava associada a estados de alma. André Gide anotou em seu *Journal*, aos 10 de abril de 1938, essa condição, de maneira insólita, no estilo extravagante de Hoffmann:

> *Ce matin-là j'étais en mi majeur. Toutes mes pensées comportaient quatre dièzes; plus tous les accidents à survenir en cours de modulation. Je transposais en mi toutes les rengaines qui me tympanisaient avec une obstination obsédante.* [...].
> *L'obsession n'avait alors de cesse qu'elle n'eût fait chromatiquement le tour de la gamme et rejoint le ton initial. J'éprouvais, au cours de cette révolution, une sorte de soulagement à quitter la région des dièzes pour entrer dans celle des bémols* [...]. (Gide, s.d., p. 259,260)

> Naquela manhã, eu estava em mi maior. Todos os meus pensamentos comportavam quatro sustenidos, além dos acidentes passíveis de sobrevir no curso da modulação. Eu transportava em mi todos os refrãos que ressoavam com constante obstinação [...].
> A obsessão não chegava ao fim antes de percorrer cromaticamente a escala inteira e voltar ao tom inicial. Em meio a esse tumulto, eu sentia uma espécie de alívio ao deixar a região dos sustenidos para ingressar na dos bemóis [...]. (T. do A.)

No nosso país, a correlação cor-som-estado emocional foi resumida por Raul Pompéia em *O Ateneu*:

> Há estados d'alma que correspondem à cor azul, ou às notas graves da música; há sons brilhantes como a luz vermelha, que se harmonizam no sentimento com a mais vívida animação. (Pompéia, 1996, p. 93)

Na poesia, vale lembrar os versos do simbolista Moacir de Almeida em *A Música*:

> O ouvido vê! Na luz das paisagens ignotas,
> O ouvido vê surgir o campo do Intangível.
> O espírito do azul se corporiza em notas...

Em rigor, excluído o mérito literário, todas as citações aqui apresentadas são altamente inconsistentes do ponto de vista científico. Apesar de sugerirem a existência de fenômeno associativo, são destituídas de fundamento capaz de permitir uma avaliação acurada do fato. O valor nelas contido reside mais no domínio literário, sem dúvida, traduzindo riqueza de estilo pelo emprego sistemático de sinestesias e metáforas, do que na área fenomenológica, passível de fornecer conclusões e resultados confiáveis.

Portanto, elas não nos habilitam a julgar se, efetivamente, aqueles escritores eram dotados de *audição colorida*, ou, o que nos parece mais provável, dada a raridade da condição, tão somente seguiam modismo corrente nos séculos precedentes. Buscavam, ora a expressão do fantástico, ora o estabelecimento de correlações diversas, empíricas, na tentativa de unificação de todos os princípios universais, ora mero recurso literário.

DECLARAÇÕES DE MUSICISTAS

Alguns compositores, aí incluídos Berlioz, Liszt, Wagner, Debussy, Joachim Raff, Ravel, Scriabin, Rimsky-Korsakoff, Massenet, Saint-Saëns, Schoenberg, Ligeti e Messiaen, além de musicólogos abalizados como Jules Combarieu e Albert Lavignac, e de regentes como Charles Munch, igualmente admitiram a existência da citada correlação.

As opiniões, por eles emitidas, posto que provenientes de músicos, em princípio, poderiam ser consideradas fidedignas para estudos detalhados do fenômeno. Porém, as tênues fronteiras entre fantasia e realidade eram quase abolidas durante o Romantismo. Por conseguinte, dificultam a avaliação do mérito das declarações.

Por exemplo, certa feita, Liszt, durante um ensaio orquestral, no qual era o regente, solicitou aos músicos que executassem determinada passagem "um pouco mais azul", pois o clima da obra assim o exigia (?). O fato isolado não nos permite atribuir *audição colorida* ao autor da *Sinfonia Dante*. Certamente se tratava de metáfora para indicação do caráter da obra; isso facilitaria a respectiva assimilação pelos executantes.

A maioria dos grandes músicos, entre os quais figuram Mozart, Beethoven, Schubert, Schumann, Brahms, Chopin e Tchaikowsky, manteve-se alheia a tal associação.

O autor das *Polonaises* referiu-se apenas ao que denominou *nota azul*, ou seja, a harmonia que lhe parecia mais apropriada para determinado ambiente. Chopin percorria o teclado a esmo e, após encontrar a sonoridade que mais lhe convinha naquele momento, iniciava a execução de uma peça. Nesse caso, a *nota azul* não se tratava de grau específico da escala, pois qualquer uma podia preencher o critério de nomenclatura estabelecido por ele próprio. Pela denominação, poderia sugerir *audição colorida*, mas não preenche os requisitos necessários para tal condição.

Na década de 1920, compositores alemães também atuantes na área de pintura, entre os quais Schoenberg, Alban Berg e Hindemith, sugeriram relações entre imagens e sons, empregando termos como *Klängfarbe* (cor tonal), *Bildklänge* (sonoridades das imagens) e *Farbtonmusik* (colorações de timbres), nova tentativa de integração das artes.

Schoenberg, além de compositor, cultuava a pintura. Chegou a produzir setenta quadros e cerca de cento e sessenta aquarelas e desenhos. A atividade plástica certamente teve influência na sua produção musical e nos conceitos por ele elaborados para a teoria dodecafônica. Na obra cênica *Die Glückliche Hand* (1911), empregou música e jogo de cores simultaneamente. A mudança de cores serviu-lhe de origem para o conceito de coluna de acordes (harmonia absoluta), aplicado em seu *Tratado de Harmonia*.

Ademais, os títulos de outras obras musicais, no século XX, como *Akkordfärbungen*, terceira das *Cinco Peças para Orquestra op. 16* de Schoenberg, *Symphonie Rouge* de Boisselet, *Couleurs Croisées* de Henri Pousseur ou *Três Eventos da Luz Branca* e *Cromofonética* de Jorge Antunes indicam, de maneira explícita, integração sonoro-cromática.

Dentre os compositores contemporâneos, o húngaro György Ligeti e o belga Oliver Messiaen parecem ter apresentado *audição colorida*. O primeiro manifestou em várias ocasiões a intensa participação de sons e cores no processo criador. São palavras suas:

> La transposition machinale de sensations optiques et tactiles dans le médium acoustique se produit très fréquemment chez moi. À la couleur, à la forme, à la consistance j'associe presque toujours des sonorités, de même qu'à l'inverse j'associe à toute sensation acoustique la forme, la couleur et la nature matérielle. (Ligeti, 1974, p. 119)

> A transposição automática de sensações visuais e táteis em meios acústicos ocorre em mim com muita frequência. À cor, à forma, à consistência, eu associo quase sempre sonoridades, bem como, ao contrário, associo a toda sensação auditiva forma, cor e natureza material. (T. do A.)

Os fatos citados sugerem cautela máxima ao analisarmos os comentários a respeito desse tipo de audição, para que possamos distinguir entre o *real* e a metáfora destinada a ilustrar o caráter de uma obra ou de um trecho musical. Devemos ter sempre em mente que o primeiro caso é raro; o segundo aparece muitas vezes em textos literários.

Por seu turno, existem citações minuciosas por parte de músicos, escritores e pessoas de outras áreas do conhecimento, dignas de atenção pelos detalhes e pela persistência, sugerindo características de *audição colorida*.

As referências encontradas nas várias fontes abrangem diversos estímulos, desde sonoridades de vogais ou notas isoladas até tonalidades, timbres e obras completas de muitos compositores.

FONEMAS

Rimbaud, no soneto *Voyelles* (1871), instituiu um marco na literatura e na sinestesia, atribuindo cores específicas às vogais.

A ideia do poeta francês não lhe era propriamente original, uma vez que era corrente na época. Anteriormente, o ensaísta dinamarquês Georg Brandes havia concebido o poema intitulado *Vokalfarverne* (As Cores das Vogais), em 1859.

No entanto, foi inegável a influência de Rimbaud, despertando verdadeiro modismo inspirado na sonoridade dos fonemas, na literatura ocidental.

Em artigo no *Musical Times* (1890), consta o caso de uma senhora para a qual o *a* era azul; o *l*, amarelo, e a sílaba *al*, verde.

Em nosso país, o escritor baiano Egas Moniz Barreto de Aragão, que subscrevia seus trabalhos com o pseudônimo Péthion de Villar, redigiu *O Poema das Vogais* em 1901. Seguindo o modelo imposto pelo autor de *Le Bateau Ivre*, forneceu uma lista de correspondências entre vogais e cores, e chegou a afirmar em um dos versos: "Sim, toda a vogal tem um aroma e uma cor".

De acordo com as variadas opiniões correntes, podemos estabelecer um quadro de cores conferidas às vogais:

Vogais	Rimbaud	Péthion de Villar	Combarieu	Brandes	Pilo
a	preto	branco	branco	vermelho	escarlate
e	branco	verde	—	branco	alaranjado
i	vermelho	vermelho	vermelho	dourado	branco
o	azul	preto	amarelo-brilhante	—	cinza ou sem cor
u	verde	roxo	verde	azul-intenso	preto

Enquanto as citações acima dizem respeito à relação vogal-cor, outros escritores expressaram a correspondência entre vogais e sons, quer notas musicais, quer timbres.

Um deles foi o poeta Stuart Merrill. Por intermédio da predominância de vogais e consoantes, buscou traduzir o som de vários instrumentos da orquestra.

Da mesma maneira, o ensaísta e poeta René Ghil publicou o *Traité du Verbe* (1886), no qual estabeleceu características comuns a certas vogais e sentimentos. Dois anos depois, preconizou determinada forma de poesia fundamentada na ciência, tendo como resultado um sistema de "orquestração verbal". No caso, a sonoridade dos fonemas era comparada à de instrumentos e não apenas à de cores. Na sua opinião, o som *ou* aproximar-se-ia daquele das flautas; o *u* seria equivalente ao timbre dos flautins; o *o* seria a sonoridade dos trombones; e o *eu* e *eur* corresponderiam às trompas (logicamente, os sons aqui mencionados são os da língua francesa).

Raul Pompéia, em *O Ateneu* (1888), havia salientado o valor sonoro das vogais ao dizer:

> A vogal, símbolo gráfico da interjeição primitiva, nascida espontaneamente e instintivamente do sentimento, sujeita-se à variedade cromática do timbre como os sons dos instrumentos de música. Gradua-se, em escala ascendente u, o, a, e, i, possuindo uma variedade infinita de sons intermediários, que o sentimento da eloquência sugere aos lábios [...]. (Pompéia, 1996, p. 93)

Em meados do século XX, Murray Schaffer expôs a correspondência entre notas da escala de dó maior e sons de vogais (em inglês):

dó – u (pool)
si – o (tone)
lá – a (father)
sol – e (ten)
fá – i (tip)
mi – a (tape)
ré – e (eat)

As citações anteriores revelam a discrepância relativa às cores conferidas às vogais, perfeitamente justificável pela sonoridade de cada uma de acordo com o idioma, além do julgamento pessoal. Tal condição justifica as diferenças fornecidas pelo brasileiro Péthion de Villar, pelos franceses Rimbaud e Combarieu, pelo dinamarquês Georg Brandes e pelo italiano Mario Pilo. Sem dúvida, o valor sonoro de cada vogal em um idioma diverge do som da mesma vogal em outro. Daí, as gradações sonoras e, por conseguinte, as respectivas cores atribuídas a elas, tendo por base um determinado idioma, não serem aplicáveis a outro, cujas sonoridades e acentos são nitidamente diferentes. Como resultado, surge a total falta de consenso quanto à coloração e ao som creditados aos fonemas por autores diversos.

NOTAS MUSICAIS

No quadro a seguir, estão expostos dados fornecidos por Révész (a partir de dois indivíduos sinestésicos), por Willems e por Combarieu a respeito de cores correspondentes às notas musicais:

Notas	Révész (caso 1)	Révész (caso 2)	Willems (1969)	Combarieu
dó	(dó 4) amarelo-claro	branco-azulado	vermelho	verde (si sustenido)
dó sustenido	—	incolor	—	—
ré	castanho	grená	azul	—
ré sustenido	—	azul-escuro	—	azul-claro
mi	azul	branco	pardo	azul-escuro
fá	(fá 2) amarelo-citrino	grená-intenso	verde-claro	roxo-claro
fá sustenido	—	castanho	—	roxo ou azul-safira
sol	—	cinzento-médio	violeta	—
sol sustenido	—	alaranjado	—	—
lá	(lá) bege-escuro (lá1) amarelo-brilhante a azul	amarelo-dourado	alaranjado	—
si	—	mistura clara de vermelho e amarelo	verde-escuro	—
si bemol	—	—	—	lilás

Complementando a tabela acima, novos dados foram fornecidos por Willems (1975), a respeito das notas do acorde dó-mi-sol, a partir de informações colhidas de cinco autores, incluindo outro caso citado por Combarieu:

Notas	Combarieu	Scriabin	De Lescluze	Huth	Unkowsky
dó	vermelho	vermelho	púrpura	azul	vermelho
mi	amarelo-alaranjado	laranja	laranja	amarelo	amarelo
sol	verde-azulado	laranja	verde	amarelo	azul

A Dra. Poch Blasco, em interessante pesquisa realizada em Madri, com várias pessoas além de cem pacientes esquizofrênicos, solicitou-lhes que escolhessem atributos (cor, animal, número, profissão) para cada uma das sete notas da escala, executada na região central de um xilofone.

Curiosamente, a nota preferida por ambos os sexos foi o **si**, identificada com a cor preta ou azul-escura. Já, os pacientes esquizofrênicos ou os hipersensíveis, geralmente, relacionavam o **si** com o vermelho, o mesmo ocorrendo com crianças psicóticas e aquelas com lesões cerebrais.

Antunes aplicou aos sons o princípio das cores complementares estabelecido pela Física: a cada cor corresponde outra cor complementar. Sobre um anteparo onde está projetada a cor, se a ela superpusermos luz com a cor complementar, obteremos o branco. A ciência estabelece o verde complementar do vermelho; o azul, do alaranjado; o amarelo, do violeta.

Por sua vez, há sons capazes de produzir no ouvido ainda não educado certo grau de "confusão". Não raro, algumas pessoas, inseguras de sua técnica vocal, quando solicitadas a emitir um dó, entoam um sol sem se dar conta do fato. O mesmo acontece durante ditados musicais: por vezes, de imediato, surge dúvida ao soar a nota, se ela corresponde à tônica ou à respectiva dominante.

Com base nos fatos acima, Antunes elaborou uma relação, na qual intervalos de quinta equivalem a cores complementares:

dó – verde	complementar de	sol – vermelho
ré – azul	"	lá – alaranjado
si bemol – amarelo	"	fá – violeta

Eugène Fromentin havia declarado que o valor da cor não existe *per se*; varia em função da cor vizinha. O princípio também é válido para os sons, pois cada nota isolada não tem grande significado. O sentido da melodia resultaria dos intervalos, ou seja, da sequência de sons. Muitos anos depois, Rohmer afirmou pensamento idêntico:

> [...] uma nota pode assumir uma cor completamente diferente, dependendo de a precedente se repetir ou não. Isso dito, essa interação entre os sons existe também na pintura: a proximidade da complementar reforça a cor local, a do tom vizinho a enfraquece. (Rohmer, 1997, p. 167)

Uma condição mais complexa pode ser constatada em relação aos acordes. Em algumas pessoas sinestésicas, surge uma resposta como se fosse o somatório das cores induzidas por cada nota separadamente (Mursell, 1937).

TONALIDADES

Muitas vezes, as referências às cores atribuídas às tonalidades se confundem com aquelas conferidas às notas. Entretanto, certos autores, por meio de inquéritos minuciosos, forneceram detalhes quanto a esse aspecto.

No quadro abaixo, figuram as cores vinculadas apenas ao modo maior, registradas por Rimsky-Korsakoff, Scriabin e Révész:

Tonalidades	Rimsky-Korsakoff	Scriabin	Révész
dó maior	branco	vermelho	verde-floresta a amarelo
ré bemol maior (dó sustenido)	crepuscular, pálido	violeta	violeta
ré maior	amarelo-cintilante	amarelo-cintilante	alaranjado
mi bemol maior	cinza-azulado	cinza-metálico	—
mi maior	azul-safira cintilante	azul-claro	escarlate
fá maior	verde	vermelho-escuro	verde-claro
fá sustenido maior	verde-cinza	azul-brilhante	púrpura-escuro
sol maior	castanho-dourado brilhante	alaranjado	vermelho-amarelado
lá bemol maior	violeta-acinzentado	púrpura	—
lá maior	rosa claro	verde	vermelho-brilhante
si bemol maior	—	rosa ou cinza-metálico	—
si maior	azul-ferrete	azul-claro	vermelho-escuro

Há pessoas que atribuíam cores diferentes às tonalidades do modo maior e do modo menor. Uma delas foi Scriabin, que "sentia" o lá menor como verde-amarelado. Révész (1953) também relatou impressões descritas para tonalidades menores da seguinte maneira:

dó menor – azul-escuro

dó sustenido menor – violeta

ré menor – verde-escuro

mi menor – verde-claro

sol menor – vermelho

lá menor – azul-escuro

si menor – violeta (?)

O neurologista Oliver Sacks (2007) anotou as cores que o compositor Michael Torke atribuía a certas tonalidades:

ré menor – grafite

fá menor – acinzentado

sol menor – amarelo-ocre

sol maior – amarelo-vivo

Segundo Eric Rohmer (1997), os intervalos e, por conseguinte, os modos musicais são mais importantes na determinação da "cor" sonora do que as próprias tonalidades.

ALTURA

Em situações extremamente raras, as "cores" simbólicas variam de acordo com a altura das oitavas (agudas ou graves). Em síntese, a variante não é apenas a nota em si, mas a posição da escala (frequência sonora).

Surge, então, outra variável que, ao invés de esclarecer, torna mais obscuro o fenômeno da *audição colorida*.

Eis um exemplo, citado por Wellek (*apud* Révész, 1953), acerca da variação das impressões, fornecidas por uma paciente, de acordo com as oitavas em que se situavam as notas:

dó – cinzento, amarelo, vermelho, branco, azul
ré – verde, branco, azul, branco
mi – branco, amarelo, branco
fá – vermelho, amarelo, castanho, vermelho, azul-cinza, preto
sol – azul, castanho, preto, azul-cinza, preto
lá – amarelo, branco, azul-cinza, preto
si – amarelo, vermelho, azul-cinza, preto

Um detalhe interessante, em oitavas situadas em posições extremas, é que algumas cores, para a pessoa em questão, serviam a mais de uma nota, posto que o azul-cinza e o preto podiam simbolizar desde o fá até o si.

TIMBRE

Na maior parte dos casos, o timbre é a qualidade do som mais associada à pintura ou, mais especificamente, à coloração. No meio musical, são comuns referências a timbres claros, sombrios, escuros, brilhantes, etc.

Se, mesmo, indivíduos sem apresentarem nenhum indício de *audição colorida* se referem ao timbre em termos específicos de coloração, é de se esperar que, naquelas pessoas sensíveis à associação cor-som, ele seja um elemento preponderante nas respectivas declarações.

Em certas passagens, até mais importante dos que as próprias notas, o timbre confere à obra um caráter peculiar de acordo com os instrumentos empregados.

Em *Gambara*, encontramos a afirmativa categórica de Balzac (1995, p. 106): *Les instruments font l'office des couleurs qu'emploie le peintre* (os instrumentos fazem as vezes das cores que o pintor utiliza).

O timbre é tão fundamental, que são empregados os termos *colorido* e *paleta* orquestral para expressar a qualidade sonora de uma orquestração.

No quadro abaixo, estão citadas as cores conferidas aos instrumentos por sete nomes expressivos, atentos às qualidades dos sons:

Timbres	Kandinsky	André Gide	Lavignac	Joachim Raff	Baudelaire	Eisenlohr	Ortlepp
flauta	azul-claro	violeta e azul	azul	—	amarelo	azul-celeste	azul-celeste
fagote	violeta-escuro	—	castanho-escuro cinza	preto	—	—	castanho-escuro
clarinete	—	violeta e azul	grená	—	—	castanho-avermelhado	vermelho-aurora amarelo-claro
oboé	—	violeta e azul	verde	—	—	verde	—
corne-inglês	violeta-claro	—	violeta	—	—	—	—
violino	verde vermelho-claro	amarelo e verde (até para viola e contrabaixo)	azul, grená, violeta, preto (até para viola)	—	azul	—	—
violoncelo	azul-escuro	—	azul, grená, violeta, preto	—	—	—	—
trompete	amarelo, vermelho	—	vermelho, púrpura	púrpura	vermelho	—	vermelhão
trombone	—	vermelho-alaranjado	vermelho, púrpura	violeta	—	—	branco
trompa	—	vermelho-alaranjado	amarelo	verde	—	—	verde-escuro
tambor	vermelhão	—	preto	—	—	—	—
triângulo	—	—	prateado	—	—	—	—
órgão	azul-escuro	—	—	—	preto	—	—
harpa	—	—	—	—	branco	—	—
piano	—	—	preto	—	—	—	—
sinos de igreja	alaranjado	—	—	—	—	—	—
todos os timbres	—	branco	—	—	—	—	—

Uma estória bem conhecida no século XIX, transcrita por Lavignac, inspirou o romance *O Músico Cego* de Vladimir Korolenko, datado de 1889. Versava sobre um indivíduo desejoso de transmitir a um amigo, cego de nascença, a impressão causada pela cor vermelha. Para tanto, ele a definiu da seguinte maneira: "violenta, brilhante, fatigante, maravilhosa, embora brutal; ela mata as cores vizinhas". Diante dessa descrição, o cego exclamou: "Ah! Agora entendo: o vermelho deve ser semelhante ao som do trompete!".

Um interessante e breve diálogo entre Felix Mendelssohn e o compositor, escritor e ensaísta Adolf Bernhard Marx traduz a impossibilidade de expressarmos corretamente a sensação despertada pela instrumentação e, no caso, ambos empregaram linguagem baseada em cores. Em certo momento, Marx considerou que a cor púrpura deveria ser aplicada a determinada passagem, na qual as trompas estavam obscurecendo o esplendor dos trompetes. Mendelssohn, de imediato, retrucou que, dessa maneira, soaria muito denso; preferia o violeta (Nichols, 1997).

Bem mais complexa é a opinião de Kandinsky: a mesma cor, dependendo da tonalidade e concentração, pode corresponder a mais de um instrumento: o vermelho-saturno evoca o som do trompete; o vermelho-claro, o do violino; o vermelho-laca, os sons médios e graves do violoncelo; o vermelhão, os da tuba e dos tambores; o laranja, o da viola entoando um *largo*; o violeta-claro, o do corne-inglês; e, por fim, o violeta-escuro, o do fagote. Ele aplicou princípio idêntico ao azul, pois conforme a nuança, evocaria um instrumento diferente, servindo à flauta, ao violoncelo, ao contrabaixo e ao órgão. Nas duas situações, a variação não é tanto da cor fundamental, porém da nuança, indicando que uma única cor pode traduzir sonoridades de instrumentos muito diferentes.

O professor e psiquiatra Carvalhal Ribas (1957), atuante em São Paulo, sintetizou cores atribuídas a instrumentos por poetas simbolistas. No caso, as designações derivavam de estados emocionais produzidos pelos instrumentos, e não tanto de processos fisiológicos ou de condições anatômicas:

Instrumento	Cor	Condição
órgão	preto	monotonia, dúvida, brandura
harpa	branco	serenidade
violino	azul	paixão, prece
trombeta	vermelho	glória, ovação
flauta	amarelo	ingenuidade

Situação inversa, isto é, um instrumento correspondendo a várias cores, foi apresentada por Lavignac para a família das cordas. Na sua opinião, a sonoridade do violino poderia ser comparada a várias cores, a saber: os sons harmônicos seriam azuis; os da quarta corda equivaleriam ao grená; o som produzido com surdina seria semelhante ao verde do oboé ou ao violeta do corne-inglês; e, finalmente, as notas em *pizzicato* seriam pontos negros.

Em relação ao piano, o musicólogo francês reservou a rara e curiosa tonalidade – o preto –, que lhe permitia "ver" todo o repertório para piano em "preto e branco", à semelhança de gravuras e desenhos executados com *crayon* e esfuminho. Nessa linha de pensamento, para ele, o *tremolo* pianístico se equipara ao sombreado de um desenhista. O pedal longo seria o correspondente do esfuminho, pois prolonga, mistura, funde, reforça ou atenua os sons, à semelhança do que faz o esfuminho com o grafite na mão do desenhista.

Acerca de instrumentos, Willems (1969) incluiu referências ao vermelho para o trompete, ao verde para o oboé, o azul para flauta. No caso particular do xilofone, citou que a melodia executada nesse instrumento de percussão não passa de "ritmo *colorido*", isto é, mais intensificado, enriquecido pela variedade de sons claros e escuros, fortes ou suaves.

Algumas opiniões gerais difundidas entre povos diversos não deixam de ser curiosas. Na Rússia, era voz corrente se dizer que a sonoridade dos guizos adaptados a cavalos "tem a cor de framboesa"; os indígenas desanas (tribo da Amazônia) atribuíam a cor vermelha ao registro agudo da flauta de Pã.

Essas declarações, ao contrário das anteriores, emitidas por artistas e estudiosos, refletem a ocorrência de associações sonoro-cromáticas no meio popular, demonstrando a ocorrência do fenômeno em qualquer tipo de população.

A voz humana não ficou isenta de apreciação. A propósito, Révész forneceu os seguintes dados:

Voz	Cor
grave e profunda	castanho
melancólica e suave	lavanda
aguda e estridente	amarelo
aguda e áspera	vermelho
débil	azul

Kandinsky relacionou a cor de laranja com o registro de contralto, e, em *Massimilla Doni* de Balzac, a voz da cantora fazia verter "ondas púrpuras" na alma de um admirador.

Wellek relatou o seguinte caso, por demais interessante: uma sinestésica tinha a capacidade de ver cores diferentes para as tonalidades musicais, consoante as notas fossem tocadas no piano ou apenas imaginadas. Agora, tratava-se de uma situação sobremodo inusitada: as cores não dependiam somente da audição, mas diretamente da imaginação.

Combarieu (1907), ao comentar *Harold en Italie*, observou que Berlioz, na *Prière des Pèlerins*, buscou analogia entre timbres instrumentais e gradações de cores, sugerindo o entardecer. Nesse caso, quatro nuanças de verde (claro, Veronese, esmeralda e escuro) corresponderiam respectivamente ao violino, à viola, ao violoncelo e ao contrabaixo; o azul-cobalto, azul-marinho e azul-ferrete, ao oboé, corne-inglês e fagote; o amarelo, ao flautim, à flauta e ao clarinete.

No cinema, Walt Disney concebeu, em *Fantasia*, uma interessante e original representação pictórica para determinadas peças orquestrais famosas, incluindo desenhos animados para *O Aprendiz de Feiticeiro* de Paul Dukas, *Noite no Monte Calvo* de Mussorgsky, *Sinfonia Pastoral* de Beethoven, além de imagens coloridas para timbres instrumentais. Para o som de cada um dos instrumentos selecionados, idealizou formas específicas, dotadas de movimento, cujos matizes variam em função da qualidade do som emitido.

Com efeito, o cineasta norte-americano não se restringiu a apenas uma cor para cada timbre, havendo quase sempre várias tonalidades expostas na tela, embora predominasse uma ou duas sobre as demais. Para a harpa, escolheu o azul como cor principal, mas, durante o *glissando*, incluiu o cor-de-rosa; para o violino, o amarelo-esverdeado e, no registro muito agudo, o cor-de-rosa; para a flauta, o verde-musgo; para o trompete, o alaranjado-intenso com bordas amarelo-escuras e o branco; para o fagote, o magenta com bordas rosadas, e, no registro grave, azul com vermelho; para a caixa surda, reservou o vermelho-alaranjado.

OBRAS COMPLETAS

A *audição colorida* não se restringe unicamente a notas musicais ou timbres instrumentais; ela se estende, por vezes, a obras inteiras.

Trata-se de um aspecto de maior complexidade que os anteriores, pois não mais é possível se estabelecer a relação de cores com instrumentos ou determinadas notas. Passa a ser uma visão de conjunto, "em bloco", na qual participam muitas impressões e, por isso, torna-se impossível decodificar qual a ação de cada fragmento musical isolado na mente do ouvinte.

Alguns indivíduos mencionam a cor azul para *Aída* e *Tannhäuser*; verde-cinza para *O Navio Fantasma*; azul para a obra de Mozart; verde para a de Chopin; as óperas de Wagner, em geral, foram descritas como luminosas e multicores (Antunes, 1982).

Wellek revelou que uma pessoa atribuía cores ao conjunto de obras de grandes compositores da seguinte maneira: a música de Bach evocava as cores amarelo e alaranjado; a de Haydn, azul; a de Mozart, azul-claro; a de Schubert, violeta; a de Liszt, vermelho-púrpura; e, finalmente, a de Wagner, verde-exuberante.

Willems referiu o violeta-escuro para a obra de Chopin, o azul-escuro para a de Bach, o branco para a de Mozart, o amarelo-alaranjado para a de Beethoven e o cinza-azulado para a de Debussy (Willems, 1969, 1975, 1984).

Para alguns, a música de Gounod "soa" violeta; para outros, azul (Combarieu).

F. de Lagenevais, na *Revue des Deux Mondes*, comparou a música de Bizet ao efeito da luz dentro de um globo de opalina.

René Brancour, ao se referir à partitura de *Chérubin* de Massenet, qualificou-a como "um verdadeiro caleidoscópio onde os vidros azuis, dourados e cor-de-rosa brilham em cintilantes florescências" (Brancour, 1957, p. 82).

Baudelaire, em carta dirigida a Wagner (1860), manifestando profunda admiração e entusiasmo, empregou vasta e detalhada terminologia visual para caracterizar as impressões produzidas nele, poeta, pela música do mestre alemão:

> *Par exemple, pour me servir de comparaisons empruntées à la peinture, je suppose devant mes yeux une vaste étendue d'un rouge sombre. Si ce rouge représente la passion, je la vois arriver graduellement, par toutes les transitions de rouge et de rose, à l'incandescence de la fournaise. Il semblerait difficile, impossible même d'arriver à*

> *quelque chose de plus ardent; et cependant une dernière fusée vient tracer un sillon plus blanc sur le blanc qui lui sert de fond.* (Baudelaire, 1989, p. 264)

> Por exemplo, para me servir de comparações emprestadas da pintura, imagino diante dos olhos uma vasta extensão de um vermelho sombrio. Se essa cor representa a paixão, eu a vejo atingir gradualmente, com todas as transições de vermelho e de rosa, a incandescência da fornalha. Pareceria difícil, até mesmo impossível, alcançar algo mais ardente. Entretanto, um derradeiro facho vem traçar intenso sulco branco sobre o branco que lhe serve de fundo. (T. do A.)

Camille Mauclair se referiu à harmonia polifônica de Wagner como "luz musical" formada de todas as nuanças instrumentais.

Alain Périer, fiel ao pensamento do seu mestre, Oliver Messiaen, foi pródigo em metáforas cromáticas ao descrever as obras do compositor. Comparou *Petites Liturgies*, para coro feminino, piano, ondas *Martenot* e orquestra, a rosáceas multicores, as quais, afinal, se resumem em uma só cor, ou seja, para quem as observa, aparecem na tonalidade violeta ou azul.

Em relação aos *Prelúdios para Piano*, atribuiu a *La Colombe* a cor laranja com veios violeta, assemelhando-se a Picasso da primeira fase; a *Instants Défunts*, cinza aveludado com reflexos verdes; ao final de *Cloches d'Angoisse et Larmes d'Adieu*, as cores púrpura, alaranjado e violeta.

O cineasta contemporâneo Eric Rohmer, em relação à obra de Beethoven, empregou a seguinte terminologia:

> Beethoven foi muitas vezes para mim o da *pequena nota*, nota iluminada pelo conjunto que a transporta, mas onde a luz rebrilha adornada por essa cor, sim, é isso, por essa cor indefinível, inimitável, imediatamente identificável que é a do último Beethoven. Diante dela, todas as outras músicas parecem dotadas de cores extraídas, como as dos pintores, de substâncias minerais ou vegetais, ou seja, imateriais, enquanto que as de Beethoven são propriamente celestes, sem referências com aquilo que a gama dos sons, disposta num instrumento, nos propõe como amostras, e no entanto saídas dessa mesma gama. (Rohmer, 1997, p. 199,200)

J. Hellmesberger, citado por Eisenlohr (1943), atribuía cor vermelha à obra de Beethoven, enquanto azul-brilhante cabia à música de Mozart. Além disso, orquestra desafinada evocava cor verde.

Segundo Willems (1984), uma criança de dois anos declarou que certa marcha militar tinha cor vermelha. A *Sinfonia Pastoral* seria verde.

Para o compositor Michael Torke, a *Segunda Sinfonia* de Brahms, no total, "soava" azul, mas o movimento em sol maior "soava" ocre.

A música brasileira não ficou isenta desse tipo inusitado de apreciação. Maria de Lourdes Sequeff (1987-1988) nos forneceu uma relação de peças de Villa-Lobos com o seguinte adendo:

O Uirapuru e o *Mandu-çarará* – amarelo-forte

Cirandas – azul-vivo

Amazonas – vermelho-brumoso

Quartetos – verde, com sutis variedades de outras cores.

Considerando as opiniões emitidas em relação a obras musicais, de acordo com Révész (1953), haveria duas modalidades de *audição colorida*. A *sintética* seria a forma na qual as pessoas relacionam cores definidas com obras na íntegra, ao inverso da *analítica*, encontrada em indivíduos capazes de elaborar fragmentos melódicos a partir de unidades dotadas de cor. Nessa última situação, eles chegam a "ver" a melodia sob a forma de delicada linha composta de pontos coloridos.

SOM E SILÊNCIO

Novamente há discrepância de valores atribuídos aos dois elementos.

Para Kandinsky, tanto o branco quanto o preto seriam cores do silêncio.

Segundo Willems (1984), o preto corresponderia a ruídos; o vermelho, a gritos, e o alaranjado, à música.

Dra. Poch Blasco admitiu que o branco, pelo fato de conter todas as cores visíveis, na verdade não constitui cor individualizada. Outrossim, o silêncio não é música, embora contenha toda a música possível. Em função da paridade de ambas as premissas, ela estabeleceu que o branco transmite a impressão de silêncio.

Ao contrário, Antunes, que interpretou a relação cor-som mais apoiado na Física do que em depoimentos pessoais, reservou a designação *som preto* para a ausência de som, ou seja, o silêncio; ao contrário, *som branco*, em analogia à luz branca, seria a superposição de todas as frequências, isto é, o ruído.

A seu ver, aos ruídos caberia igualmente equivalência cromática, sempre derivada do branco, reunião de todas as ondas vibratórias. O ruído de rua (incluindo motores, buzinas e vozes) seria o branco-azulado; o da sala de datilografia, o branco-rosado.

CONDIÇÕES EXPERIMENTAIS E BIOLÓGICAS

É inegável o papel da música influindo na percepção de outras sensações, além das sonoras, sobretudo naquelas relacionadas com imagens. Esse recurso, utilizado com o fim de "ampliar" e integrar impressões transmitidas por outros sentidos, é largamente difundido em filmes, peças de teatro, televisão, exposições, propaganda, etc., quando se deseja obter maior estímulo para se desfrutar de alguma situação ou de alguma imagem pictórica.

Se, por um lado, a música nos proporciona entrosamento com as demais modalidades artísticas, por outro, os relatos mencionados demonstram claramente a falta de especificidade e o caráter arbitrário das tonalidades coloridas induzidas pelos sons. É notória a incongruência dos registros na literatura especializada.

Uma experiência bem significativa da ineficácia da relação cor-som foi publicada no *Musical Opinion* (1886) e consistia no seguinte: um músico tocou uma peça em sol, ao piano, diante do auditório, onde algumas pessoas defendiam que cada cor acompanharia uma determinada tonalidade.

Decorrida meia hora após o término da execução, o intérprete se propôs a repetir a mesma peça meio tom acima, ou seja, em lá bemol. No entanto, não revelou que o piano estava dotado de pedal, o qual, quando acionado, deslocava os martelos de maneira a se obterem afinações até dois tons acima ou abaixo daquela fornecida pela posição normal.

No momento em que ele apresentou a música, conforme prometido, em "lá bemol", os adeptos da *audição colorida* disseram que a transposição havia alterado completamente a "cor" da obra. Afinal, para surpresa dos ouvintes, o intérprete revelou que a música continuou soando na tonalidade de sol, pois fora acionado o pedal que transportava os sons a um semitom abaixo.

No caso, fica patente a notável influência da psique na percepção e integração dos estímulos sonoros, porquanto as frequências sonoras emitidas na segunda execução eram idênticas àquelas da execução anterior.

Uma aplicação da relação som/cor, de caráter aleatório, foi viabilizada por Sacharjine-Unkowsky em sua escola, ao pôr em prática um método destinado a crianças pouco dotadas para música. O sistema, eficaz e criativo, teve o mérito reconhecido pelo Conservatório de São Petersburgo e consistia em copiar a notação musical sob forma de flores coloridas. Os alunos, então, "viam" os sons e "ouviam" as respectivas cores e, por associação, memorizavam com facilidade as partituras expostas (Kandinsky, 1990).

Edgar Willems compilou várias relações entre sons e outros elementos de diversas artes, também com fins didáticos, assinalando, ao mesmo tempo, os efeitos benéficos e os inconvenientes dos respectivos métodos. Algumas associações são tão absurdas, que caem no grotesco. À guisa de exemplo, ele citou a tabela abaixo com a seguinte correspondência, servindo de base para colorir notas musicais na pauta:

dó – vermelho
ré – azul
mi – pardo
fá – verde-claro
sol – violeta
lá – alaranjado
si – verde-escuro.

A principal falha encontrada nesse método seria impor aos principiantes um sistema colorido único, muitas vezes contrário aos instintos naturais dos alunos (Mursell, 1937; Willems, 1969)

Outra relação, com fins educativos, considerada nociva por Willems (1969), é estabelecer a cor vermelha para o sustenido e a azul ou verde para o bemol. O princípio em que se baseia tal escolha é o fato de a cor forte (vermelho) ser "ideal" para o acidente que eleva o som de um semitom; em contrapartida, a cor suave deveria ser reservada para aquele que o abaixa. Com efeito, tal recurso didático não corresponde à realidade, porquanto, não raro, em muitas modulações, em função da enarmonia, o bemol pode elevar o som.

Fenômeno similar ocorre quando se estipula o vermelho para o modo maior, por ser mais claro, incisivo e forte, e o azul para o modo menor, mais plangente, correspondendo a tristeza e lamento. À semelhança do caso anterior, muitas danças, por exemplo, eslavas, húngaras e israelenses, são escritas em tonalidades menores e nem por isso perdem o caráter alegre. Por seu turno, existe profusão de músicas românticas, evocativas de saudade e ausência, compostas em modo maior. Portanto, não procede nenhuma associação geral ou definitiva a respeito do caráter dos modos e, muito menos, a atribuição de cores específicas.

O escritor russo Vladimir Korolenko, em seu romance *O Músico Cego*, forneceu-nos um exemplo didático relativo à aplicação de sons com a finalidade de simbolizar cores e sugerir impressões visuais a um cego. O menino Pedro, com dez anos de idade, privado do sentido da visão, desejoso de saber a diferença entre as penas brancas e as pretas da cegonha, foi auxiliado pela mãe mediante o uso de piano. Desse instrumento, ela extraía notas agudas para "simbolizar" a cor clara, enquanto as graves eram destinadas à tonalidade escura, fazendo uso de método associativo para transmitir impressões cromáticas, embora de maneira inexata.

Na mesma obra, igualmente interessante é o diálogo entre Pedro, já adulto, e o tio Máximo, a respeito da integração entre cores e sons. O rapaz com deficiência visual estava convicto de que os sons têm cores; portanto, queria explorar esse ponto de vista para sugerir sensações visuais, impossíveis pelas vias normais.

Por seu turno, o tio retrucava que tudo não passava de simples associação arbitrária. Máximo, em suas reflexões, chegou mesmo a levar em conta as possíveis equações físicas de vibrações sonoras e luminosas, mas, logo, lembrou, com muita pertinência, que

> [...] aquele que primeiro se serviu dum epíteto estritamente visual no domínio auditivo não conhecia seguramente a física. O que não o impedira de apreender uma certa semelhança. (Korolenko, 1971, p. 177)

Pedro, ainda insistindo no assunto, inquiriu o significado do "repique vermelho". Para ilustrar sua concepção, dirigiu-se ao piano e executou um acorde, cujos sons intermediários compunham uma espécie de fundo musical, no qual sobressaíam notas rápidas e saltitantes no registro agudo.

O tio complementou essa impressão com a sugestão da cor vermelha:

> A cor vermelha, assim como os sons vermelhos, dão à nossa alma claridade, excitação e impressões de sensibilidade que nós designamos exatamente por "quentes", "ardentes", etc. (Idem, p. 180)

Ainda, acrescentou uma imagem corrente na Rússia, denominada "repique morango", à maneira da "cor morango":

> Diz-se entre nós que toda a campainha, depois dum largo uso, soa muito melhor; é que a sua tonalidade perde pouco a pouco as irregularidades que feriam o ouvido ao princípio, e então a campainha produz o som que se chama som "morango". (Idem, p. 179)

Essa última metáfora equivale ao som "framboesa", reservado aos guizos adaptados em cavalos e trenós no seu país.

Fora do âmbito didático e literário, as antigas noções de conjunção de sons e cores sugeriram uma aplicação prática, complementando a execução das respectivas obras musicais, haja vista a antiga concepção de órgão dotado de luzes coloridas, idealizada por Castel e mencionada no começo do presente texto.

O engenheiro L. Favre, no texto *La Musique des Couleurs*, propôs mudanças nas orquestras destinadas a tornar a música mais inteligível e mais facilmente perceptível pelo auditório. Para tanto, sugeriu a inclusão nas apresentações musicais de projeção de cores correspondentes aos respectivos instrumentos.

No entanto, a tentativa pioneira de um grande compositor pôr em prática esse projeto foi efetivada por Scriabin ao criar *Prometheus*.

Influenciado pelas conversas mantidas com Rimsky-Korsakoff, em 1907, Scriabin resolveu elaborar uma obra grandiosa para orquestra e coro incluindo a exibição simultânea de cores. Na ocasião, ambos se mostravam interessados no assunto, apesar das divergências de opiniões quanto à cor específica destinada a cada nota musical. Scriabin estava convicto de que a visão da cor, no momento da audição, poderia reforçar a experiência sonora. As indicações na partitura relativas ao emprego das cores provam sua convicção, pois consistiam meramente em uma pauta destinada a "teclado luminoso".

A concepção visual da obra compreende duas partes: uma, representada por cores (notas) que se modificam devagar, dez vezes ao todo; outra, demorando cerca de dois minutos, na qual o colorido acompanha a evolução harmônica e se altera com grande rapidez, até, muitas vezes, no mesmo compasso. No grandioso final, o acorde de fá sustenido maior, encerrando a composição, deve ser acompanhado de intensa luz branca.

Com efeito, *Prometheus*, concluído em 1911, veio demonstrar que o projeto, quando transposto à realidade, embora válido como *experiência*, é altamente falível como *espetáculo*.

Várias situações concorreram para a inviabilidade da realização. A princípio, a necessidade de amplo espaço para abrigar numerosa orquestra e coro. Além disso, na época, existia imensa dificuldade em se promover a troca frequente de cores, em razão dos precários meios de exibição disponíveis. O efeito mais importante acontece na segunda parte da obra, quando as cores (notas) se alteram a todo momento. Entretanto, a rápida alternância e a repetição constante das mesmas cores levam o ouvinte à fadiga e ao desinteresse.

Na concepção de Scriabin, por vezes, uma só cor poderia convir a diferentes tonalidades musicais. Por exemplo, o azul-claro representa mi e si; o cinza-metálico, mi bemol e si bemol. Por seu turno, o valor afetivo atribuído a um som, em determinada passagem musical, não é idêntico àquele reservado ao mesmo som em outra parte da obra. A cor a ele associada é sempre igual, independente da sensação que desperte no ouvinte, fato que distorce a intenção primordial de uma correspondência perfeita entre a coloração e o estado emocional do ouvinte evocado por cada parte da música. Um exemplo muito pertinente dessa situação foi citado por Hugh MacDonald (1978): o cinza-metálico da primeira página corresponde à mesma experiência visual daquele da décima página, porém o contexto musical correspondente varia de modo significativo.

Conclui-se, então, que a representação visual da obra é acentuadamente mais pobre em recursos artísticos do que a execução musical. A extensão das escalas musicais abrange sete oitavas, enquanto as cores são apenas sete e, mesmo com suas variantes, causam impressão mais restrita que os sons com sua imensa amplitude. As cores são sempre as mesmas, em contraposição à riqueza e diversidade do conteúdo emocional da música.

Em âmbito geral, Eric Rohmer salientou esse fato:

> A relação de um azul de uma certa densidade com outro mais pálido ou mais escuro nada tem de análogo à relação de uma nota com sua homônima de uma oitava inferior ou superior: esses diferentes azuis, escolhidos arbitrariamente, não guardam entre si a mesma relação necessária que une as notas da oitava. (Rohmer, 1997, p. 167)

Adorno igualmente justificou o insucesso de *Prometheus*, bem como de outras tentativas similares, mediante a mistura de recursos visuais e sonoros.

O progresso da tecnologia, não obstante a aquisição de meios capazes de fornecer boas imagens coloridas, não alterou a impressão de desagrado, por parte do auditório, e confirmou, mais uma vez, a falência prática do projeto. A constante mudança de cores, até quando acompanhadas de formas geométricas, foi incapaz de prender a atenção dos espectadores por mais de vinte minutos, provocando neles cansaço e desatenção.

Com efeito, o resultado desfavorável não chega a surpreender se nos reportamos à estética de Fechner, fundamentada não tanto em julgamentos e conceitos preestabelecidos, mas na experiência do que nos agrada ou desagrada. A estética hedonista reviveu o antigo princípio da unidade na multiplicidade e afirmava que, para uma impressão agradar a alguém, seria necessário que as impressões captadas pelos sentidos não sofressem mudanças constantes e aleatórias, mas integrassem o todo contendo elementos comuns com distribuição uniforme.

No Brasil, uma tentativa de conjunção de luzes e sons foi realizada por Villa-Lobos, ao compor o *Quarteto Simbólico*, com o curioso subtítulo *Impressões da Vida Mundana*, para inusitado conjunto de câmara integrado por flauta, saxofone, harpa e celesta, além de coro feminino, cuja estreia ocorreu no Rio de Janeiro, em 1921. A apresentação dessa peça, na *Semana de Arte Moderna* (São Paulo, 1922), teve como intérpretes Pedro Vieira, Antão Soares, Ernani Braga e Frutuoso Viana. Segundo palavras do próprio compositor, dirigidas a Iberê Lemos, a execução foi acompanhada de "projeção de luzes e cenários apropriados a fornecerem ambientes estranhos, de bosques místicos, sombras fantásticas, simbolizando a minha obra como imaginei" (Wisnik, 1983, p. 73).

Outra realização musical envolvendo efeitos luminosos ocorreu no Instituto Nacional de Música, no Rio de Janeiro, organizada e regida por Carlos de Carvalho, na Quaresma de 1925. A sala de concerto foi mantida às escuras, destacando-se ao fundo apenas a janela em forma de vitral com a imagem da Virgem Maria, iluminada com luzes coloridas. À medida que a música prosseguia, as cores se modificavam, resultando em belo efeito.

Apesar das polêmicas despertadas pelas experiências anteriores, esporadicamente surgem novas tentativas de se criar *música cromofônica*, na qual timbres e notas musicais são acompanhados de cores correspondentes.

Desse modo, Antunes, para justificar essa proposta, recorreu à Física, ao relacionar comprimentos de ondas luminosas e frequências sonoras, aí incluídos os citados intervalos de quintas justas e cores complementares.

Assim também o compositor contemporâneo Iannis Xenakis não se manteve alheio ao uso desses recursos reunidos. Na obra *Polytope*, empregou nada menos de cerca de seiscentos *flashes* eletrônicos e vários tipos de raios *laser*, obtendo como resultado grande quantidade de efeitos luminosos controlados por computadores. A respeito, ele assim se manifestou ao musicólogo e crítico português Mário Vieira de Carvalho:

> Aí eu utilizo um novo meio que a tecnologia põe nas mãos dos artistas: a luz em si. Já não se trata da luz refletida como no cinema. Como é luz em si, fica liberta da figuração, do realismo do cinema, das formas que se projetam. Torna-se muito mais abstrata, muito mais universal. E como se pode controlar com a rapidez e a complexidade permitida pelos

computadores eletrônicos, dá origem naturalmente, no domínio visual, a uma espécie de música (música de cores e formas) que não existiam antes. O "laser" e o "flash" eletrônico são de momento os únicos meios de luz artificial não refletida. O grau de abstração que a sua utilização proporciona ao artista aproxima-se do da música, que é a arte mais abstrata. (Carvalho, 1978, p. 124)

Na minha experiência pessoal, convivendo com músicos durante muitos anos, não encontrei referências à associação entre sons e cores, o que demonstra não ser fenômeno comum. Porém, sempre me chamou a atenção o comportamento de numerosos artistas plásticos, sobretudo aqueles que se dedicam à pintura, que, por trabalharem diretamente com cores, defendem essa relação arbitrária com mais convicção que os musicistas. Nunca encontrei uma explicação plausível para essa opinião unilateral, uma vez que a maioria dos profissionais da música se mantém alheia ao fato.

Os dados expostos ao longo do presente texto demonstram que a *audição colorida* raramente abrange todos os elementos constituintes da música, ou mais especificamente, sons isolados, timbre, tonalidade, altura e obras completas simultaneamente. Cada pessoa responsável por alguma declaração se limita a um aspecto em particular, não se encontrando nenhuma que aborde mais de dois componentes da música relacionados com cor.

Não foi possível até agora impor esse método como habitual nos concertos, ficando mantido mais como recurso experimental do que como norma estética.

Muitos musicólogos e filósofos, contrariando a tendência corrente, declararam a impossibilidade da reunião dos dois elementos distintos. Jules Combarieu se opôs com firmeza às experiências que envolvem relações entre cores e música:

> *Rien n'est plus eloigné de ma pensée. De telles confusions sont illégitimes et dangereuses. Réduire la musique à une imagerie mentale est antiartistique. Mais, autre chose, est méconnaître la frontière infranchissable de deux arts en assimilant leurs effets pratiques, autre chose est constater la parenté intime, – et secrète, inaperçue de l'auditeur – des matériaux dont ils se servent.* (Combarieu, 1907, p. 288)

> Nada está mais longe do meu pensamento. Tais confusões são incorretas e perigosas. Reduzir a música a uma imagem mental é antiartístico. Porém, uma coisa é desconhecer a fronteira intransponível entre duas artes, assimilando seus efeitos práticos; outra, é constatar a relação íntima – e secreta, despercebida do ouvinte – dos materiais de que elas se servem. (T. do A.)

Analisando os resultados obtidos em suas observações, o musicólogo francês chegou a concluir que, em virtude de a *audição colorida* não ser comum a todas as pessoas, qualquer tentativa de transformar essa condição em princípio biológico estaria condenada ao fracasso, opinião idêntica à emitida por André Gide anos mais tarde.

Outrossim, Adorno reagiu desfavoravelmente à relação entre sons e imagens, classificando de forçados os conceitos difundidos entre os compositores de música erudita alemã na década de 1920.

O estabelecimento de algum sistema estético fundamentado apenas em dados quantificáveis, isto é, na relação de frequências luminosas e sonoras, é inviável por vários fatores:

a. A música, no aspecto sensação, não pode ser equacionada em termos numéricos. Vibrações sonoras emitidas pelas respectivas fontes podem ser aferidas, porém não a sensação em si.

A fisiologia permite-nos medir a despolarização que ocorre nas membranas das células sensoriais e os potenciais de ação desencadeados nas respectivas fibras nervosas pelos estímulos sonoros e visuais.

É possível igualmente seguir o trajeto de tais respostas celulares e estabelecer as vias comprometidas com aqueles estímulos, mas a sensação final, em âmbito da psique, não pode ser quantificada por meios tecnológicos.

A partir do momento em que as impressões atingem o cérebro, ou melhor, os neurônios, passa a intervir naturalmente uma série de fatores individuais envolvendo as mais diversas experiências passadas e integrações com ideias correlatas ou distantes, condicionamento, aprendizagem, imaginação, fantasia, etc.

Seguramente, os potenciais de ação detectados no córtex cerebral expressam grande ou pequena intensidade de estímulos, mas, a partir desse dado, é inviável se estimar o efeito provocado por eles na psique, – em outras palavras: a sensação.

Alfred Döblin salientou a diferença entre vibrações (domínio da Física) e som (sensação):

> Il existe certes une mesure solide pour déterminer exactement le rapport proportionnel entre les sons, la proportion des vibrations qui les produisent; mais ceci n'est pas une mesure des sons, c'est précisément celle des vibrations. (Döblin, 1989, p. 60)

Existe, com certeza, uma medida precisa para a determinação exata das relações entre os sons: a proporção das vibrações que os produzem, mas não é uma medida de sons – é, seguramente, a medida das vibrações. (T. do A.)

Opinião similar foi emitida por Gillo Dorfles:

> Es muy peligroso sostener que exista una relación documentable y definida entre los fenómenos físicos y los efectos estéticos, por ejemplo en las relaciones entre el sonido y las ondas luminosas. El hecho de que dos cosas seam físicamente símiles no significa que deben aparecer como tales en el contexto artístico. (Dorfles, 1998, p. 151,152)

É muito arriscado sustentar que exista uma relação comprovada e definida entre os fenômenos físicos e os efeitos estéticos, por exemplo, nas relações entre som e ondas luminosas. O fato de duas coisas se assemelharem no ponto de vista físico não significa que devam manter essa característica no contexto artístico. (T. do A.)

Por sua vez, Wittgenstein (1987) estabeleceu postulados e formulou indagações sobre as impressões determinadas pelas cores, afirmando que os conceitos de cor devem ser tratados de forma idêntica aos conceitos de sensações. Desse modo, ele elaborou fundamentos relativos à percepção cromática com base na sensação final, e não nos princípios fixados pela Física.

b. A audição e a visão são percebidas por dois órgãos de sentidos distintos, sem comunicação direta e imediata entre ambos, seja por vias nervosas extracerebrais, seja intracerebrais.

O nervo óptico se origina na retina, em neurônios bipolares que atuam como receptores de estímulos luminosos. Após atravessarem o canal existente no fundo da órbita, as fibras nervosas cruzam com as do nervo do lado oposto, no quiasma óptico, e, por fim, se dissociam em fascículos que terminam em três regiões distintas do cérebro.

O nervo coclear, responsável pela condução dos impulsos auditivos, como parte do nervo vestibulococlear penetra no tronco encefálico e atinge os núcleos cocleares ventral e dorsal.

Esses fascículos nervosos são separados entre si, no cérebro, por inúmeras outras fibras e prolongamentos celulares, cujo número é muito superior ao dos neurônios que eles circundam.

c. A natureza do som difere daquela da luz, porquanto a primeira é formada por vibrações mecânicas, e a segunda é eletromagnética.

Matisse pressentiu a fragilidade da aproximação entre música e cor, ao afirmar que ambas não têm nenhum ponto em comum, salvo o fato de sete notas com ligeiras modificações bastarem para escrever qualquer partitura, e o mesmo deveria ocorrer com as cores do espectro na pintura. A afirmativa, por ele estabelecida, se, por um lado, é extremamente deficiente, apoiada apenas na quantidade do material básico para a elaboração da obra, por outro, denota a inconsistência de uma relação mais profunda e a falta de qualquer vínculo real entre os dois elementos.

Jean Étienne Marie admitiu como único ponto comum entre som e luz a tríade formada por frequência, intensidade e duração.

Adorno reagiu desfavoravelmente à relação entre sons e imagens, ao admitir que os termos *Klangfarbe* (cor do som), *Bildklänge* (sonoridades das imagens) e *Farbtonmusik* (música de timbres), comuns na música erudita alemã da década de 1920, eram extremamente forçados.

A Física reforça essa divergência. As vibrações sonoras são de ordem mecânica, transmitindo-se por meios aéreo, sólido ou líquido, percebidas como som dentro da faixa vibratória compreendida entre 16 e 20.000 ciclos por segundo.

Abaixo de 50 ciclos, elas passam a provocar, também, sensações relacionadas com o tato. Todas as pessoas, em alguma ocasião, experimentaram as vibrações transmitidas pelos tambores em desfiles militares ou nas baterias de escolas de samba, quando vibrações emitidas pelos instrumentos de percussão se propagam com tamanha intensidade pelo ar, a ponto de serem percebidas pelos receptores cutâneos, transmitidas pelos ossos e até "ressoando" no ar do interior dos pulmões, dando a impressão de vibrarem "dentro" do nosso corpo, ou seja, a música passa a não mais ser apenas externa, mas a gerar "interação física" com o ouvinte.

O mesmo se observa em relação ao som grave dos órgãos nas igrejas, que desencadeiam vibrações captadas pelo tato no chão, nos móveis e nas paredes do recinto.

A frequência das ondas sonoras, ao atingir valores inferiores ao limite mínimo perceptível na forma sonora, origina os denominados infrassons, reconhecidos apenas sob a forma de sensações táteis.

As cores, propagadas pela luz, correspondem a energia de outro tipo, isto é, eletromagnética. Dentro da faixa de comprimentos de onda entre 700nm e 400nm, elas compõem o espectro visível, sendo o vermelho a cor de menor frequência. Abaixo desse limite estão os raios infravermelhos, que provocam a sensação de calor. Portanto, em termos de sensação, de acordo com a modalidade de energia que a desencadeia podemos dizer que a luz está muito mais próxima da energia térmica do que do som. Por sua vez, o som está muito mais próximo do tato do que das cores.

A cor, à diferença do som, pode aparecer de diversas formas. Pode-se apresentar como feixes luminosos, ou aplicada em alguma superfície, seja tela, impresso ou ainda objeto de adorno. No primeiro caso, ela se apresenta de maneira transitória, móvel e inconsistente; no segundo, é imóvel, quase sempre indelével e incorporada a algum tipo de matéria ou revestindo um corpo de qualquer natureza, adquirindo certo grau de "corporeidade" ou materialidade. Conjugando esses dados, Wittgenstein classificou as "consistências" das cores em quatro tipos: cores de substâncias, de superfície (o dourado, por exemplo), de iluminação e de corpos transparentes.

Quanto à impossibilidade de se estabelecer uma relação válida, imutável, entre os efeitos de vibrações sonoras e luminosas, Goethe reconheceu que:

> Cor e som de maneira alguma podem ser comparados, embora ambos remetam a uma fórmula superior, a partir da qual é possível deduzir cada um deles. Ambos são como dois rios que nascem na mesma montanha, mas devido a circunstâncias diversas correm sobre regiões opostas, de modo que em todo o percurso não há nenhum ponto em que possam ser comparados. (Goethe, 1993, p. 125)

Pensamento similar foi exposto por Gillo Dorfles no século XX:

> *Es imposible, pues, comparar el "valor" casi absoluto de un azul, de un verde, de un violeta (salvo en aquellos poquísimos casos de daltonismo) con los valores relativos de un mi, de un la, de un sol. Igualmente es imposible comparar la única "octava" cromática con las múltiples "octavas" sonoras.* (Dorfles, 1998, p. 153)

> É impossível, pois, se comparar o "valor" quase absoluto de um azul, de um verde, de um violeta (salvo naqueles pouquíssimos casos de daltonismo) com os valores relativos de um mi, de um lá, de um sol. Igualmente, é impossível se comparar a única "oitava" formada por cores com as múltiplas "oitavas" sonoras. (T. do A.)

As células receptoras de tais estímulos não são idênticas, dotadas de propriedades diferentes que as tornam aptas a receber estímulos específicos. As responsáveis pela percepção das cores (cones e bastonetes) estão localizadas na retina, enquanto as sensíveis ao som estão no ouvido interno (cóclea), mais especificamente numa estrutura anatômica microscópica denominada Órgão de Corti.

Elas diferem entre si tanto no aspecto morfológico quanto na qualidade do estímulo ao qual são sensíveis. A luz é energia eletromagnética, ao passo que o som, até o momento de atingir as células sensitivas, é formado de ondas mecânicas que atravessam vários meios: ar, membrana do tímpano, ossículos e líquido do ouvido interno. Ambos os estímulos desencadeiam, ao final, impulsos elétricos.

Por conseguinte, qualquer comparação entre luz e som implica estabelecer uma relação entre dois elementos completamente distintos. O conhecimento científico, quer físico, quer biológico, não justifica a procedência de tal relação.

d. Caso a *audição colorida* fosse condição fisiológica normal no ser humano, seria ocorrência comum em todos os indivíduos, fato que não acontece.

Seria até por demais desagradável se a Natureza nos tivesse dotado de integração real, constante e invariável entre visão e audição.

Para tanto, basta imaginarmos que cada som desencadearia uma imagem colorida em nossa mente, e a audição de qualquer sinfonia ou ópera proporcionaria mistura confusa de imagens que, certamente, em lugar de prazerosa ou benéfica, tornar-se-ia incômoda, caótica e estafante, por assim dizer, um tormento. Caso pudéssemos "ver" as sinfonias e outras peças musicais e "ouvir" as pinturas, as noções de tempo e espaço seriam totalmente confundidas, dizia Edmond Buchet (1940).

Outrora, trabalhos acerca de várias áreas do conhecimento, em particular os de musicologia, dedicavam muitas páginas e até capítulos ao assunto. Na segunda metade do século XX, diminuíram sensivelmente e quase cessaram as referências, na literatura específica, sobre a relação cor-som.

A expansão da psicologia e da psicanálise, bem como o progresso das ciências biológicas, veio dirimir, com minúcias e segurança, antigas dúvidas sobre a audição colorida, demonstrando que, nesse processo, podem intervir tanto fatores psicológicos quanto anatômicos.

Vários intelectuais se manifestaram em favor do componente psicológico para explicar a origem daquelas sensações.

Révész foi categórico ao afirmar:

> Tone as primary sensation has nothing to do with colour as primary sensation. A tone sensation in its phenomenological form is diametrically different from a colour sensation. At times they can arouse the same emotional reactions, linked together by associative processes. But as sensory impressions they admit of no comparison. (Révész, 1953, p. 123)

> Som como sensação primária nada tem a ver com cor como sensação primária. Um som, na forma de sensação, é totalmente diferente da sensação de cor. Por vezes, ambos podem desencadear as mesmas reações emocionais, interligadas por processos associativos, mas, no que diz respeito a impressões sensoriais, não admitem comparação entre si. (T. do A.)

AUDIÇÃO COLORIDA E IMAGENS

A existência da *audição colorida* tem sido discutida ao longo do tempo por personagens distinguidas em vários ramos do conhecimento, como musicistas, médicos, psicólogos, filósofos, estetas, escritores e artistas plásticos. Notou-se um exagero de associações som-cor na literatura do século XIX, sugerindo forte tendência, corrente na época, de reunir todas as manifestações artísticas em busca de uma integração entre elas. Além de concepção estética, significava a simplificação de todas as teorias, reunidas em uma única forma de manifestação,

> Porque é mais reconfortante para o espírito encontrar uma unidade na diversidade verificada pelos sentidos. A alma se refugia em uma ideia. (Falabella, 1987, p. 40)

Em face de tantas menções ao binômio som-cor durante o Romantismo, torna-se impossível saber quando se tratava de condição real e quando era apenas metáfora para enriquecer as expressões verbais ou literárias.

No entanto, ao lado dos escritores e artistas, houve pesquisadores interessados no conhecimento científico do fato, buscando suas origens. Embora não haja consenso a respeito do assunto, alguns tópicos devem ser considerados.

A primeira impressão que tal condição inusitada nos sugere é de fenômeno resultante apenas do psiquismo por meio de associações arbitrárias. Na realidade, as discrepâncias dos dados fornecidos pelas pessoas entrevistadas sugeriam tal crença. Assim pensavam vários estudiosos, incluindo Francis Galton (1883). Porém, ele logo se convenceu da existência de alguma condição mais determinante no processo, de natureza fisiológica, persistente, específica e inata.

Ao encontro da opinião anterior, Mursell (1937) constatou que as sensações visuais desencadeadas por estímulos sonoros não resultam de associações arbitrárias, tampouco de acontecimentos passados, de aprendizado ou qualquer tipo de condicionamento. Justificou o processo mediante a existência de conexões celulares existentes no interior do sistema nervoso.

Mais recentemente, o neurologista Oliver Sacks (2007) emitiu parecer semelhante. Relatou o caso de um pintor que ficou daltônico em consequência de traumatismo cefálico e, ao mesmo tempo, perdeu a capacidade de ver cores no decorrer da audição de músicas. Essa alteração levou Sacks a crer que a sinestesia teria um componente fisiológico e dependeria da integridade de estruturas do córtex cerebral e das respectivas conexões.

O mapeamento de áreas cerebrais veio trazer novos esclarecimentos sobre o assunto, confirmando as hipóteses de Mursell e Sacks. Nos portadores de *audição visual*, a fala ou a música provocam ativação de áreas cerebrais relacionadas com a visão. Portanto, hoje se acredita que o fenômeno tem substrato anatômico, não sendo simplesmente produto da fantasia como a maioria dos autores antigos suspeitavam.

Deve-se ter atenção para se distinguir entre a *audição colorida*, com bases anatomofisiológicas, e outros fenômenos resultantes da imaginação. A cor parece ter representação simbólica mais específica que o som, uma vez que o mundo nos oferece miríades de combinações cromáticas capazes de nos fornecer imensa variedade de impressões relativas às cores registradas desde os primórdios da nossa vida, as quais se mantêm em nosso psiquismo. Associamos o verde às florestas; o azul, ao céu e ao mar; o amarelo resplandecente ao sol e ao ouro; o branco à neve e assim por diante. Por esse meio, formamos imagens complexas, incluindo paisagens, situações, capazes de serem evocadas em qualquer momento como resultado de um dado estímulo. A condição difere da legítima *audição colorida*, na qual determinado som é capaz de despertar apenas cores na mente dos sinestésicos, mas não representações pictóricas definidas (imagens).

A respeito de imagens despertadas pelo som, não faltam interessantes declarações, muitas delas provenientes de personalidades preeminentes das artes e do saber. Como exemplo, temos o poeta Heinrich Heine, diante da *Sinfonia Heróica* de Beethoven, chegando a visualizar um desfile de personagens trajados com pompa. Tal impressão igualmente ocorria com Goethe em relação a uma *Abertura* de Bach.

Insólita e extensa eclosão de imagens, ativada pela música, que nos desperta a atenção pela intensidade, duração, exuberância e raridade, foi descrita por George Sand em seu *Journal Intime*. A audição de uma sinfonia de Beethoven provocou na mente da escritora a formação de variegado quadro pictórico, com imagens representando céu, planícies, nuvens, estrelas, falanges de espíritos errantes, tanto luminosos quanto escuros, bons e maus. Os cenários, visualizados durante a audição, apresentavam cores com modificações de acordo com as situações, incluindo amarelo, dourado, alaranjado, vermelho, azul e branco, por um lado, e preto, por outro.

Ainda vale acrescentar que, para Leopold Stokowski, peças de Tchaikowsky lembravam pinturas de Van Gogh, enquanto algumas de Ravel evocavam telas de Gauguin.

Tais imagens corresponderiam a impressões de ordem visual independentes de qualquer estímulo da retina por raios luminosos. Seriam resultantes de registros na psique, provenientes de experiências anteriores e condicionamentos diversos, ativados por estímulos auditivos. Tratar-se-ia de uma ocorrência cujas características se assemelham àquelas resultantes da estimulação de algum órgão de sentido, mas que, na realidade, surgem independentemente da estimulação da estrutura específica. Só existiria como resultado de sensações prévias mantidas em nível mnemônico (Russell, 1951).

A mesma concepção foi reforçada pelo pensador francês Lecomte du Noüy:

> *En effet, l'homme est capable de* créer *un monde irréel dont il puise les éléments en lui-même et non plus dans son milieu ou son expérience. Il ne s'agit plus d'une adaptation utilitaire, mais d'une construction intellectuelle absolument neuve, dans laquelle la réalité concrète n'est qu'un prétexte. Derrière les faits perceptibles à ses sens, derrière son univers sensible, l'homme invente un autre univers conceptuel, qui lui devient indispensable pour penser, pour interpréter son expérience et pour, éventuellement,* dominer le premier. (Du Noüy, 1953, p. 133)

> Com efeito, o homem é capaz de *criar* um mundo irreal, do qual ele extrai seus próprios elementos, e não do meio externo ou da sua expe-

riência. Não mais se trata de adaptação prática, porém de construção intelectual inteiramente nova, para a qual a realidade concreta é apenas pretexto. Além dos acontecimentos perceptíveis aos sentidos, além do universo sensível, o homem cria outro universo conceptual, que se lhe torna indispensável para pensar, interpretar sua experiência e, eventualmente, *dominar o primeiro*. (T. do A.)

Em outro parágrafo, concluiu que as imagens provêm de associações mnemônicas, em que o condicionamento tem parte ativa:

Une odeur, une sensation tactile ou auditive s'accompagne généralement de la représentation visuelle qui lui était associée ou qu'elle évoque par analogie. Toute représentation est donc empruntée à notre milieu, ou, plus exactement, à des mémoires sensorielles qui en procèdent. (Idem, p. 157)

Um odor, uma sensação tátil ou auditiva se acompanha, em geral, da representação visual que lhe estava associada ou que ela evoca por analogia. Toda representação é, pois, emprestada do nosso meio ou, mais exatamente, corresponde a memórias sensoriais que dele procedem. (T. do A.)

Para finalizar, é importante sempre lembrar, ainda, o comentário de Lecomte du Noüy a respeito da relatividade da formação de imagens em função de cada indivíduo:

Étant donné que nous ne possédons pas d'autres moyens de connaître et de décrire la nature que ceux qui nous sont fournis par nos sens et nos facultés de raisonnement — c'est-à-dire par les cellules du cerveau —, nous devons nous montrer extrêmement prudents et ne jamais oublier la relativité de l'image que nous construisons — relativité par rapport à l'appareil d'enregistrement, l'homme. (Idem, p. 21)

Posto que não dispomos de outros meios de conhecer e descrever a Natureza, além daqueles providos pelos sentidos e pela faculdade de raciocínio — isto é, pelas células cerebrais —, devemos ser extremamente prudentes e nunca esquecer a *relatividade* da imagem que formamos — relatividade em função do instrumento de registro: o homem. (T. do A.)

BIBLIOGRAFIA

ADORNO, Theodor W. *Sobre la música*. Trad. Marta Tafalla González, Gerard Vilar Roca. Barcelona: Paidós, 2000.

ALMEIDA, Moacir de. *Gritos bárbaros e outros poema*s. Rio de Janeiro: São José, 1960.

ALVIN, Juliette. *Musicoterapia*. Trad. Enrique Molina de Vedia. Buenos Aires: Paidos, 1967.

ANTUNES, Jorge. *A correspondência entre os sons e as cores*. Bases teóricas para uma música "cromofônica". Brasília: Thesaurus, 1982.

ARAGÃO, Egas Moniz Barreto de (Péthion de Villar). *Poesia completa*. MEC: Conselho Federal de Cultura, 1978.

BALZAC, Honoré de. *Sarrasine*. Gambara. Massimilla Doni. Paris: Gallimard, 1995.

_____. *Séraphîta*. Paris: L'Harmattan, 1995.

BAUDELAIRE, Charles. *L'art romantique*. Littérature et musique. Paris: Garnier-Flammarion: 1989.

_____. *Les fleurs du mal*. Paris: Librairie Générale Française, 1972.

_____. *Les paradis artificiels*. Paris: Mille et Une Nuits, 1998.

BELLAIGUE, Camille. *Les époques de la musique*. V. 2. Paris: Charles Delagrave, s.d.

BRANCOUR, René. *Vida de Massenet*. Trad. Maxime Seguin. São Paulo: Atena, 1957.

BUCHET, Edmond. *Connaissance de la musique*. Paris: Corrêa, 1940.

CARVALHO, Mário Vieira de. *Estes sons, esta linguagem*. Lisboa: Estampa, 1978.

CHANTAVOINE, Jean; GAUDEFOY-DEMOMBYNES, Jean. *Le romantisme dans la musique européenne*. Paris: Albin Michel, 1955.

CLAUDEL, Paul. *L'oeil écoute*. Paris: Gallimard, 1999.

COMBARIEU, Jules. *La musique*. Ses lois. Son évolution. Paris: Ernest Flammarion, 1907.

DARÍO, Rubén. *Prosas profanas*. Madrid: Alianza, 1992.

DÖBLIN, Alfred. *Sur la musique*. Conversations avec Calypso. Trad. Sabine Cornille. Paris/Marseille: Rivages, 1989.

DORFLES, Gillo. *El devenir de las artes*. Trad. Roberto Fernández Balbuena, Jorge Ferreiro. Santafé de Bogotá: Fondo de Cultura Económica, 1998.

DORIAN, Frederick. *The musical workshop*. New York: Harper, 1947.

DU NOÜY, Lecomte. *L'homme et sa destinée*. Paris: La Colombe, 1953.

DURANT, Will. *Os grandes pensadores*. Trad. Monteiro Lobato. São Paulo: Companhia Editora Nacional, 1969.

EISENLOHR, Bernardo. A audição das cores. *Revista Brasileira de Música*, Rio de Janeiro, v. 9, p. 76-80, 1943.

FALABELLA, Maria Luiza. *História da arte e estética*: da *mimesis* à abstração. Rio de Janeiro: Elo, 1987.

FONSECA, José Paulo Moreira da. *Exposição de arte*. Temas gerais e artes plásticas no Brasil. Rio de Janeiro: Tempo Brasileiro, 1965.

FONTES, Martins. *A canção de Ariel*. São Paulo: Elvino Pocai, 1938.

GARCÍA LORCA, Federico. *Impresiones y paisages*. Madrid: Cátedra, 1998.

GAUTIER, Théophile. *Émaux et camées*. Paris: G. Charpentier, 1887.

GELINEAU, Dr. *Penseurs et savants*. Leurs maladies. Leur hygiène. Paris: Vigot Frères, 1904.

GIDE, André. *Journal. 1932-1939*. Brésil: Americ=Edit, s.d.

_____. *La symphonie pastorale*. Paris: Gallimard, 1998.

GOETHE, J. W. *Doutrina das cores*. Trad. Marco Giannotti. São Paulo: Nova Alexandria, 1993.

GONCOURT, Edmond et Jules de. *Journal*. Mémoires de la vie littéraire. Tome huitième. 1889-1891. Paris: Flammarion/ Fasquelle.

GRAF, Max. *From Beethoven to Shostakovich*. The psychology of the composing process. New York : Philosophical Library, s.d.

GUINSBURG, J. (Org.) *O romantismo*. São Paulo: Perspectiva, 1985.

HOFFMANN, E.-T.-A. *Fantasías a la manera de Callot*. Trad. Celia y Rafael Lupiani. Madrid: Anaya, 1986.

_____. *Nouvelles musicales*. Trad. Alzir Hella, Olivier Bournac. Paris: Stock, 1929.

HORTA, Luiz Paulo. *Villa-Lobos*. Uma introdução. Rio de Janeiro: Jorge Zahar, 1987.

KANDINSKY, Wassily. *Do espiritual na arte e na pintura em particular*. Trad. Álvaro Cabral, Antonio de Pádua Danesi. São Paulo: Martins Fontes, 1990.

_____. *Ponto e linha sobre o plano*. Contribuição à análise dos elementos da pintura. Trad. Eduardo Brandão. São Paulo: Martins Fontes, 1997.

KELKEL, Manfred. *Alexandre Scriabine*. Paris: Fayard, 1999.

KOROLENKO, Vladimiro. *O músico cego*. Trad. Natércia Caramalho. Portugal: Europa-América, 1971.

LALOY, Louis. *La musique chinoise*. Étude critique. Paris: Henri Laurens, s.d.

LAVIGNAC, Albert. *La musique et les musiciens*. Paris: Delagrave, 1924.

LEAL, Gomes. *Antologia poética*. Lisboa: Guimarães, 1970.

LEITE, Ascendino. *As durações*. Passado indefinido. Os dias duvidosos. O lucro de Deus. Belo Horizonte: Itatiaia, 1966.

LÉVI-STRAUSS, Claude. *Olhar escutar ler*. Trad. Beatriz Perrone-Moisés. São Paulo: Companhia das Letras, 1997.

LIGETI, György; HÄUSLER, Josef. D'Atmosphères à Lontano. Un entretien entre György Ligeti et Josef Häusler. *Musique en Jeu*, Paris, v. 15, p. 110-119, 1974.

MACDONALD, Hugh. *Skryabin*. London: Oxford University Press, 1978.

MARIE, Jean Étienne. *L'homme musical*. Paris: Arthaud, 1976.

MAUCLAIR, Camille. *Histoire de la musique européenne*. 1850-1914. Les hommes. Les idées. Les oeuvres. Paris: Fischbacher, s.d.

MEUMANN, Dr. E. *A estética contemporânea*. Trad. P. Feliciano dos Santos. Coimbra: Imprensa da Universidade, 1930.

MICHEL, François; LESURE, François; FÉDOROV, Vladimir. (Org.) *Encyclopédie de la musique*. Paris: Fasquelle, 1958.

MUNCH, Charles. *I am conductor*. New York: Oxford University Press, 1955.

MURSELL, James L. *The psychology of music*. New York: W. W. Norton, 1937.

NEWTON, Isaac. *Óptica*. Trad. André Koch Torres Assis. São Paulo: Edusp, 1996.

NICHOLS, Roger. *Mendelssohn remembered*. London: Faber and Faber, 1997.

PÉRIER, Alain. *Messiaen*. Paris: Seuil, 1979.

PIÉRON, Henri. *A sensação*. Mem Martins: Europa-América.

PILO, Mario. *Psicologia musicale*. Milano: Ulrico Hoepli, 1923.

POCH BLASCO, Serafina. *Compendio de musicoterapia*. 2 vol. Barcelona: Herder, 1999.

_____. *Revista de Psiquiatría y Psicología Médica de Europa y América Latina*, v. 13, n. 2, p. 91- 105, 1977.

POMPÉIA, Raul. *O ateneu*. São Paulo: Ática, 1996.

POURTALÈS, Guy de. *Vida de Chopin*. Trad. Aristides Ávila. São Paulo: Atena, 1959.

RÉVÉSZ, G. *Introduction to the psychology of music*. Trad. G. I. C. de Courcy. London/New York/Toronto: Longmans, Green and Co., 1953.

RIBAS, J. Carvalhal. *Música e medicina*. São Paulo: Edigraf, 1957.

RIMBAUD, Arthur. *Poésies*. Paris: Flammarion, 1989.

ROHMER, Eric. *Ensaio sobre a noção de profundidade na música*. Mozart em Beethoven. Trad. Leda Tenório da Motta, Arthur Nestrovski. Rio de Janeiro: Imago, 1997.

RUSSELL, Bertrand. *An outline of philosophy*. London: George Allen & Unwin, 1951.

SACKS, Oliver. *Alucinações musicais*. Relatos sobre a música e o cérebro. Trad. Laura Teixeira Motta. São Paulo : Companhia das Letras, 2007.

SAND, George. *Journal intime*. Paris: Seuil, 1999.

_____. *Les sept cordes de la lyre*. Paris: Flammarion, 1973.

SCHAFER, R. Murray. *O ouvido pensante*. Trad. Marisa Trench de O. Fonterrada, Magda R. Gomes da Silva, Maria Lúcia Pascoal. São Paulo: Editora Unesp, 1991.

SCHNEIDER, Marius. *Le chant des pierres*. Études sur le rythme et la signification des chapiteaux dans trois cloîtres catalans de style roman. Trad. François Rüegg. Milano: Archè, 1976.

SCHOENBERG, Arnold; KANDINSKY, Wassily. *Cartas, cuadros y documentos de un encuentro extraordinario*. Org. Jelena Hahl-Koch. Madrid: Alianza, 1993.

SCHUBACK, Márcia Sá Cavalcante. *A doutrina dos sons de Goethe a caminho da música nova de Webern*. Rio de Janeiro: Editora UFRJ, 1999.

SEQUEFF, Maria de Lourdes. Villa-Lobos, um universo de som e cor. *Revista Brasileira de Música*, Rio de Janeiro, v. 17, p. 104-115, 1987-1988.

SOURIAU, Étienne. *La correspondencia de las artes*. Elementos de estética comparada. Trad. Margarita Nelken. Mexico: Fondo de Cultura Económica, 1998.

WELLEK, A. *Das absolute Gehoer und seine Typen*. Leipzig, 1938, apud RÉVÉSZ, G. *Introduction to the psychology of music*. Trad. G. I. C. de Courcy. London/New York/Toronto: Longmans, Green and Co., 1953.

WILLEMS, Edgar. *L'oreille musicale*. T. II. La culture auditive, les intervalles et les accords. Fribourg (Suisse): Pro Musica, 1984.

_____. *La valeur humaine de l'éducation musicale*. Bienne (Suisse): Pro Musica, 1975.

_____. *Las bases psicológicas de la educación musical*. Trad. Eugenia Podcaminsky. Buenos Aires: Eudeba – Editorial Universitaria de Buenos Aires, 1969.

WISNIK, José Miguel. *O coro dos contrários*. A música em torno da Semana de 22. São Paulo: Duas Cidades, 1983.

WITTGENSTEIN, Ludwig. *Anotações sobre as cores*. Trad. Filipe Nogueira, Maria João Freitas. Lisboa: Edições 70, 1987.

Texto publicado de forma resumida na *Revista da Academia Nacional de Música*, Rio de Janeiro, v. XII, 2001. Em versão espanhola, publicado na *Revista Española de Musicoterapia* (Barcelona), n. 5-6, 2002.

Características deste livro:
Formato: 15,5 x 23,0 cm
Mancha: 11,5 x 19,0 cm
Tipologia: IowanOldSt BT 10/14
Papel: Lux Cream 80g/m2 (miolo)
Cartão Supremo 250g/m2 (capa)
Impressão e acabamento: PSI7
1ª edição: 2012

Para saber mais sobre nossos títulos e autores,
visite o nosso site:
www.mauad.com.br